「独竹漂」运动教程

DUZHUPIAO
YUNDONG JIAOCHENG

主编：姚鑫　曾晓进　徐宏　刘积德

DUZHUPIAO
YUNDONG JIAOCHENG

北京师范大学出版集团
BEIJING NORMAL UNIVERSITY PUBLISHING GROUP
北京师范大学出版社

图书在版编目（CIP）数据

"独竹漂"运动教程／姚鑫等主编 ． —北京：北京师范大学出版社，2019.8（2024.10 重印）

ISBN 978-7-303-24122-4

Ⅰ．①独… Ⅱ．①姚… Ⅲ．①民族形式体育 – 中国 – 教材 Ⅳ．① G852.9

中国版本图书馆 CIP 数据核字（2018）第 191511 号

教材意见反馈： gaozhifk@bnupg.com 010–58805079
营销中心电话： 010–58802755 58800035

出版发行：北京师范大学出版社 www.bnupg.com
北京市西城区新街口外大街 12-3 号
邮政编码：100088

印　　刷：北京虎彩文化传播有限公司
经　　销：全国新华书店
开　　本：787 mm×1092 mm　1/16
印　　张：15
字　　数：244 千字
版　　次：2019 年 8 月第 1 版
印　　次：2024 年 10 月第 3 次印刷
定　　价：36.00 元

策划编辑：陈　俊　林　子　　责任编辑：李云虎　姚安峰
装帧设计：焦　丽　　　　　　　美术编辑：焦　丽
责任校对：赵媛媛　　　　　　　责任印制：陈　涛

本书编委会

顾问委员会：石松江　吴　涛　徐佑刚　王建忠

主　　　编：姚　鑫　曾晓进　徐　宏　刘积德

副　主　编：杨中兵

成　　　员：姚　鑫　刘积德　郝　亮　袁俊峰　石家瑾
　　　　　　王馨平　梁小平　高　岩　康晓冰　白政权

前　言

　　教材着眼于培养新型体育人才的实际需要，在少数民族传统体育的传承与发展以及突出师范性等原则的基础上，坚持继承与创新、改革与发展；坚持实事求是，从独竹漂运动的实际出发；坚持突出教学性、针对性、实用性、实践性、科学性、先进性、时代性及原创性，力求从教学体系和教学内容、教学手段与方法上有所创新，以使独竹漂从业者适应未来工作的需要。

　　教材在全面介绍了独竹漂运动项目的基础上，重点详尽的阐述独竹漂运动的教学、训练与竞赛的组织与管理。教材共由十章组成，主要内容包括绪论，独竹漂运动的功能与价值，独竹漂运动表演理论与实践，独竹漂竞速比赛发展，独竹漂竞速比赛的组织、规则及裁判法，独竹漂竞技运动员的选材，独竹漂竞速运动的技术教学，独竹漂竞速运动的专项素质训练，独竹漂竞速项目的运动损伤与防治，独竹漂运动的传承与发展。

　　本教材旨在为独竹漂运动从业人员提供理论支撑，为全国各省市的独竹漂体育老师与独竹漂教练员探究出一套科学的教学方法与先进的训练手段，以适应新型体育的发展潮流，让独竹漂运动得到更好的长足发展。

　　本教材由贵州师范大学体育学院组织编写，同时感谢贵州省民宗委、贵州省体育局在编写过程中提供的大力支持。

编写组

2019 年 4 月

目　录

第一章 绪论

学习目标

1. 理解独竹漂运动的概念和内涵。
2. 了解独竹漂运动的起源和发展，提高对独竹漂运动的认识。

第一节 独竹漂运动概述

一、独竹漂运动的概念和内涵

民族传统体育，是指生活在一定地域的一个或多个民族所独有的，在大众中广泛传承的，具有修身养性、健身技击、休闲养生、竞技表演、观赏游艺、趣味惊险、民俗音乐歌舞交融特色的体育活动形式。[①]中华民族传统体育文化是中华民族文化的重要载体，是我国体育文化事业的有机组成部分，是千百年来民族文化的结晶，是各民族世代相传的文化遗产。现代社会中，中华民族传统体育文化对维系加强民族联系、丰富国民生活、推进全民健身、增强人民体质、促进民族团结和维护社会安定等方面有着重要的作用，对我国社会主义的文明建设有着重要的现实意义。

民族传统体育既包括在民间广泛开展的民间体育项目，也有风格各异、数目众多的少数民族传统竞技项目，更多的是中华大地上普遍开展的体育项目，是中华民族大家庭里世代流传的体育活动。中华人民共和国成立后特别是改革开放以来，随着经济文化的逐渐复苏，人们开始认识到民族传统运动形式在保持体育文化多元性方面占有举足轻重的地位。在党和政府的关心支持下，民族传统体育从濒临失传到大放异彩，从囿于本民族一地到走向全国，迎来了生机

[①] 郭颂、朱国权、刘云主编：《少数民族传统体育》，2页，北京，北京师范大学出版社，2009。

勃发的春天。民族传统体育项目得到了保护与传承。

　　独竹漂是一项起源于黔北民间，集力量、速度和表演等多种元素于一身的、极富特色的民族传统体育项目。独竹漂自然而然地迎来了发展的春天。独竹漂是没有被西方文化渗透，最能体现中华民族自强不息、不屈不挠、勇往直前的民族精神。

　　当今，独竹漂运动作为一种民间的体育形式，已为多数人所熟知和喜爱。独竹漂运动不仅是一种民间表演艺术形式，它还具备了体育学的某些特征。作为民族传统体育项目，它的真正价值并不在于成为奥运会正式比赛项目，而是其所具有的体育健身功能和促进人们身心的全面发展。不仅如此，作为一种传承的民间文化形态，独竹漂运动还承载着宣传、表演、娱乐等功能，发挥着健身价值、娱乐审美价值、教育价值、商业价值、社交价值以及竞技价值。独竹漂运动在丰富民间生活方面，具有其他体育项目不可比拟的优越性。随着人类社会的发展和多民族文化的交融与渗透，民族传统体育形式在社会生活中的地位和作用日益凸显，这就使得我们对民族传统运动形式——独竹漂运动的挖掘意义更加深远。

　　独竹漂运动是一项源于赤水河流域的一种独特的原生态体育运动项目，是以单棵竹材（或形似材料）放置水面为承载漂浮体，运动员赤足站立其上，手持划杆划水使其前进的运动。最初，由于水陆不通，交通不便，赤水河畔的先民把独竹漂作为一种渡河方式，随着社会的发展变迁，独竹漂由于其独特的观赏性和竞技性，便成了当地的活动项目，同时也作为当地节日、集会中的活动内容。

图1-1　天然竹制器材　　　　图1-2　标准器材（复合材料）

三、独竹漂运动的形式与风格特点

　　独竹漂运动具有较高的观赏性、参与性和健身性，它承载了贵州省一定区域内的民族文化现象。贵州省民族传统体育项目独竹漂的运动形式可分为竞速比赛、动作表演、健身娱乐三大类。

（一）竞速比赛

竞速比赛是按规则在同等距离内所用时间多少决定名次的竞技性体育项目，现设有男女单人 60 米、100 米、200 米，男女混合 4×60 米、4×100 米迎面接力，共计 8 个项目。① 男女运动员各持一根长 4 米左右的细竹竿，蜻蜓点水一般，轻轻跃到水面上漂着的大毛竹上，用细竹竿一点水，大毛竹便像离弦之箭一样，劈波向前，目前正式比赛用独竹漂器材已进行标准化制作，漂体和划杆均采用复合材料制作，规则规定漂体总长约 7.5 米，直径约 0.16 米，总重量约 30 千克，划杆总长约 4.5 米，直径约 0.04 米，重量约 3.5 千克。

独竹漂竞速运动比赛自 2011 年中华人民共和国第九届全国少数民族传统体育运动会作为正式比赛项目后，逐渐在全国发展开来。

表 1-1 2011—2017 年国内主要独竹漂赛事

赛事	时间	比赛项目
中华人民共和国第九届全国少数民族传统体育运动会	2011 年 9 月	男子直道竞速：60 米、100 米 女子直道竞速：60 米、100 米
贵州省第八届少数民族传统体育运动会	2014 年 10 月	男子直道竞速：60 米、100 米 女子直道竞速：60 米、100 米
广西壮族自治区第十三届少数民族传统体育运动会	2014 年 10 月	男子直道竞速：60 米、100 米、200 米 女子直道竞速：60 米、100 米、200 米
中华人民共和国第十届全国少数民族传统体育运动会	2015 年 8 月	男子直道竞速：60 米、100 米 女子直道竞速：60 米、100 米
2016 年民体杯全国独竹漂比赛	2016 年 7 月	男子直道竞速：60 米、100 米、200 米 女子直道竞速：60 米、100 米、200 米
2017 年民体杯全国独竹漂比赛	2017 年 8 月	男子直道竞速：60 米、100 米、200 米 女子直道竞速：60 米、100 米、200 米

（二）动作表演

被誉为"一苇渡江"和贵州"水上芭蕾"的独竹漂，极具竞技性和观赏性。其表演内容丰富，形式多样，既可以进行精湛的技艺表演，又可以进行竞速表演。独竹漂运动适合单人、双人和团队等多种表演形式。最初独竹漂的表演形式主要有单人、双人表演，包括正划、倒划、转身、绕弯、滑行、换杆等技巧，形体自由美观，速度快捷如飞；团队表演，主要看队形、队列的整齐和变换，动作的连贯性和一致性。随着独竹漂商业价值的显现，表演者结合民族服饰、光

① 现行规则只设有男女 60 米、100 米、250 米三项。

电等效果进行水上婚礼、宣传奥运等主题活动，施展一字马冲浪、倒挂金钩、金鸡独立、八仙过海等各种招式，稳若水鸟。更有表演团队将独竹漂与传统民族舞蹈结合编排出《荷花舞》《彩扇舞》《七仙女下凡》等"水上舞蹈剧"，丰富了独竹漂的表演形式，增加了观赏性。每次表演都吸引了众多游客观看。

图 1-3　水上婚礼

图 1-4　一字马冲浪

图 1-5　倒挂金钩

（三）健身娱乐

独竹漂要求运动员有很好的平衡能力、力量等，因此被作为强身健体之用，尤其是夏季，也被当地居民用来消暑嬉戏作乐。

独竹漂的风格特征：独竹漂的表演或驭舟乘风破浪搏击激流险滩，或轻拈竹竿稳立舟上悠闲荡舟水面，其形态美观大方，动作协调连贯一致，表演造型优美，似水草随风起落，寄惊险与愉悦于其中。

第二节　独竹漂运动的历史渊源

独竹漂起源于赤水河流域，是黔北人民在生产劳动中提炼出来的原生态体育运动项目。据记载，独竹漂 1998 年以前俗称"划竹竿""划楠竹"，又名"独竹舟"（1998 年以前称"划竹竿"，1998 年在贵州省民运会表演时名称为"独竹竞划"，1999 年在全国民运会表演时名称为"独竹舟"，1999 年后时任赤水体育局局长梁小平将其改称独竹漂沿用至今）。[①]

目前关于独竹漂的起源主要有以下三种观点。

一是"采办楠木"起源说。"独竹漂"起源于秦汉时期。秦汉时期播州（今遵义）盛产当时最好、最珍贵的建筑木材——楠木，为朝廷所专用。朝廷派采木官到播州原始森林赤水、习水一带采办楠木，但因赤水河不通航运，楠木又很珍贵，遂每一根木料委派一人或多人运送，到长江边再绑成排或用船运至江南，转运京城。在慢长的运木过程中，人们逐渐习惯站在独木上撑竿运送楠木，由嬉戏、打闹演变成为一种水上游戏。并逐渐将这项活动作为民间娱乐游戏的形式固定下来。[②] 到了清乾隆年间，一位叫黎理泰的福建人从老家上杭引来楠竹，植于赤水。于是竹中之秀楠竹、毛竹等客居赤水数百年，生生不息地广布于赤水河两岸的丘陵山区。散居赤水河两岸的竹农，长期生活在漫山的竹海中，其衣、食、住、行都与竹子相伴。他们在集运毛竹，扎竹排的过程中，练就了"独竹漂"这门独特技艺，以后逐渐转化成每年端午节与龙舟赛齐名的表演项目。

二是"水运皇木"起源说。据学者考证[③]，独竹漂起源可追溯至明洪武时期的"水运皇木"。"皇木"则是指皇宫、皇陵、王府等中央政府的建筑用木，主要包括楠木、杉木等名贵木材，有时也称为"官木"或"贡木"。"皇木"的获得主要通过朝廷派遣大臣到各地"采办"的方式来实现。据《遵义府志》记载，从明朝洪武年间开始，朝廷就在贵州采办"皇木"，当时朝廷专派采木官，到播州（今贵州省遵义市）原始森林赤水、习水一带采办修建宫殿的楠木，上好的木材必长于深林穷壑、崇山绝岭、人迹罕至、斧斤难施的险绝之地，经数百年而后至合抱又鲜不空灌，采伐"皇木"艰难不说，而且有时还要遭受监工的责打。被强征的穷苦百姓冒着虫、兽、瘴、疫的侵袭，自带干粮在丛林中披荆斩棘，采伐于深山之间。"皇木"被伐后，向外运输的过程主要有两个。一个是从采伐地运到小溪处，即"运到外水"的拽运过程，当时叫"点水"；另一个是从小溪河运到大江大河，即"运到川楚大河"的泄运过程。从采伐地运到小溪的过程，一般是先开出路来，然后"利用天车越涧"或人工搬运出山。从小溪"运

① 徐宏：《贵州省少数民族传统体育项目"独竹漂"运动发展现状的研究》，载《贵州师范大学学报（社会科学版）》，2010（5）。

② 贵州省遵义县县志编纂委员会：《遵义县志》，贵阳，贵州人民出版社，1992。

③ 陈立勇：《贵州民族体育遗存——独竹漂运动的历史和未来》，载《贵州民族研究》，2012（1）。

到川楚大河"的过程,则主要是通过"巨浸漂流"的水运方式来实现。每年汛期,赤水河、乌江和綦江的河道都涨满了水,此时正是通过水路向外运送"皇木"的好时候。由于"皇木"非常珍贵,且属朝廷专用,于是采木官每根"皇木"委派一人或多人向外运送。运木人抱着"皇木"沿山区小溪顺水源河道向下漂流,至长江再编筏继续向京城运送;然后经淮河转运河,再顺运河或者出海运到塘沽,最后送达京城。在从小溪至长江的运送途中,沿途水道狭窄,水流湍急不说,而且河道两边怪石林立,岩壁突出,河溪中深涧急滩、溪流纤折,并时有浅滩暗礁挡路。因水中抱运"皇木"无法掌控方向,途中时常发生碰壁触礁之事故。后来,有的运木人忍受不住抱运"皇木"的危险。于是,铤而走险坐在"皇木"上。顺水向下游漂行,更有甚者干脆站在"皇木"上顺水漂行。遇到险情时,便跳水自救,保证自身安全。久之,辛劳智慧的运木人在"站运皇木"时,手持一根细木杆,用以划水。这样不但有助于保持运木人的身体平衡,而且解决了方向掌控的问题,减少了危险事故的发生。此后,这项"立于独木上漂"的技艺被更多人掌握,并被贵州黔北地区的各族人民世代传演下来,当百年前楠竹广布赤水河岸后开始,人们发现楠竹浮力更好,更易掌控和采伐,于是独木漂在生产劳动中逐渐演变为独竹漂。

三是"水运楠竹"起源说。赤水年产楠竹百万根,被誉为"楠竹之乡",但楠竹其实是客居赤水,已有 240 余年。据《仁怀直隶厅志》记载"楠竹,出后槽,大者围圆二尺余,厅境尚无楠竹,清乾隆三十四年间,闽人黎理泰自福建上杭县携三竿竹种,今种者渐多"①。楠竹栽种于仁怀厅后槽黎理泰所定居的住宅旁,后楠竹成林,四乡邻里目睹楠竹的优越性,纷纷登门索求母竹。经过黎氏兄弟辅导和民众长期扩种,百年左右,沿河两岸方圆几十里的山坡上均有成片的楠竹林,民国时期逐步闻名于川黔,成为该地区重要的经济来源。在公路运输不发达的时代,赤水地区以水运为主,自明洪武就疏浚的赤水河航道水运自然成为楠竹外运的首选,楠竹的外运主要通过"散漂"和"运排筏"两种形式将楠竹运送到竹材集运点后集中运入长江,在散漂和运排筏的过程中,为了方便追赶收集散落的楠竹,放伐工人手持竹竿蹲坐或站立在一棵或者多棵楠竹上拦截竹材,久而久之,逐渐学会了划单棵楠竹,练就了独竹漂这门独特技艺。究竟是何人在何时最先学会划单棵楠竹已无据可考。但据赤水市葫市镇楠竹场的几名老工人回忆,他们小时候就看到老一辈人集竹、扎竹排时就有划楠竹的。中华人民共和国成立后,人们称这种技艺为"划竹竿",在交通不便的年代,当地人也作为渡河工具之用。它既是一种劳动生产技能,也是一种原生态体育。作

---

① 《仁怀直隶厅志》卷一五。

为独竹漂运动的雏形，由此可追溯到上 20 世纪初以至更早时期，距今约有百年历史。[①]

第三节 独竹漂运动的传承与发展

独竹漂运动的传承和发展大致可以分为以下四个阶段。

一、根植民间

独竹漂源于黔北，并在此地民间世代相传，呈现出狭小区域内的零散发展特征。独竹漂首先作为两岸竹农一项劳动技能代代相传，后由于其实用性、便捷性，在交通不便的年代，独竹漂也被赤水河两岸的先民当作水陆互通的交通工具。据传红军在四渡赤水时就曾用独竹漂渡江作战，《红军在贵州的故事》（1985 年出版）一书《飞龙渡》一文中就曾提到过独竹漂："'骑独龙？又是划竹竿吗？'原来这袁铁牛自河边长大，从小就练就一身硬功，不管多大的河水，他只要有一根竹竿，加上根篙棍，就可以在水面往来如飞。"[②] 这里提到的"骑独龙""划竹竿"就是如今的独竹漂运动。中华人民共和国成立后，当地居民在一段时间内也还在使用独竹漂作为渡河方式。

人们长期"以竹代步，以水为路"的出行方式，使得独竹漂技艺不断地得到丰富和发展，这促进了独竹漂竞技水平技艺的提高；而传统节庆日中的独竹漂娱乐竞赛表演活动，又使得独竹漂技艺不断地得到展示和传播，推动了独竹漂作为一种交通方式在人们生产生活中的使用。这两种发展形势联系密切，相互融合，互相促进，使独竹漂这项体育运动能够在民间自然传播，不断发展。

二、传承当代

独竹漂技艺自诞生之日起便令人叹为观止，其独特新奇的活动方式，使这项活动具备了较强的观赏性、娱乐性，自然也深受赤水河流域民众的喜爱，以至于被沿岸民众作为传统节日端午节期间的表演项目。1950—1976 年当属独竹漂的成长传承期，最早的独竹漂表演当数中华人民共和国成立初期端午节龙舟赛时的水上表演"解放台湾"了。当时表演独竹漂的民兵们发扬当年赤水人民支援红军打白军时的精神，肩挎步枪、脚踏楠竹划向江中心象征台湾岛的竹排，

---

① 梁小平：《独竹漂的现状及发展策略探析》，见贵州省民族事务委员会编：《贵州少数民族体育研究》，20~28 页，贵阳，贵州民族出版社，2007。

② 田兵、王治新主编：《红军在贵州的故事》，184 页，北京，中国民间文艺出版社，1985。

以登上竹排模拟"解放台湾"。以后逐渐形成了每次端午赛龙舟期间的独竹漂表演。特别是1966年毛泽东畅游长江后的10年间，赤水的赛龙舟等水上系列体育活动因端午节是"四旧"而改在每年7月16日（毛泽东畅游长江纪念日）进行，即省内闻名的赤水七一六活动。[①]在此期间，独竹漂表演服务于政治，虽然表演形式单一，但出现阶段性的发展高潮，在一定程度上激发了民众的参与热情。

图1-6　赤水长征运输社的水上民兵练习射击

图1-7　1970年赤水举行独竹漂表演和比赛

图1-8　20世纪70年代中期，赤水画家在县城街头现场绘制独竹漂巨幅宣传画——《赤水河上练轻骑》

三、濒临失传

随着经济水平的提高，陆地交通的发展，独竹漂不再作为人们的出行选择，它从原本的生产生活中脱离出来，逐渐失去发展的根基；特别是1977年后，出于对大型水上活动安全的考虑，一些县市取消了包括独竹漂表演在内的水上活动，此后独竹漂表演逐渐销声匿迹，几近失传。

---

① 梁小平：《独竹漂的现状及发展策略探析》，见贵州省民族事务委员会编：《贵州少数民族体育研究》，20~28页，贵阳，贵州民族出版社，2007。

四、创新发展

1998 年贵州省民委文教处发现了这项运动，当时 6 名赤水人组成的独竹漂队（当时名称为"独竹竞划"）赴麻江出席贵州省第五届少数民族传统体育运动会水上表演，以自由划形式获得表演二等奖。1999 年，在第六届全国少数民族传统体育运动会上由梁小平精心编排作为表演项目的独竹漂，在继承传统的基础上，进行了个人高难技术动作强化，编排了蕴含艺术创新的紧凑编队，表演中配上音乐，表演者身穿民族服饰，以快慢有序、整齐划一的划行，往返快速变换队形的水上队列表演，使独竹漂成为集体育性、趣味性和观赏性于一体的真正意义上的体育技巧表演，更进一步升华了独竹漂表演的内涵。作为民族传统体育项目，独竹漂首次亮相第六届全国少数民族传统体育运动会，就使其在这届运动会上一举夺得水上表演金奖。首次亮相便获得团体表演项目的金奖，从此赤水独竹漂运动名噪一时，全国知名，常被媒体誉为"中华一绝"，此次亮相可以称之为独竹漂运动发展的转折点，至此可以说独竹漂运动重获新生。此时，独竹漂表演不再是单纯的漂行表演，而是包括单人双人表演，注重个人技巧，比如正划、倒划、转身、滑行、跳杆、换杆等技巧；团队表演则看重队形、队列是否整齐和变换是否有规律，以及动作的连贯性和一致性。2005 年 8 月，遵义市红花岗区成立了世界上第一支女子独竹漂运动队，尔后独竹漂运动将少数民族服饰、音乐、舞蹈相结合，赋予了独竹漂运动新的内涵。2007 年，第八届全国少数民族传统体育运动会在广州市举行，贵州省独竹漂运动队再次斩获表演项目技巧类水上表演金奖。2006 年，贵州省把此项目定为少数民族传统体育竞技项目，2007 年在遵义市红花岗区举办贵州省首届独竹漂大赛。2009 年，独竹漂被列入贵州省第三批省级非物质文化遗产保护名录。2006 年，为了把独竹漂列为 2011 年将在贵州举办的第九届全国少数民族运动会的竞技项目，贵州省民委、贵州省体育局安排人员起草了《独竹漂竞赛规则（试行）》，为开展独竹漂运动的器材标准化研究做准备。至此，独竹漂运动开始了竞技化进程。

2009 年 4 月首次在贵州省遵义市举办独竹漂全国教练员培训班，由《独竹漂竞赛规则（试行）》第一撰稿人梁小平担任主讲，为独竹漂竞速项目在全国推广奠定了基础。同年 7 月，贵州省主办"2009 年全国龙舟暨独竹漂邀请赛"，比赛在麻江县下司镇省级龙舟训练基地举行，设置了独竹漂男女单人 60 米、100米、200 米直道竞速和男女混合迎面接力 4×60 米、4×100 米直道竞速，有北京、广西、贵州等 9 支队伍参赛，这是独竹漂竞速首次在正式比赛中亮相。这标志着独竹漂开始朝着竞速和表演两个方向发展。经贵州省和全国民族体育专家多次修改,2010 年国家民委、国家体育总局审定通过了《独竹漂竞赛规则(试行)》,加速了独竹漂竞速在全国的推广;同年贵州省第七届少数民族传统体育运动会将独竹漂列为正式比赛项目,为独竹漂项目发展培养了大量后备人才。2011 年,第九届全国少数民族传统体育运动会首次将贵州独竹漂列为正式比赛项目设男子、女子直道竞速:60 米、100 米,共 6 支代表队参赛,这表明独竹漂在全国范围内一定程度的普及,也预示着独竹漂即将踏上新的征程。其后,不断增加的赛事,为全国的独竹漂运动员提供了较多的比赛机会,独竹漂比赛的规模不断扩大,裁判组织工作不断规范和完善,多学科训练理论的引进,都使独竹漂这项运动再次焕发出勃勃生机。

与此同时,独竹漂表演项目的发展也从未停止过,独竹漂表演与艺术的结合,让独竹漂这项运动充满了文艺的气息,也大大增加了独竹漂运动的观赏性,贵州省内的独竹漂协会不断增加,各地的独竹漂表演队不断接到来自省内外的邀请。国内外知名媒体竞相报道,也让越来越多的人了解这项运动,越来越多的人参与这项运动,有些学校也将独竹漂引入体育教材中去。

练习与思考

1. 如何理解独竹漂运动的内涵?
2. 独竹漂运动的形式分类有哪些?
3. 简述独竹漂运动的发展情况。

第二章　独竹漂运动的功能与价值

学习目标

1.掌握独竹漂运动的主要功能与社会价值。

2.能够灵活指导独竹漂运动教学与训练的实践工作，使独竹漂运动的功能与价值得到更好的体现。

　　贵州是一个多民族的省份，少数民族在长期相对封闭的生产生活实践中形成了地域特色鲜明、文化底蕴深厚的民族传统体育文化，独竹漂运动就是一项深受当地人民喜爱的较为传统且源远流长的特色文化活动项目。

　　独竹漂运动起源于黔北，是当地居民长期以来在生活中练就的独门绝技，在辽阔的中国大地上，一条古老的历史长河——神秘的赤水河，留下了一幅幅优美而生动的画卷。赤水河的两岸，竹海葱茏，雄峰矗立，流水湍急，给两岸先民的生活和劳作带来了诸多不便。于是，当地的竹农脚踩直径18～20厘米、长约8米的楠竹，手执直径约5厘米、长约5米的竹竿，以竹代舟，长期的磨炼使他们练就了唱山歌穿急流过险滩，乘风破浪急速划行如履平地的功夫。

　　由于地理条件和历史原因，少数民族在贵州省各地都有分布，特别是在经济落后、交通不便的边远山区分布较多，人们过着"世外桃源"般的生活。在相对封闭的生产生活实践中，各少数民族形成了风格各异的少数民族文化，形成了勤劳朴实、热情好客、性格开朗、能歌善舞的优良品质，创造了璀璨夺目的民族特色文化，形成了贵州省独具魅力的民族民间文化。人们在长期自给自足的生活中，延续着宗教祭祀、民俗节日、休闲娱乐等生产和生活的实践活动。人们根据这些实践经验，把这些实践活动逐渐演变出众多的少数民族传统体育娱乐活动形式，这些活动形式与当地文化背景、环境条件、生产方式、生活方式等高度适应，具有鲜明的地域文化特色，具备独特深厚的文化底蕴。并在长期的发展演变中形成了独特而稳定的民族传统体育项目，形成了风味独特、特色鲜明的民族传统体育文化。文化发展与经济发展相辅相成，在人类社会发展的历史进程中统一。贵州少数民族传统体育文化的发展不但对于建设贵州社会主义新农村具有重要作用，而且对于少数民族地区的团结发展、繁荣贵州省文化、推进贵州省总体经济发展都有巨大的促进作用，符合贵州的时代主题。可以说，运用好独竹漂运动的独特功能，充分展示独竹漂运动这一少数民族特色价值的传统体育文化对贵州省的发展至关重要。近年来，为了传承、保护和发展好贵州省少数民族传统体育文化，政府部门联合当地群众做了大量的工作，也取得了飞跃性的成效，尤其是第九届全国少数民族传统体育运动会在贵州省的顺利召开，更是在贵州省掀起了对少数民族体育文化关注的新一轮高潮。

在少数民族体育文化发展的过程中，独竹漂运动越来越受到全国甚至世界的关注，并成功纳入全国少数民族传统体育运动会，成为正式比赛项目。独竹漂这一原始交通工具因它的神奇独特流传至今，它集娱乐性、挑战性、观赏性于一体，又具有特殊的健身、表演、宣传等功能和浓厚的地方民族特色，还充分体现其文化、娱乐、商业等多种价值，因此，不仅深受当地群众喜爱且广泛流行于民间老百姓之中，特别是独竹漂运动的多种花样表演，素有"水上漂"和"水中芭蕾舞"之称。

第一节　独竹漂运动的功能

要了解独竹漂运动的功能，就必须先了解什么是功能。关于"功能"的概念，学者们从不同的角度给出了多种界定，如《现代汉语词典》中定义为："事物或方法所发挥的有利作用、效能。"[①] 人们一般认为，任何事物的功能发挥，取决于该事物所具有的本质属性和社会需要两个方面，因此，独竹漂运动的功能不仅取决于独竹漂的本质特征，而且还取决于社会对它产生的一定需要。独竹漂的本质特征确立了独竹漂运动功能的基本范畴，而社会需要则扩展了独竹漂运动对于社会其他领域产生的直接或间接的作用。事物的本质属性一成不变，而社会对事物的需要却随着社会的发展呈现出流变性，因而导致同事物在不同历史时期的功能表现也是不完全一样的。所以，独竹漂运动的功能也不是一成不变的，而是随着历史的发展而变化。我们应当根据对功能的理解，结合独竹漂发展实际，从当前来看该项运动具有的社会、文化和教育等多种功能。

---

① 中国社会科学院语言研究所词典编辑室编：《现代汉语词典》，454 页，北京，商务印书馆，2016。

一、独竹漂运动的社会功能

独竹漂这一传统体育活动，不仅经常在节日庆典、婚嫁活动以及旅游景区中进行，而且在 20 世纪末，具有赤水地域特点的独竹漂还走出贵州，走向了全国少数民族传统体育运动会，并得到专家推崇。独竹漂运动员从 1998 年以来多次荣获表演奖，并在全国少数民族传统体育运动会上赢得了金牌。同时，独竹漂运动作为少数民族传统体育项目逐渐在贵州省各地和全国各地传播推广，被媒体誉为"中华一绝"。这些无疑为贵州省各民族展示自己民族传统体育文化提供了更为广阔的舞台。这些民族传统体育活动不仅包含着具有体育文化的健身、娱乐等功能，而且衍生出了多种多样的社会功能，在推动区域社会的发展中扮演着重要的角色。

（一）情感交流

群集是人类的本能，因为有群集人们之间才能交往、传递信息、沟通情感、进一步互相了解。一个团体，其成员间只有经常相互交往，才能不断增强成员间的相知相识、安全感、亲近感，从而消除孤独感，团体也才能获得一致的凝聚力。民族传统体育的表演与比赛，是民族集会的重要形式之一。在独竹漂这一民族传统体育运动项目中，独竹漂作为一种民间社会文化现象，是赤水先民勤劳智慧的结晶，是贵州省民众集体创造的文化产品。独竹漂运动经过长时间的沉积，在贵州赤水逐渐演变成了每年端午节与龙舟赛齐名的表演项目，也是全国少数民族传统体育运动项目的赛事。活动的过程中会有大量的表演者和参观者聚集在一起，是具有浓郁民族特点的地方色彩的人际交流盛会。另外，在一代又一代的传承过程中，独竹漂运动也逐渐发展成为竹乡小伙子们乐此不疲的民间体育活动，成为竹乡姑娘们"巾帼不让须眉"的标志，成为姑娘们心中仰慕的男子汉的标志。

在项目的排演过程中，表演者聚集在一起相互学习，沟通交流，使个人情感通过运动的形式交流，促进彼此的友谊。这种民族传统体育活动的集会，增加了各民族之间及本民族内部的交往，传递了民族的情绪情感，获得了凝聚力，加强了民族的团结，促进了民族奋发向上的精神。

（二）增强民族凝聚力

人具有自然和社会两种属性，人在社会性的要求下必须存在于某个群体当中。社会的群体和群体之间是多渠道多方面地彼此联系。民族传统体育的产生与发展强烈地影响和引导着人们的共同意识、文化需要，使得人们自觉地强化社会集体意识，增强社会群体与群体之间的凝聚力。

从狭义上讲，一个民族作为社会的一个群体，它有统一的信仰和文化，为了让民族内部紧密地联系在一起，追求和增强共同的群体意识，必须有外力介入，民族传统体育运动项目独竹漂运动就是加强民族凝聚力的活动，它大多和民族传统节日结合在一起开展。每当举办这些活动的时候，村寨和部落的人们都是参与者，男女老少共同欢乐，他们自觉或不自觉地进入民族群体成员的角色，参赛者除了有强烈的竞争心外，还具有集体荣誉感，这使得人际关系更加密切，增强了民族凝聚力。

从广义上讲，一个民族为了自身利益和求得自身的发展，总是需要和其他民族发生联系，进行交流，取长补短，民族传统体育作为一种媒介，发挥了民族间联系和交流的桥梁与纽带作用。随着人类的进步和时代的发展，这种作用尤为明显。中华民族是一个由 56 个民族组成的大家庭，中华人民共和国成立后，党和政府高度重视民族工作，将民族传统体育作为联系民族感情、加强民族团结和提高民族凝聚力的一个重要手段。多年来，分别在天津、呼和浩特、乌鲁木齐、南宁、昆明、北京、银川、广州、贵阳、鄂尔多斯等地举办了全国少数民族传统体育运动会，设置的项目和参赛的人数不断增多，运动会的规模和影响逐渐扩大。各民族借体育盛会欢聚一堂，既振奋了民族精神，也将各族人民紧密地联系在了一起。

（三）宣传教化

在早期，独竹漂只是水上工人为了养家糊口而长年从事着水上放筏的一项苦力劳作。通过这一活动，可以让当地的人们以及更多的人了解独竹漂的历史，学习水上先人们在恶劣的生存环境下，自强不息，勇于斗争的生存本领和智慧。目前，独竹漂运动和其他一些锻炼价值高的民族传统体育项目一样，被列入全国或地方的学校体育教材，一些高等院校还开设了民族传统体育养生保健课，作为学校教育的一个组成部分。正如《全国普通高等学校体育课程教学指导纲要》中明确指出："民族性与世界性相结合。弘扬我国民族传统体育，汲取世界优秀体育文化，体现时代性、发展性、民族性和中国特色。"可见，民族传统体育在不同的历史时期，在教育的主体上，其本身有着实际的教育功能。

（四）促进经济发展

随着中国经济体制转轨与社会结构转型的完善和发展，经济组织与社会民间组织对社会事务的影响力日益提升。从中央到地方，各级政府以及人民群众都充分利用本土特色文化资源大力发展当地经济。贵州省地处中国西南，人文、地理资源丰富，随着西部大开发、大众热的兴起以及中国—东盟自由贸易区的建立，使贵州省少数民族地区的经济发展出现了前所未有的机遇，正如费孝通先生曾指出："西部蕴含有丰富的人文历史文化资源，对这些资源进行合理的开发利用，不仅可以促进文化的传承发展，而且会产生经济发展的联动效应。"①近年来，贵州省传统体育文化越来越多地融入当地的旅游产业之中，这不仅更好地把本民族本区域的民族传统体育文化发扬光大，让中外游客在领略当地美丽的自然风光的同时，还能饱食当地的民族传统体育文化套餐，有利于促进当地区第三产业的发展。当前贵州省各市县的许多旅游景区都在不同程度上开展民族传统体育活动，为这些景区增添了丰厚的收入，极大地带动了地方经济的发展。

（五）促进区域政治进步

文化是国家和民族的灵魂，集中体现了国家和民族的品格。当今世界，文化与经济、政治相互交融，在综合国力竞争中的地位和作用越来越突出，文化的力量，深深熔铸在民族的生命力、创造力和凝聚力之中。深刻认识文化建设的战略意义对"实现中华民族的伟大复兴"将会起到重要的作用。

政治、经济、文化、社会本就是我国四位一体的发展框架，四者既相互制约又相互促进，经济是政治、文化与社会发展的基础，政治与文化是上层建筑；政治主导和支配文化，文化同样反作用于政治。一位哲人曾这样比喻——政治是骨骼，经济是血肉，文化是灵魂。如果把社会引入这个比喻中，我们认为社会其实就是有骨有肉有灵魂的整个身躯，这个身躯如果少了文化这一灵魂，那将如同行尸走肉。这一比喻形象地说明了文化对人类社会发展所起到的重要作用。民族传统体育活动是一种独特的民族文化，对政治的发展同样具有重要的作用。因为，贵州省少数民族传统体育文化是少数民族共同创造，由少数民族的历史、政治、经济、文化、宗教、风俗习惯等汇集而成，带有区域性文化特征的文化。继承与发扬优秀的民族传统文化，融合外来的文化才能更好地促进地方经济的发展，更好地维护少数民族地区长治久安的社会秩序，不断地提高人们的生活水平。

总之，贵州省少数民族传统体育以其特殊的社会功能，内化于社会发展的运行之中，它是一种化解人们心理失衡的有效良药，对促进区域社会经济发展，保持少数民族地区社会稳定具有重要的意义。

---

① 转引自吴燕：《非物质文化遗产——贵州瑶族"打猎操"的保护与传承》，见贵州省少数民族体育协会编：《贵州少数民族体育研究论文集（一）》上，238 页，2011。

二、独竹漂运动的文化功能

"文化是一个民族的根,是一个民族的魂,民族精神是一个民族赖以生存和发展的精神支柱。而民族精神又深深植根于民族文化之中。少数民族传统体育是民族文化的重要组成部分,之所以经久不衰且具有强大的生命力,是由于它具有不可忽视的当代价值,显现出中华民族体育自身的文化传承价值。"[①]研究好民族传统体育文化,有利于我们弘扬优秀的民族传统文化,展示少数民族改革开放以来的建设和发展成效,展示少数民族悠久灿烂的历史文化,展示各族人民团结进步、奋发向上的精神面貌,增强民族文化的发展活力。[②]

美是人类社会追求的目标之一,社会的进步是人类对美追求的结晶。在现实生活中,美的变现手法多种多样,而艺术表演则是别具风格的一种表现形式,它通过生动的语言、丰富的情感、独特的方式以及特殊的表演背景,为广大观众提供了一场视觉盛宴,满足了观众对于美和快乐的追求,有助于提高人们的审美品位,使人们从物质层面的追求升华到精神层面的追求。随着我国文化事业和文化产业的繁荣昌盛,人们对各种艺术方面的追求也逐渐提升,独竹漂运动艺术表演也已经成了一种丰富的、有效的文化传播手段,在不断满足着广大人民群众的视觉享受和精神享受。

(一)艺术表演

表演本身就是一门综合性艺术,涉及多种艺术手段的综合再现,在一项活动的表演过程中,需要编导创作,演员排练,从动作设计、技能培训、体能训练、花样排演等都要协调配合,缺一不可,这也是表演与其他艺术创作的最大不同,需要很多的艺术形式参与其中。随着人们知识文化水平整体上的提高,观众的审美水平越来越高,不仅要满足于对表演故事情节的欣赏,还希望看到更多其他的精彩内容,以满足自身的精神文化追求。

独竹漂这一集文化、娱乐于一体的少数民族传统体育运动项目不仅可以调节情绪,丰富生活,缓解生活和工作压力,而且还可以从观赏比赛和表演中得到心理上的满足和享受。独竹漂运动项目的表演分为单人、双人和团队表演。表演者赤足站于一根直径 16 厘米左右的楠竹上,这要求表演者集体力、耐力、意志、协调为一身,手拿竹竿当桨,水上行走不但如履平地,还能进行各种高难度的表演。单人、双人表演,主要注重个人技巧,表演者或乘风破浪,展示

① 李永皇:《普及推广少数民族传统体育面临的问题及建议》,见贵州省少数民族体育协会编:《贵州省少数民族体育研究论文集(一)》下,31 页,2011。

② 向云驹:《世界非物质文化遗产》,银川,宁夏人民出版社,2006。

出"水上飞"的轻捷灵魂；或展示正划、倒划、单腿划、弓步划、转身、绕弯、滑行、换杆等划杆技巧，颇有"一苇渡江"之妙。表演者不断地变换着轻捷的"倒挂金钩"、步履矫健的"弓步漂"、优美动人的"翘杆漂"、一挥而就的"金鸡独立"、一蹴而就的"转身平衡"、灵活轻盈的"转呼啦圈"、雷厉风行的"劈腿漂"等姿势。团队表演有横排编队、竖排编队、雁字编队，主要注重队形以及队列的整齐和有规律的变换，动作的连贯性和一致性。表演者一人一竹，既要不断变换好看的队形，技巧造型又要整齐划一，还要保持一定的速度，是难得一见的"水上团体操"。技巧表演有双人互换竹漂、单人换漂、跳越水中障碍、前翘、后翘等。独竹漂运动项目的表演对表演者的身体平衡性、灵活性和水性等，都有很高的要求，具有很强的综合表演性。

（二）增强文化审美情趣

独竹漂运动项目的表演具有很强的艺术性。随着运动艺术需求的多样性发展，人们在不断追求着观赏过程的精神参与和娱乐效果，即运动表演者的表演不仅要好看、好听还要好玩。当今许多运动类节目方兴未艾，他们重视节目的观赏性，把欢乐交给广大观众，但是电视节目是"游艺"，而非"演艺"。许多"演艺"是根源于"游艺"活动并秉承着"游艺"精神，但二者还是有本质的区别，所以对于独竹漂运动项目来说，它是根据观众的观赏心理和观赏视角的不同，面向基层，尽可能多地表现大众生活中的劳动和创造成果，尽可能多地展现不同时期不同内容的艺术形象，尽可能多地展现各种生活矛盾和生活现象，让源于生活而又高于生活的运动艺术项目的观赏功能更具时代特色、更生动也更丰富。

（三）文化传承

我国的少数民族人口数量相对较多，伴随着种类繁多的民族传统体育形式和活动，有以信仰祭祀为原动力的活动，例如，毛南族的火龙舞，火龙是毛南族的图腾，从古至今，每逢大年三十，毛南族的人们都要通过举行盛大的舞火龙活动的形式来祭祀神灵，悼念祖先，诉求来年风调雨顺、逢凶化吉、祛病消灾。这类以祭祀神灵、祭拜祖先、膜拜英雄等民族文化精神为依托的民族传统体育项目也广为存在，如毛南族的猴鼓舞、蓑衣舞和响杆舞，水族的铜鼓舞等；也有与农业生产息息相关的活动，水族的斗角舞和布依粑棒舞就是典型的例证。水族的斗角舞在节庆、丧葬、祭祀等活动中都可以跳。尤其是秧苗拔节抽穗后，由舞队中的领头人摘一稻穗插在芦笙上，表示"芦笙吹涨了谷穗"，用舞蹈迎接丰收年。斗角舞对耕牛嬉戏、打闹的形象化表达，正是表现了水族人对牛的感情；同时还有具有随时性、参与广泛性特点。娱乐文化心态型的体育形式，譬如，苗族的母鸡抱蛋、跳扁担；布依族的丢花包、踢键；水族的拔河、掰手腕、扭扁担；瑶族的打陀螺和武术等；毛南族的跳扁担、打秋千、射箭等。除有促进经济发展等客观原因外，种类繁多的传统体育文化本身也具备了研究的乐趣和价值。对贵州省地区来说，宣传民族传统体育文化，是了解自身进化、发展的必经途径，是促进农村发展、全省经济社会发展的必要手段，也是积淀贵州省文化、展现贵州省民族魅力的有力方式。

为提高劳动效率，获取更多的生存资源，早年黔北人民在辛勤的河运劳作中发明了独竹漂运动。该运动凝聚着黔北人民的聪明才智，是一种内涵丰富的人为文化财富。确切地说，独竹漂运动是一种河运文化的衍生物，是黔北河运文化的具体体现形式之一，也是我国河运文化宝库中的一颗璀璨明珠。惊险的独竹漂行技术、精湛的水上表演，以及人们表达的挑战自我、挑战极限、不畏困难的精神气概，无一不是独竹漂运动所具有的文化功能。同时，独竹漂运动也是黔北人民积极与艰苦生存环境抗争，适应环境的历史见证，也是黔北人民珍贵的历史文化遗产之一，对于今天的人们探究早年黔北地区的社会生产、经济发展、民居生活等都具有重要的现实意义。

三、独竹漂运动的教育功能

民族传统体育是指长期流传在少数民族中，具有浓厚民族色彩、特征及强健体魄和娱乐身心作用的体育活动。它是中华民族共有的精神家园，是我们国家经济社会发展的重要动力，是国家发展的软实力，是中华民族的共同的文化财富。

独竹漂约起源于黔北地区，当时播州盛产楠木，为最好、最珍贵的建筑木材，被朝廷所专用。当时朝廷派采木官，到刚刚开始被外界所知的播州原始森林赤水、习水一带采办楠木等。过去赤水河不通航运，楠木又很珍贵，每一根楠木会委派一人或多人运送，到长江边再绑成排或用船运至江南，转运京城。在漫长的运木工作中，人们逐渐习惯站在独木上撑杆运送楠木，并竞争嬉戏、打闹而演变成为一种水上游戏。长此以往，就将这项活动作为民间娱乐游戏的形式固定下来，称为"独木漂"。到清初，人们发现用竹比用木料更好，遂将"独木漂"改成了独竹漂，每年端午涨水时，习水土城的居民和城郊农民就会成群结队，在河里进行独竹漂比赛，如果有人落水了，人们就会发出一阵阵开心的笑声；胜利者则被簇拥着敬酒敬茶，戴上大红花，出尽风头。

从独竹漂的发展历史看，这一民族传统体育项目，就其本质来讲，具有增强体质，培养民族意识、丰富文化生活，调节情感的作用。表演和竞赛能培养人们机智、果断、勇敢、顽强的意志品质，荟萃民族艺术、民族风俗、民族工艺等精华于一身，人们经过耳濡目染，潜移默化，无形中受到了丰富而深刻的民族传统文化教育。这种教育根植于人们的意识之中，成为一种精神与风气，在各少数民族内部广泛流传，成为民族文化教育的重要组成部分。同时，在学校教育中，人们可以借助一些民族体育活动本身具备的审美价值、健身作用和思想教育意义，将民族体育活动引入大、中、小学校，既可以弘扬民族体育文化，又在一定历史条件下丰富了教学内容，增强了学生身心健康，培养了学生良好的道德品质。

　　"红色文化"是中国革命先烈留给人类文明的一笔永不枯竭的珍贵财富，是永远激励中国人民为了国家繁荣富强而不懈奋斗的精神堡垒，也是警醒世人、呼吁和平的鲜活素材。独竹漂运动的红色文化遗迹赋予了独竹漂运动充沛的生命力。"四渡赤水"是我国历史上红军反国民党围剿最著名的结晶，"战争过程中，中央红军秘密调查江河情况，除充分利用民船渡河外，均发动部队自制渡河器材。如收集与砍伐毛竹、杉木，自制竹、木排（筏），自制架设浮桥的就便器材，乘竹筏到达对岸并攻占渡口成了顺利脱离国民党军队包围圈的一大武器"[①]。由于我们特别是青年一代在逐渐远离红色年代，仅凭眼前激荡的红色文字与红色图片很难让人们的灵魂深处受到真正的警醒与洗礼；再者，在多年的开放实践中，人们的生活方式逐渐转变，大家需要在工作之余去体验生活，原有传统静态的、观光的文化旅游已不能满足人们的身心需求。相反，像独竹漂这样的民族传统体育运动，以一种新颖的现代体育娱乐方式成为广大人民群众所喜好的体育运动。对此，我们可通过表演的教育功能，展示赤水人民的质朴和智慧，让来自全国以及世界各地的游客在表演中感悟跨越时空的红色拼搏进取精神，使更多人的心灵受到"红色洗礼"和鼓舞。

四、独竹漂运动的健身功能

　　独竹漂运动是一项具有健身特点的水上体育技能项目，练习独竹漂不仅能锻炼人们水上的平衡能力、灵巧能力和运动能力，而且还可以提高人体的协调能力、体力、耐力、柔韧等素质以及提高人体的心肺功能。独竹漂运动的参与能够使人体内能量消耗增加，代谢产物增多，新陈代谢旺盛，从而使各个器官系统的功能水平得以改善。同时，也能够提高人体对外界环境适应能力，不管

---

① 王宗枝：《民族传统体育独竹漂探源》，载《白城师范学院学报》，2015（7）。

是自然环境还是社会环境的变化，人体都必须进行调整，使人体的内外环境相适应、相平衡。经常参加独竹漂运动，不但能够体验大自然的美，而且能够增强对自然环境的适应能力，提高人的胆识，增强人的自信。

独竹漂运动是一项集力量、耐力、平衡、协调等多种身体素质于一体的体育运动。它以特有的运动形式对人体产生影响，是发展平衡能力和提高有氧代谢水平的重要手段，能够促进中枢神经系统兴奋和抑制灵活性，有助于增强心肺功能和人体耐久力，强化包括人体前庭器官在内的多种器官功能，从而增强人体对外界疾病的抵抗能力，促进身体健康，具有明显的健身功能。

此外，独竹漂运动对人的心理发展也具有重要作用。一方面，它对人的精神情绪能够起到调节作用。头顶蓝天白云，踏歌青山绿水，立于单棵楠竹之上在水中自由漂行，能够容易使人忘掉烦恼，缓解压力，放飞美好心情。另一方面，它对人的意志品质和智慧胆识提出考验。人们要体验独竹漂运动，需要置身数米深的河谷溪流之上，面对空旷如野的水面，还要面临时刻都有可能落水的危险，并且，落水后还要敢于重新站起来，体验者需要经历无数次失败，反复练习才可能掌握这项运动技能。因此，尝试独竹漂运动需要足够的勇气和胆量，对运动员而言，从事独竹漂运动则更是对其意志的考验。

第二节　独竹漂运动的价值

一、独竹漂运动的文化价值

独竹漂运动的起源，不仅反映了贵州省的自然条件，更代表了贵州省人民聪明、智慧、顽强、挑战大自然、挑战自我的精神气概。当时的人是如何适应大自然、挑战大自然，最终与大自然融为一体的，这些都是独竹漂运动遗留给世人的精神财富和文化财富，更是独竹漂运动的文化价值和教育价值的体现。

当年红军在贵州省时，当地人民就是用独竹漂的形式往返于赤水的各个渡口帮助红军送信。1935年的"四渡赤水"，就是以竹为交通工具渡过赤水河的，以至于在后来的纪念"毛泽东畅游长江"和红军长征"四渡赤水"群众水上体育活动中，独竹漂成了必演节目。人们通过这样的纪念形式接受爱国主义教育。在如今的独竹漂表演中，也会以红军时期的背景为主，体现它本身的教育价值。

在练习独竹漂的过程中，练习者受到的挫折，所经历的落水—爬上竹竿—再落水—再爬上竹竿，这样的过程对于练习者本来就是极好的教育——永不放弃，坚持不懈才能胜利。

（一）激发人的竞争意识

自从独竹漂运动成为全国少数民族运动会正式项目以来，许多地方都组建了独竹漂运动队。不管是独竹漂表演还是独竹漂竞速，所有参与者都体会到了与竞技体育无二致的竞技价值——竞争意识。不努力就会落后，不前进就只能倒退。这种竞争意识在现实生活中非常重要，不管是工作过程中的竞争，还是对子女教育过程中的竞争，只要有人多之处，就会有排序的存在，只要有排序就会有竞争。物竞天择，这是大自然的进化规律。独竹漂运动给予参与者的就是这样的竞技意识。

当然，竞技价值不仅仅只体现在参与者身上，而且还有举办独竹漂运动竞赛所带来的系列文化、经济方面的价值。例如，增强举办地的影响力，促进举办地的旅游、交通、餐饮、住宿等的发展，加强各地独竹漂运动队的经验交流等，均是独竹漂运动的竞技价值的体现。

（二）构建民族传统体育新文化

"文化是一个国家和民族的血脉和灵魂。经济全球化引发的不仅仅是社会变迁、社会结构的变动导致的新兴政治力量的涌现，社会变动速率的加快、贫富两极分化、转型过程中社会文化的多元化倾向以及由此引发的文化认同危机，无疑也会削弱国民的凝聚力，甚至对国家的认同。"[1] 多样性和多元化是人类文明得以发展的根源，也是世界发展的客观存在和不竭动力。尽管经济全球化与多样性本身并不是对立的，相反还应当是统一的，但是不可否认，经济全球化进程中所带来的渗透效果却给文化造成了"同一性"的倾向。"尤其是少数西方资本主义强国推行的'文化侵略'和'文化霸权主义'使本该丰富多样的人类文明受到了严重的威胁和冲击，人类文明文化的创造力、独特性与发展性被严重扼杀"[2]，尤其是引发了现代国家文化上的同一性趋向，进而由文化认同危机引发国家认同危机。

就目前贵州省的文化现状而言，正面临着近代理性文明和 21 世纪文化意识的双重冲击，"一方面，全球性的现代化正以裹挟一切的气势，胁迫着每一个尚未实现现代化的民族国家，它将民族国家之间的合作与斗争最终归结为发展科

---

① 田国祥、赵菁：《论我国民族传统体育文化的困境与时代责任》，见国家民委文化宣传司、国家体育总局群众体育司选编：《民族体育论文集——第九届全国少数民族传统体育科学论文评选获奖论文集》，239 页，北京，民族出版社，2011。

② 赵玉言：《胡锦涛"和谐世界"思想研究》，硕士学位论文，中国石油大学，2008。

技与发展经济的合作与斗争，发展成为现代化的逻辑"①。改革开放以来，贵州省全力以赴地发展科学技术，并把它置于生产力的首位，正是对这一现代化逻辑的积极回应。但我们必须清醒地意识到，科学技术是一把双刃剑，科学技术在给人们带来物质上改变的同时，也在不断膨胀人们的自信与欲望。我国"社会主义核心价值体系"是由马克思主义为指导思想，并由社会主义共同理想和以爱国主义为核心的民族精神、以改革创新为核心的时代精神以及社会主义荣辱观所构成的。在此意义上说，贵州省民族传统体育文化就是首先中国化，就是以民族传统体育为载体，顺应国家主流文化的发展趋势，以大众文化的形式，在展示民族文化积淀的同时，体现现代的开放和包容的人文精种。②

（三）树立民族传统体育文化的主体精神

亨廷顿在《文明的冲突与世界秩序的重建》中谈到未来世界的政治格局时指出，未来世界政治的主轴将是"西方与非西方"的矛盾以及"非西方文化对西方强权与价值的回应"。这些"回应"将分为三种形式：一是非西方国家采取闭关锁国的方针，把自己的社会从西方的渗透和堕落中分隔开来；二是尝试加入西方文化圈并全盘接受其价值和制度；三是保持其固有的价值与制度，通过发展经济与军事实力，并联合其他非西方社会共同抗拒西方，以造成一种新的国际政治"均衡"格局。在这三种"回应"中，第一种是极不明智和不合时宜的，这种"回应"形式将付出昂贵的代价，而且难以持久；第二种实际上是一种文化的大放血，其艰难程度可想而知，而且已经在许多非西方国家中导致畸形现代化的悲剧；唯有第三种形式才是发展趋势，以多元文化为前提的同一性才是真正的同一性。③民族传统体育文化是在不断受到外来文化的冲击和挑战中向前发展的。优秀的民族传统体育文化在直面外来文化挑战时，是以自身为主体，根据自身的需要积极选择、吸纳和融合外来文化的合理内核，寻找一条不同于西方体育、符合民族传统体育文化特点的现代化道路。对贵州省人民来说，我们应当准确定位好自己多样化、地域特色明显的民族传统体育文化主体，开阔视野，以包容的心态走出文化二元困境，保护和发展好民族传统体育文化。

---

① 田国祥、赵菁：《论我国民族传统体育文化的困境与时代责任》，见国家民委文化宣传司、国家体育总局群众体育司选编：《民族体育论文集——第九届全国少数民族传统体育科学论文评选获奖论文集》，239页，北京，民族出版社，2011。

② 刘树辉、张胜利：《民族文化差异与武术国际化发展的哲学思考》，载《上海体育学院学报》，2004（4）。

③ 姚登权：《全球化与民族文化——一个马克思主义哲学视角的考察》，博士学位论文，复旦大学，2004。

（四）形成民族传统体育多元发展格局

民族文化是民族历史与民族文明的结晶，凝聚着一个民族产生、发展过程中的智慧，并且在形成过程中也埋下了其发展方向和可持续发展方式的伏笔。

在经济全球化进程高速推进的今天，世界与民族的交流、融合日益频繁，要想推进民族的发展，促进民族文化的发展，我们就必须牢牢抓住"传统"二字不放手。"民族的也是世界的"，越是凝聚民族灵魂和文化的东西，其发展机遇越多。当然，随着时代条件与历史背景的改变，我们对民族传统体育文化发展与提升的方式也应该有所改变。我们要跳出过去任其发展的模式，同时也必须认清一味追求竞技体育所带来的边缘化威胁，用一种全新的视野，不断创新的思维和方式去进行。

首先，我们承认经济全球化的外部环境，认清目前以西方体育文化为主的现代体育已在我国占有主导性地位的事实。在这种情况下，如果我们还用旧的思维和旧的方式去传承民族传统体育文化，那么贵州省民族文化在今天连生存都成问题，更谈不上发展与提升。①其次，我们之所以要强调创新，从文化本身来看，则是因为随着时代的发展，过去的一些文化元素已不能适应发展的需要，必须不断创新，以发展和提升的方式，实现贵州省民族体育文化的大飞跃。最后，民族传统体育文化的内容虽然丰富，但要想应对当今时代发展带来的新挑战还是不够的。所以我们必须构建贵州省民族传统体育发展的多元格局。像贵州省这样具有悠久民族传统体育文化的省份，更应该保持文化的独立性，兼顾传承和创新，以促进民族传统体育文化的发展。②

如何实现独竹漂运动文化价值，具体还需从以下几个方面着手。

一是要加强宣传，吸引更多的人参与到独竹漂运动中来。一项运动的发展，仅仅靠参加比赛和表演的这些参与者来说，远远不够。独竹漂运动的发展，借助全国少数民族运动会的热潮，看似如火如荼，各地都组建了独竹漂运动队，但实际上，很多独竹漂运动队也只有在全国少数民族运动会的赛前一年左右才会开始训练，其他时间几乎都是空有其名，而且其训练的目的就是为了参加全国少数民族运动会，比赛结束后接近于解散的状态。不可否认，独竹漂运动现在的这种现状，对于之前独竹漂运动无名无分的情况相比，已经好了很多，但是，若要该项目能够更好地发展、传承下去，仅仅靠参加比赛的这些参与者是远远不够的。

我们应通过各种渠道对独竹漂运动进行宣传，例如，电视台、自媒体等，

---

① 刘建华：《全球化境遇中意识形态功能发挥的价值冲突与应然选择》，载《理论与改革》，2009（3）。

② 赵林：《全球化与文明冲突》，载《东方论坛（青岛大学学报）》，2004（2）。

进行独竹漂运动独有的健身价值与文化价值的宣传。最近在网络上流行的一段由美国 CNN 创立的 GBS 工作室上传的名为《独竹漂——来自中国的竹舞艺术》的短视频，这段视频在美国社交网站 Facebook 上也引起了全世界网友的关注，短短 10 多个小时，点击量就超过了 17 万次，有 4600 多人点赞。遵义市红花岗区独竹漂运动协会也可以创建自己的网站，对协会的作品进行网络宣传，让更多的人了解独竹漂运动，以吸引更多的人参与独竹漂运动。

二是要积极寻找合适的平台，确保独竹漂运动能够经常出现在公众视野。独竹漂运动的发展与传承，独竹漂运动人文价值的实现，这需要有社会知名度，需要有更多的展示机会。这就要求独竹漂运动这出戏想要演好，就必须要有更好的舞台。贵州省近些年的发展势头强劲，乘着西部大开发的东风，国发〔2012〕2 号文件（《国务院关于进一步促进贵州经济社会又好又快发展的若干意见》）的护佑，以及"一带一路"的翅膀，贵州省的各项事业都飞速发展，在贵州省尤其是遵义市开展的大型活动也越来越多，例如，国际级、国家级的赛事或会议。在这些活动举办的时候，我们可以适当考虑由独竹漂运动竞赛或独竹漂运动表演作为其中的一部分，以提高独竹漂运动的知名度和影响力。此外，在贵州省内举办县级的独竹漂运动比赛和市级的独竹漂运动比赛等，将有效提升独竹漂运动在贵州省的发展势头。

三是要适度开发，确保独竹漂运动不被过度异化。当讨论到独竹漂运动的发展和传承的问题时，多数的决策者考虑到的都是开发独竹漂运动的旅游价值，例如，在文章《独竹漂运动的旅游商业价值开发与利用——以黔东南为例》[①]中，文章的作者以黔东南为例，介绍了独竹漂运动的旅游商业价值的开发。虽然，开发独竹漂运动的旅游价值是值得赞同的，但是我们一定要适度，要确保独竹漂运动的教育价值和独竹漂运动本身的美的体现，切不可过度异化。否则，不仅不能够实现独竹漂运动的文化价值，就连独竹漂运动将来的发展方向都将成为未知。

二、独竹漂运动的健身价值

健身运动能给予身体生长发育以良好的影响，促使肌肉发育和骨骼生长。科学地训练还可减少肌肉中的脂肪含量，达到去脂减肥的目的。这些变化能有效地改善人的体形体态。正因为形体健美练习的各种动作能给身体各部位以很大的影响，所以，当一个人的体形体态出现某些异常的时候，就可以有针对性

---

① 王馨平、龙明莲、杨金刚：《独竹漂运动的旅游商业价值开发与利用——以黔东南为例》，载《凯里学院学报》，2015（6）。

地选择适当的运动进行锻炼，以达到矫正畸形的目的。运动健身顾名思义，就是通过各种合理有效的运动方式，激发、刺激人体机能能力，使之得到有效的提高，进而促进人体体质的整体提高，以达到健康身体的目的。

在"健康中国"的大背景下，人们对于一项运动的健身价值的关注程度要高于以前。独竹漂运动要求人站立在一根漂浮于水面的竹子上，仅仅靠手中的一根细竹竿来保持平衡，并在此基础上，让脚下的竹竿前进的速度更快，或者做出一些更有难度的动作。人体的平衡性是人体协调能力的一种体现，在日常生活中起着重要的作用。平衡性差的人很容易摔跤，动作也不协调。独竹漂运动中对于人体平衡性的要求更高。首先，运动员所站立的是一根光滑且具有弧度的竹子，而不是平面，这就要求站在上面的人要能够控制自己的脚与竹子表面较好的结合，以帮助发力。其次，运动员所站立的竹子是漂浮在水面上的，波纹或水浪的波动，会使竹子漂浮不定，这就增加了掌握平衡的难度。最后，运动员手持的细竹竿只能点击水面或者划到水面上，以保持平衡，但是点击水面的力度的把握难度远远高于点击地面。由此可见，参与独竹漂运动，需要参与者有较好的平衡性，并且能够得到极大的锻炼。

除此之外，在练习平衡性的过程中，必须要有身体各部位肌肉的参与才能够保持平衡，例如，腹直肌、腹外斜肌、背阔肌等，这些肌肉力量的练习，正是当下所流行的核心区域的肌肉的练习，对于人体的健康具有极为重要的意义。

三、独竹漂运动的审美价值

体育与美同是人类辛勤劳动的产物，它们随着人类社会的发展而发展，它们紧密相连、相互促进、相辅相成。我们说体育运动的美，主要通过以下内容表现出来：人体和谐匀称的体型；正确的姿态；有力而富有弹性的肌肉；精湛的技艺；顽强、勇敢、坚毅、果断的精神等。独竹漂运动作为一项民族传统体育项目即是如此。

（一）独竹漂运动的"人体美"

少数民族体育运动的美学价值，是相当丰富的，人们对于体育美的理解，首先指的是人体的美，体育运动从产生开始就是展现人体的先天之美，人们通常认为纤细、温柔的女人最美，而男人的美则表现在强壮、阳刚等方面。此外，体育运动能增进健康，促进人的生长发育，通过体育运动使人的形体在日常生活中展现出来，给人们一种人体的健康美、独特运动的人体美。独竹漂运动是一项既有健身价值又能够充分体现"人体美"的水上运动项目。经过训练的运动员，不仅身体线条匀称、肌肤润泽、骨骼强健、肌肉发达富有弹性，而且身手矫健、精力充沛，有较强的平衡能力和运动能力。此外，独竹漂运动还可以提高人体的五项基本素质，包括力量、速度、耐力、柔韧等素质。

（二）独竹漂运动的"精神美"

体育运动拥有强烈的感染性，能让人感动、快乐，具有激励效应。我们永远记得我国在第二十三届奥运会上赢得 15 块金牌，获得了"东方巨人"的美称，国内人民欣喜若狂；我们不会忘记女排姑娘"五连冠"的比赛；刘翔在第二十八届奥运会上 110 米栏勇夺金牌，观众围坐电视机旁，为其呐喊、鼓劲……在这无数个瞬间，体育不再只是一项运动，它更体现着民族的顽强拼搏的精神、永不言败的精神，传递着社会的正能量，而这样的正能量融入体育运动中，便产生了美感，震撼了每一位中国人民的心灵。1999 年赤水"独竹漂队"代表贵州省参加第六届全国少数民族传统体育运动会，荣获表演项目的金牌；2000 年在赤水创下了超长距离独竹漂 6000 米顺流赛的吉尼斯纪录；2007 年端午节，在遵义举办的"贵州省首届独竹漂比赛"为该项目进入 2011 年全国第九届少数民族传统体育运动会打下了坚实基础。我们在独竹漂运动上取得的所有成绩，离不开运动员的努力拼搏，离不开人们对独竹漂运动的喜爱，更离不开政府、社会的大力支持。在独竹漂运动中，运动员们团结协作、勇于拼搏的精神，向人们传达了体育运动锲而不舍、永不言败的精神。

（三）独竹漂运动的"动作美"

体育运动是人们在生产劳动实践中逐渐形成的。在体育活动中，人们不仅塑造了矫健的身体，而且还将美的规律、美的标准运用其中。随着社会的进步，源自劳动实践的体育运动不断塑造着美的身体，美的身体又带来美的运动。各项体育运动中，始终蕴含、伴随着美。体育运动项目的动作美有稍纵即逝的感觉，运动员的各种动作有协调、准确和规范等特点，如足球的美要通过运动员的传球、接球、运球、射门等技术及战术的配合表现出来；跳跃项目的美要通过运动员助跑、起跳、腾空和落地等动作技术表现出来；花样游泳的美要通过运动员在水中做出各种优美的动作、造型和图案展现出来。在独竹漂运动中，运动员动作协调、姿态美观大方，燕子平衡、劈叉、转身、单腿支撑、绕弯、倒退、换杆等高难度动作都完美地展示了独竹漂运动的"动作美"，完美的动作技术会给人们一种完美、无懈可击的感觉，会引起观众强烈的热情、喜悦和共鸣。

（四）独竹漂运动的"悬念美"

体育与艺术相融合产生了另一种让人兴奋和激动的美就是"悬念美"。这是所有体育运动的关键所在，正是由于在赛前谁都不知道比赛结果，因此，人们在观看体育比赛时，欣赏选手们矫健的身姿、精湛的技艺的同时，也在猜测着比赛的结果。而这种猜测的过程，给了人们无限的想象空间，所以产生了"悬念美"。在独竹漂运动中，运动员精湛的技术、娴熟的配合为比赛增添了一分"一山更比一山高"的感觉，给人以想象、猜测的空间，使比赛更具有观赏性。

四、独竹漂运动的商业价值

独竹漂曾被称为"划竹竿""独竹竞划""独竹舟"等，是一项以单棵楠竹放置水面为承载漂浮体，运动员赤足站立其上，利用手中的竹竿划水使其前进的运动。

独竹漂起源于黔北地区，当时播州盛产当时最好、最珍贵的建筑木材，为朝廷所专用。朝廷派采木官到播州原始森林赤水、习水一带采办楠木，因赤水河不通航运，木材又很珍贵，每一根木材委派一人或多人运送，到长江边再绑成排或用船运至江南，转运京城。在漫长的运木过程中，人们逐渐习惯站在独木上撑杆运送木材，由嬉戏、打闹演变成为一种水上游戏。并逐渐将这项活动作为民间娱乐游戏的形式固定下来。

到了清乾隆年间，一位叫黎理泰的福建人从老家上杭引来楠竹，植于赤水。于是竹中之秀楠竹、毛竹等客居赤水数百年，生生不息地广布于赤水河两岸的丘陵山区。散居赤水河两岸的竹农，长期生活在漫山的竹海中，其衣、食、住、行都与竹子相伴。他们在集运毛竹，扎竹排的过程中，练就了独竹漂这门独特技艺，以后逐渐演变成每年端午节与龙舟赛齐名的表演项目。每年端午涨水时，习水土城的居民和城郊农民就会成群结队地在河里进行独竹漂比赛，如果有人落水了，人们就会发出一阵阵开心的笑声；胜利者则被簇拥着敬酒敬茶，戴上大红花，出尽风头。1998 年，赤水复兴马鞍山发掘的汉晋时期的古崖墓群中，有一座墓穴的石棺壁上，就有一幅一人双手持杆立于一独木上的石刻图案。后有诗云："茅台斜阳映赤水，残阳几叶贩酒船。独竹飞流飘然过，纤夫逆行步步难。"

1935 年，红军四渡赤水时，也曾以竹为舟渡过赤水河。随着交通条件的改善，这门绝技最初的功能已经淡化，逐渐发展成为一个表演项目，甚至是一个比赛项目。20 世纪 70 年代，独竹漂渐渐发展为纪念"毛泽东畅游长江"和红军长征"四渡赤水"的群众性水上体育活动的一个表演项目。

20世纪末，具有赤水地域特点的独竹漂走出贵州省，走向全国民运会。1999年，独竹漂作为水上表演项目被列入第六届全国少数民族传统体育运动会。独竹漂首次亮相，即得到一致好评，并以最高评分夺得水上表演金奖，被媒体誉为"中华一绝"。此后，在2002年贵州省少数民族传统体育运动会、2007年全国少数民族传统体育运动会上再次取得表演金奖。同时，作为少数民族传统体育项目逐渐在贵州省各地和全国各地传播推广，独竹漂运动从此翻开了新的一页。但如何能使独竹漂的商业价值得以充分发挥，应注重以下几个方面。

（一）独竹漂运动的保护

非物质文化遗产蕴含着民族特有的思维方式、心理活动、审美观念，凝聚着民族深层的文化基因，展现了民族充沛的文化创造力，是值得珍惜的精神家园。保护、传承非物质文化遗产，是传承民族文明、繁荣社会主义先进文化、构建社会主义和谐社会的必然要求。①进入21世纪以来，经过积极探索与实践，各级部门组织开展了一系列卓有成效的工作对独竹漂运动项目进行开发保护：2007年贵州省把此项目定为少数民族传统体育竞技项目并在遵义市红花岗区举办了贵州省首届独竹漂大赛；2008年贵州省把"赤水独竹漂"列入了贵州省第三批非物质文化遗产保护名录；2004年起，为争取将该项目列为2011年第九届全国少数民族运动会竞赛项目，贵州省民族事务委员会、贵州省体育局和有关专家做了大量前期工作，包括项目论证、规则起草与审定、省内推广开展与比赛等，经过长期的整理、编写，制定了《独竹漂竞赛规则（试行）》，并通过了国家民委和国家体育总局的国家专家组论证；2009年7月，由贵州省第九届全国少数民族运动会筹委会、中国少数民族体育协会主办，黔东南州民委、州体育局、麻江县人民政府承办的2009年全国龙舟暨独竹漂邀请赛在麻江县下司镇举行，这为全国少数民族运动会在培训裁判队伍和锻炼运动员队伍、进一步推广独竹漂运动奠定了基础。现在，独竹漂运动已列入全国少数民族传统体育运动会的竞技项目，并已经列入了贵州省非物质文化遗产保护项目。

（二）独竹漂的商业发展

纵观独竹漂运动的发展史，对独竹漂运动进行创造性的传承发展，犹如给我们留下一部见证赤水先民勤劳智慧的史书和鲜活物证。我们通过调查分析，发展独竹漂运动最为有效的途径有三个。

---

① 李荣启、唐骅：《新世纪我国非物质文化遗产的保护与传承》，载《广西民族研究》，2010（1）。

一是旅游。民族传统体育自身所蕴含的深厚的民族文化底蕴与发展地方经济相结合，给地方经济发展注入新的活力，是具有吸引力和价值的重要旅游资源之一。它不仅能满足游客求新、求奇的文化心理追求，而且民族传统体育所具有的娱乐性、趣味性、表演性、观赏性、健身性能增强旅游的效果，创造出更具有品牌效应的旅游热点。近年来，民族传统体育获得了迅猛的发展，以其独具的魅力跻身市场经济社会，带来了可观的经济效益，显示出巨大的发展潜力。现代的独竹漂运动既是一种体育竞赛与表演项目，又是一种体育文化形式。近年来，独竹漂运动在各民族人民的努力下得到了快速的发展，制定了《独竹漂竞赛规则（试行）》，已成为全国少数民族运动会的比赛项目。开发独竹漂商业旅游价值，吸引众多的跨省区、跨国的游客前来观光旅游，这不仅可以传播民族传统体育文化，而且可以带来较高的经济收入，把独竹漂运动打造成为民族体育旅游的品牌。旅游作为一种人类文化活动，可以通过文化交流与互动实现文化的传承发展。少数民族体育非物质文化遗产是重要的人文旅游资源，具有丰富的开发价值。例如，1995年第五届全国少数民族传统体育运动会每天观众近20万人，其中10%是海外游客；2007年第八届全国少数民族传统体育运动会是广东省旅游行业近20年来最大的旅游接待项目。2011年第九届全国少数民族运动会在贵州省举行，以赤水市为世界自然遗产的优势结合独竹漂运动的特点营造浓郁的少数民族体育非物质文化遗产旅游环境和氛围，让游客体验到"走长征路，喝茅台酒，看大瀑布，耍独竹漂，吃熊猫餐，祭英烈魂"的赤水旅游的浪漫与神奇，使独竹漂运动通过它们走向全国、全世界。

二是教育。学校教育是体育非物质文化遗产传承发展的基层单位和培养传承人的摇篮，也是体育非物质文化走向规范化、科学化、普及化的重要场所。因此少数民族地区（如遵义市、赤水市）的教育主管部门和学校应肩负起独竹漂运动在现代社会中传承和创新的历史使命，出台扶持政策，建立校本课程，为独竹漂运动的传承发展充实后备人才提供条件。

三是竞赛。竞赛是推动和促进体育项目发展的指挥棒，起着重要的杠杆作用。现阶段中国只有全国少数民族传统体育运动会和贵州省相关比赛中设有独竹漂比赛项目，这严重阻碍了该项目的发展。如果能建立健全科学合理的独竹漂竞赛体系和制度，从基层开始，与学校教育互动，让占全国学生特别是绝大多数的汉族学生也能体会到独竹漂运动的乐趣，并从中选拔人才参加每年定期举办的各省市、全国比赛，必将有效地促进该项目的开展。独竹漂运动以其惊险独特的水上表演，浓郁的地域风情特色赢得广大观众的垂青，其自身所具有的经济功能也日益显现。近年来，独竹漂运动以民俗节庆、周末假日为契机，以各地旅游景区为舞台，与旅游休闲巧妙地结合在一起。通过举办各种精彩的水上表演和互动活动，独竹漂运动为自身和当地获取了丰厚的经济收益。到目前为止，独竹漂运动在全国各地表演有数十场，在自身获利的同时，也为各旅游景区吸引了大量游客，刺激了消费，带动了当地旅游业的发展。当前，一些旅游景区将独竹漂运动表演作为推动本地旅游产业发展的措施，欲借独竹漂运动扩大影响，增加人气，突出特色，提高旅游收入，形成"以漂促游、以漂竖牌"的良性互动格局。

五、独竹漂运动的社交价值

随着社会经济的发展，独竹漂运动已被越来越多的人知晓，每年贵州省内如贵阳市、遵义市、赤水市等地均举办传统的独竹漂赛事。比赛时场地两岸均聚集着慕名前来观赏精彩的独竹漂表演的观众，场面相当壮观，促进了各省之间、各民族之间的广泛交流。为丰富赛事期间的活动内容，当地还组织开展斗牛、芦笙会、铜鼓、农民绘画展览等活动。开展独竹漂竞赛和表演活动，这容易增进人与人之间复杂的情感交流，加深友谊，促进人与人之间的交往。其社交价值通过以下几个方面能够得到充分体现。

（一）满足人的交流需要

根据马斯洛的需求层次理论，人的生理上的需要、安全上的需要和感情上的需要都属于低一级的需要，这些需要通过外部条件就可以满足；而社交的需要和自我实现的需要是高级需要，必须要通过内部因素才能实现满足。在进行独竹漂运动的训练过程中，即使是最不善于交流的人，也必须与他人进行沟通。因为无论是个人技术的练习，还是团队的合作，甚至是大型集体舞蹈剧的演出，都要求参与者必须跟教练沟通、跟同伴交流协作、与他人交流，在此过程中，无形中实现了人较高层次的需要——交流的需要。

除了在进行独竹漂运动的训练、比赛、表演中的交流，在日常生活中，独竹漂运动还可以作为交流的话题，成为自己的社交筹码，并因为有共同的独竹漂运动爱好，而扩大自己的社交圈，真正实现独竹漂运动的社交价值。

（二）带给人们精神上的愉悦

1999 年独竹漂运动首次亮相，是在第六届全国少数民族传统体育运动会上，第一次出场便获得表演项目技巧类金奖。在 2007 年第八届全国少数民族传统体育运动会上，贵州省独竹漂运动队又一次获得表演项目技巧类金奖。独竹漂运动项目的表演观赏价值可见一斑。2002 年 8 月，遵义市组织并成立了全国第一支女子独竹漂运动队，自此以后，在遵义市的湘江河上，练习独竹漂运动的女性便成了遵义市的一道独特的风景线。

在许多重大的节日如端午节、国庆节、中秋节期间，湘江河上定期的独竹漂运动表演会吸引两岸的观众喝彩、拍照和录像。在一些重大活动的开幕式上，独竹漂运动的表演往往能够起到其他任何表演所不能起到的作用，例如，在国际山地户外运动挑战赛的开幕式上，起到了很好的宣传遵义市的作用。这些对于观众来说，体验到的就是独竹漂运动的休闲与观赏价值，使观赏者感受到精神上的愉悦。

（三）有利于构建和谐的新型民族关系

民族传统体育文化作为一种文化的存在和发展，凭借其公平竞争、努力拼搏、不断进取的体育精神，促进和平、友谊、进步和维护社会稳定的体育理念，广泛影响其他社会领域的独特方式，成为可以区别于其他文化内涵的，具有独立体系的一种文化形态，并成为世界文化的重要组成部分。它在人类社会文化传播交流中，充分发挥了其价值取向和社会功能，其价值远远超出了自身的范围，在一定程度上成为民族团结的象征。研究好民族传统体育文化，有利于加强各民族之间政治、经济、文化等方方面面的交流，促进各族人民和睦相处、和衷共济、和谐发展，不断巩固和发展平等、团结、互助的社会主义新型民族关系。

（四）有利于传承和创新优秀民族传统文化

"文化是一个民族的根，是一个民族的魂，民族精神是一个民族赖以生存和发展的精神支柱。而民族精神又深深地根植于民族文化之中。少数民族传统体育是民族文化的重要组成部分，之所以经久不衰且具有强大的生命力，是由于它具有不可忽视的当代价值，显现出自身的文化传承价值。"[1]研究好民族传统体育文化，有利于弘扬优秀的民族传统文化，展示改革开放以来少数民族的建设和发展成效，展示少数民族悠久灿烂的历史文化，展示各族人民团结进步、奋发向上的精神面貌，增强民族文化的发展活力。

（五）有利于人与人之间的社会感情传递

体育的社会感情功能是与人的社会心理稳定性直接有关的。所谓"心理稳

---

[1] 李永皇：《普及推广少数民族传统体育面临的问题及建议》，见贵州省少数民族体育协会编：《贵州省少数民族体育研究论文集（一）》下，31 页，2011。

定性"是指人的心理与社会的一致性，或者说人的社会心理平衡。在正常情况下，由于传统的教育、宣传舆论、习惯等各方面的社会影响，人们总是会产生、形成与社会一致的心理。一般情况下，人的个人需要和社会需要都是基本一致的。以这些需要为原动力，可以推动人们努力工作，遵守社会准则，为社会做贡献。由于体育运动有竞赛性，竞赛有对抗性，竞赛的结果有不确定性，因此，它不仅能引起广泛的社会关注，而且能使人们产生强烈的感情刺激和感情调整失去平衡的心理。体育运动的社会感情功能的确是其他社会活动所不可比拟的。例如，俄罗斯第二十一届世界杯足球决赛举行时，有一百多个国家进行实况转播，观众达数十亿，堪称举世瞩目！独竹漂运动有着独具一格的活动性特点，它可以使人们在身体活动的实际体验中，对自己的健康、对生活、对未来充满信心，从而使整个民族朝气蓬勃，生机盎然。在调节社会心理平衡方面，它堪称是一个卓有成效的手段。

练习与思考

1. 独竹漂运动的主要功能有哪些，你认为哪项功能最为重要？
2. 独竹漂运动的价值主要体现在哪些方面，怎样才能被充分挖掘？

第三章 独竹漂运动表演理论与实践

学习目标

1.了解独竹漂运动表演的发展的现状与趋势。

2.掌握独竹漂运动表演的构成因素、表演特点、艺术审美展现形式与实践形式。

3.能够运用相关独竹漂运动表演的基础理论知识，对独竹漂运动表演的创编与组织提出相关建议或思考。

独竹漂运动随着社会发展逐渐成为特色的民间体育运动，由过去的生产、生活活动转化为现今的表演与竞技运动，其中在艺术文化方面主要通过不同的表演形式体现，并在国内全国少数民族传统体育运动会、各类少数民族活动、地区少数民族活动上被邀请进行表演，并得到普遍的认可。独竹漂运动的表演蕴含着地方特色文化和生活劳作方式的结合，具有陶冶心灵、休闲娱乐和社会教育的功能，一定程度上满足了人民群众日益增长的文化需求，促进了社会和谐，成为贵州省本土文化与运动、艺术相结合的特色产品之一，增强人民对地域文化的认同。近几年独竹漂运动的表演与地方特色文化相结合，与地方旅游产品、旅游产业相结合形成特色的旅游观光、文化输出的项目。因此，独竹漂运动的表演理论与实践的总结与提炼对少数民族体育其他项目的发展具有重要的意义。

第一节 独竹漂运动表演的构成因素

独竹漂运动表演主要通过人、竹、水三者的有效整合，表演形式中融合了各类文化元素，其中包括地方特色文化、红色资源文化、历史典故等，其表现形式也结合不同的艺术表演形式，例如，舞龙、瑜伽、体操等。独竹漂运动表演在形成过程受到历史文化、社会发展、群众生活需求等方面的影响，最终形成今天的表演形式。

一、人的因素

独竹漂运动的参与人群逐渐扩大，表演者越来越专业化，娱乐功能的凸显对该项目的发展具有推动作用，其具有良好的健身娱乐功能，作为大众参与的一项业余体育活动，大众参与度逐渐提高。有关研究对独竹漂运动参与人群的社会结构现状分析，得出目前参与独竹漂运动的人群的性别差异不大，独竹漂运动男女皆宜。

二、竹的因素

对于独竹漂运动表演器材的要求，我们本着回归自然，没有特定的规定，一般根据表演的需要对原生态的楠竹进行处理，并附带其他表演器材，进而展现独竹漂绝技。独竹漂运动的起源主要来自赤水人民的水上运载方式，随着社会发展，交通基础建设完善，现代交通工具的发展，独竹漂作为运载工具的功能逐渐消失，但独竹漂以另一种形式不断创新，得到很好的保留和继承，即独竹漂的健身、娱乐、竞技等方面得到转化与挖掘，独竹漂的运动形式是在继承的基础上加以创新的。有别于过去单一的出行，从运输小物品到发展成为表演娱乐健身、竞技比赛于一体的形式。其中为了表演需要，竞技公平，人们对独竹漂运动所用的器材进行改进，形成标准化的人造的"竹"，器材的改进促进了独竹漂项目的发展与推广，更能展现人在竹上"漂"的技能，使独竹漂运动的表演更具观赏性。

三、水的因素

独竹漂运动的所有技能的展现均需要特定水域，最初在开放河流，水流湍急，受水流的季节性变化，水涨、水枯影响，独竹漂运动活动开展具有一定的季节性，受自然气候的限制。最初独竹漂运动作为在赤水河流域形成的非物质文化遗产，有其特定自然生态特点，包括地质结构、气候水温、物产资源、自然条件等要素，水作为赤水流域文化的重要载体根源，是长久以来人的生存与发展的物质基础，也是文化形成与发展的基础。赤水河流域的自然环境等特殊因素，使赤水地区的社会发展、风俗习惯、独竹漂运动等有了鲜明的地域文化特征。赤水流域到处是河流湖泊，青山绿水，过去山高路险、交通出行不便，人民群众在相对闭塞的地理环境下，开展形式多样、自娱自乐的独竹漂运动。随着独竹漂运动项目的发展，独竹漂运动成为特色的表演形式，从原来的地域转移到县城，乃至其他省份的湖泊、城市河流、公园水域，成为一项大众娱乐观赏及参与的体育运动项目。为了独竹漂运动表演的推广，提高大众参与度，扩大独竹漂运动表演的观赏的角度，要求水域水流平稳、宽阔，并结合当地自然环境、人文环境。人们在遵义市的湘江河有举办相应的表演活动和日程节目编排、训练活动，湘江河邻近红军山烈士陵园、人民公园、凤凰山公园，依傍遵义会议遗址等，给来此地游玩的群众增加一道新的风景线。

第二节　独竹漂运动表演的特征

独竹漂运动表演作为一种独特的表演形式，随着时代的不断发展，其艺术表现形式独具特色，表演形式不断扩展；其观赏性、娱乐性、参与性等得到人们普遍认可；其形成独有的表演特征、技术动作、动作套路等，多角度展现独竹漂运动的艺术价值，独竹漂运动的表演过程也体现出相应的特征，具体如以下几个方面。

一、视听觉的直观性展现

视听觉是人们感受外界环境，获得客观事物认知，进行情感处理的重要路径。独竹漂运动的表演是在音乐背景下，或在特定的情景环境中进行的，展现个人或多人技能，这样的艺术掌握方式包含有直观地表现现实世界、直观地体现人对自身（人）和自然（水、竹）的控制力。独竹漂运动表演节目创设具有很好的听视觉效果，在音乐背景下，在水上的人通过对杆与漂的控制，展现人的技能水平，是一项具有审美价值的水上运动项目。独竹漂运动具有直观的艺术形象。通过对独竹漂运动表演的动作设计与编排、队形变换、造型设计、服装搭配等方面来展现，独竹漂运动的表演在水上表现出其独特的艺术效果，这种美感需要观赏者通过视觉听觉的器官来直观地进行情感认知，进而获得一种运动美的视听觉的享受。独竹漂运动的每次表演都包含不同的动作、立意主题，会让人们产生不同的情感体验，例如，在表演者完成水面上利用工具与配合动作过程中所展现出的左右对称、动静转化、步调一致等艺术美，引起人们对独竹漂运动技艺的赞叹，欣赏流畅动感的独竹漂运动。因此，可以说对独竹漂运动表演的审美意境、艺术力量全部蕴藏在表演者的身体、竹、杆一体化的表现当中，给人以直观形式美的体验，让人感受到独竹漂运动展现出来的独特美。

二、技术技能的兼容性

独竹漂作为一项水中特色运动项目，其技术技能是在原有相对简单的技术技能基础上演化过来的，其中过去的核心技能主要通过对水上竹的控制实现运输功能和一般娱乐功能。随着社会的发展，独竹漂运动成为一项具有竞技性和娱乐性的水上运动项目，其作为水上表演项目，是以表演者的一系列单一动作、组合动作作为表现形式。这些动作融入了其他项目的技术因素，例如，瑜伽、体操等，另外借助其他文化主题，将这些技术动作进行组合表达出相关寓意。独竹漂运动表演在水上呈现出的动作形象时而刚健有力，时而活泼轻柔。这些不断变化的动作形态都是由表演者的肢体技巧和灵巧性进行有力结合形成而来的，不仅显示出了人类的智慧、力量与创造力，也呈现了表演者扎实的基本功和优秀的身体综合素质，以及场下的严格训练和努力。随着独竹漂运动的发展，其表演形式的不断改进和人们的审美观不断地提升，独竹漂运动的各种难度动作和主题造型也融合其他项目的技能，变得更具艺术魅力和审美价值，这体现了独竹漂运动表演的兼容性。这种兼容性是指独竹漂运动表演者所做的许多动作已经不是简单的常规动作，而是融合了其他项目的难度技术动作，表演者不经过训练很难做出这些动作。独竹漂运动表演者通过展现自身的技能，达到整体动作轻松、熟练、连贯、优美地完成。例如，在独竹漂成套动作的表演中常包括有跳跃性动作、倒立、瑜伽式平衡等高难度动作，这些动作要求表演者除了具有良好的控制能力外，还需要其他运动项目的技能，在水上展现其他项目的技能的优美。另外独竹漂运动表演也包括多人的表演项目，这需要相互配合动作的展现，表演者通过相互之间的配合和长久以来的默契能够十分轻松自然地完成表演。

三、动作的节奏韵律性

独竹漂运动表演像其他项目一样，例如，体操运动中艺术体操表演等，运动员在音乐伴奏下通过不同类型的动作组合展现不同的节奏与韵律。独竹漂运动表演的成套动作是一种动态的表现，并体现出了一种有序、有节奏、有韵律的动作组合，这种体现也是独竹漂作为表演项目应具备的特点。独竹漂具有本身的特点，需要表演者在水上利用竹漂和杆，或在竹漂上表现出来，所有动作组合与动作的选择要符合独竹漂运动的审美艺术。在独竹漂运动的表演中，独竹漂的表演者一般伴随着背景音乐的律动通过肢体动作和动作组合来体现节奏性的，表演者的身体在音乐背景下表现出紧张与放松的交替动作，从而表现出独竹漂运动表演者在漂上的动作的韵律。在独竹漂运动的表演中，其动作的规范、幅度的大小、连续动作的轻重缓急与音乐的节奏韵律结合、表达的主题，都能充分展现出独竹漂所传达的情感，并给人一种特殊的节奏与韵律美。

四、动作的艺术性

独竹漂作为一项表演项目，具有一定的艺术性。其艺术性是以独竹漂在单一动作或成套动作在水上利用漂与杆形成的动作造型、动作组合、队形变化塑造出的生动、具体、鲜明主题来表达出的特定的情感。独竹漂运动所展现的水上技术技能，也充分显示出独竹漂运动本身的艺术塑造能力，其也具备着很强的艺术展现力，带来艺术性的高品质精神文明，高难度的动作技术吸引着更多的人驻足参观。独竹漂表演的艺术性所展现的美是人与水、人与竹、竹与水等结合的美，从独竹漂表演者的出场所展现的技艺，再到在水上所表现出的技艺与动作的流畅、连贯、队形、服装、音乐节奏等都将独竹漂的自身的技艺特点表现得淋漓尽致，使观众获得很好的艺术美的体验，并产生强烈地对技艺的佩服之情。

第三节　独竹漂运动表演的形式美

独竹漂运动表演作为观赏性极强的水上表演，体现出本身独特的形式美，从表现形式中呈现出其他项目具备的共性美的要素，整个表演融合了自然的美，即人、竹、水融为一体，表现出不同组合的平衡、对称、协同、难度动作等，并在表演中融入文化元素，包括历史典故、民间风俗等。独竹漂所体现的形式美具有独特的审美价值，是在水中将人、竹、情景塑造融为一体。独竹漂运动表演作为一项将水上运动与艺术类项目的结合体，能够像花样游泳、艺术体操、花样滑冰等项目一样，表演者佩戴或穿着特色民族服饰，在美妙音乐、特色声乐背景下，将独竹漂运动所有的特色动作、造型展现在人们的眼前，充分演绎出人的力量、协调、柔韧、平衡，特色情景下传达出特定的情感与精神，成为一种独特的美，绽放独竹漂运动的艺术魅力。独竹漂运动表演的编排包括单人、双人、多人的成套动作或情景创设，在整体编排中遵循独竹漂运动特点和美的发展，合理的结合独竹漂独有的特点，可以使独竹漂运动具有鲜明的审美艺术特征，这些美的展现体现以下几点。

一、步调一致，节律一致

独竹漂运动的表演包含单人、双人、多人的表演，不管是单人成套动作表演，还是双人、多人的动作组合表演，其动作的节律、整齐都是美的一种体现。这具体表现在人、水、竹融为一体，对称和平衡等，动作组合以相同或不同动作在韵律下进行排列与组合，显示出有序性和节奏性，具体体现在以下几个方面。

第一，身体素质美与姿态美的融合。独竹漂的运动表演作为一种体育活动，具有同类体育项目特质，全面展现参与者的身体素质，包括表演者的身高、体重、形态、力量、柔韧等。尤其对于双人、多人的表演项目中，具有相似能力的人组合在一起，在统一规范的节奏下，展现力量、柔韧、协调等综合素质，形成特定表演组合动作或艺术造型，让观赏者欣赏人体的素质与姿态之美。

第二，服饰。独竹漂运动表演的来源于少数民族区域，在遵义地区有苗族、土家族、仡佬族等少数民族，区域内在革命抗战时期遗留下很多红色文化遗产，遵义会议、四渡赤水、娄山关大捷等。目前独竹漂运动表演融合了这些因素，表演者根据不同的表演主题，穿着特色服装，表演过程配以特定音乐，这些给人以强大的艺术震撼。

第三，表演寓意。不管是单人，还是多人的独竹漂运动表演在依托其独有的技术的同时，也融合其他艺术表演形式，例如，瑜伽、体操等。表演项目的设置与安排都被赋予了一定的意义，每个表演都凸显不同的风格特点。表演者在竹竿上表演瑜伽体现了另一种刚柔并济之美，"抢渡乌江"等情景，展现了独竹漂的另一种艺术表现力，其技术难度与战争的艰辛相融合体现独竹漂的独有的美。

①   ②

图 3-1 服饰与寓意展示

二、动作组合的均衡，队形变化的对称

独竹漂运动表演利用画面平衡的表达方式，利用均衡和对称的设计理念对表演的动作组合、队形变化进行设计，其对称性体现在上肢、下肢的动作协调，身体姿态与竹、杆的对称协调，队形变化体现在方向上一致性、前后、左右的对称，达到稳定、衬托出主题，展现出表演者对竹和杆的控制能力，给

观赏者视觉、听觉、心理方面以宁静、庄严、协调之美。所以无论双人，还是多人的独竹漂运动表演，组合动作和队形变化的编排、组合都体现了对称之美。

图 3-2　队形对称、平衡展现

在独竹漂的集体表演中，除了对称的队形变化，特定场景再现主要通过表演者对竹、杆和表演道具的均衡控制，在不对称中达到对独竹漂的平衡、稳定的控制。与简单的队形变化相比，这种情景展现凸显其形式的灵活多变、寓意深刻，给人以独有的魅力。场景再现的成套独竹漂运动表演的动作组合，除了具备动作组合外，队形上前后左右呼应，并在不同类型的动作上根据特定情节焦点达到均衡与对称。虽然每个表演者的身体动作不对称、各自展现自我的技能，但整体上给人以静与动的变化之美。在整体队形的变化上，注重每位表演者在移动路线的路径选择，应便于各个动作的连接。总之，独竹漂运动表演的外在表现的多人动作组合、队形变化，多人情景呈现，这些动作的幅度、姿势的变化、队形的序列调整等都按照特定节奏进行变化，给人们步调一致，整齐完整之美。

三、动作韵律控制与节奏变化

独竹漂运动表演过程中音乐作为背景的主要因素之一。节奏与韵律是音乐的独有特质，在音乐的节拍和韵律中独竹漂运动表演者的动作随之轻重缓急，组合动作展现规律性的叠加与重复，连续与强弱的变化产生特定的律动轨迹。在音乐的伴奏下，展现出独竹漂运动表演的有序、条理的美。独竹漂的表演形式上，尤其个人表演，很大程度上依靠音乐的韵律与节奏。为促进成套动作在音乐的伴奏下体现出动作的时间序列上的变化，动作幅度、速度、强度以及难度的高低、强弱、快慢转换，表演者的动作与音乐的节奏相辅相成，这才能展现独竹漂的艺术形象美。因此，对于独竹漂运动表演者来说，除了对成套动作的掌握，还需要对各个动作的强度与时机等有良好的控制能力，并伴随着音乐的变化而进行变化。

第四节　独竹漂运动表演的艺术美

一、身体姿态与造型美

独竹漂运动表演主要通过人在水中对竹漂的控制，并在竹漂上进行身体的艺术美的展现，另一方面对于多人独竹漂的表演除了个人身体姿态的技能展现，更突出对特定主题的造型。因此，独竹漂运动表演的本质也是对人体艺术的展现。在表演过程中，表演者要在水上对竹漂进行良好的控制，完美的展现人体的优美姿态，以及个人或多人的造型。

姿态是身体在运动过程中通过关节、四肢、躯干等进行有效控制所展现出的姿势、形态，是人体的体态造型。表演者的身体姿态的展现是独竹漂运动表演展现美的重要形式之一，通过身体姿态表达一种运动的美。表演者在完成成套动作之时，要保证动作姿态的优美与规范，并确保一定的难度。独竹漂运动的表演者要表现出优美的姿态，需要进行科学系统的训练，促进其具有良好的体能，掌握独竹漂运动的基本技术，并对其他项目技术有足够的掌握。例如，表演者在竹漂上完成的瑜伽动作、体操动作等都需要具有良好体能条件和其他体育项目的技术能力水平才能够保证身体平衡、稳定，在竹漂上完成相应的表演动作。

造型，独竹漂运动表演过程中单人和多人的表演者都是利用人体特点，根据表演项目主题或寓意进行造型，其本质是通过以身体为主要媒介，通过头、四肢、躯干等动作的配合，在音乐的伴奏下，随着音乐的节奏和韵律进行变化，形成点、线、面的造型，也是动与静结合的造型，整个造型具有对比性、对称性、整体性，给人以瞬间美、动态美、静态美的感受。在表演过程中，单人或多人的造型设计的好与坏都将直接影响整体的表演效果，尤其在表演过程中动态造型，表演者通过对竹漂的控制，通过肢体以及躯干形成点、线、面的转变，手臂、杆、竹随着音乐节奏不断地变换，身体在竹漂上展现出不同的动作组合形成一种造型美。例如，多人独竹漂的表演，几名表演者以并列形式进行滑进，最后排列成"一"字，表演者在竹漂上进行分腿跳跃或进行转体，在空中的突然跃起形成动态的造型，在同时落在竹漂上。表演者的这一连贯的动作要求流畅、协调、稳定，给人以动静结合的造型美。静态造型一般依据特定主题，借助相应的表演器材，在竹漂的滑行中展现称身体造型与形态美，例如，竹漂上的舞龙表演，龙随着竹漂的前进，即动态，保持相应静态，给人平衡造型和静态造型之美，体现出独竹漂的特定魅力，这个过程中要求表演者良好的个人素质，也要求表演者间相互配合的默契，充分展现独竹漂表演者良好的技艺水平。

二、运动素质之美

独竹漂运动的表演综合展现人体的各方运动素质能力，人体的各种技能都是通过力量、速度、柔韧等运动素质体现出来，表演者要具有良好的身体运动素质才能够完成相应的难度技术、完成整套动作。

力量之美，力量是运动素质的重要素质之一，独竹漂运动的表演首先要求具备较好的力量基础，足够的上肢力量控制杆，强大的下肢力量来控制竹漂，良好的腹背力量控制身体在竹漂上的平衡，并在平衡稳定情况做出相应的技术动作展示和成套动作。对于独竹漂的单独表演要求表演者在竹漂上完成各种难度动作，展现出充沛的力量，尤其一些跳跃动作、交换竹漂等动作都是在运动中展现出强壮的体魄、活泼的生命力、强大的爆发力等，在集体成套的表演中除了人与人之间一些托举动作，还要对辅助器材进行操控，例如，舞龙的动作等都需要表演者具有充沛的力量，展现力量之美。

速度之美，独竹漂的速度体现在单个动作的动作速度节奏，还有竹漂的移动速度方面。在整个独竹漂运动表演过程中，在音乐或其他背景下，表演者控制好竹漂，充分利用身体的多种素质，保持竹漂的稳定，做出各种带有节奏性的动作。在集体的独竹漂运动表演中，竹漂的移动，形成快速、连续的状态，完成不同的造型。表演者身体的动作速度的控制和对竹漂的移动速度控制，展现表演者良好的速度能力。

柔韧之美，柔韧是人体的肌肉、筋膜、关节整体展现身体的伸、屈等动作幅度的能力，体现出表演者良好的柔韧素质。对于一个独竹漂运动的表演者来说，良好的柔韧素质，有助于对相关技术难度动作的控制，提高技术动作的幅度和灵活度。尤其在独竹漂的个人表演，柔韧素质的美展现在很多动作中，例如，在竹漂上完成的瑜伽表演，对表演者身体在竹漂上极高的平衡控制能力，也对表演者的柔韧素质能力提出更高的要求，柔韧有余，轻松愉悦的动作将其柔软舒展的韵味之美展现出来。

协调之美是独竹漂运动表演者通过对身体的良好控制，让成套的表演动作能够动作到位、配合准确、速度恰当，身体与竹漂的平衡稳定性好，且具有因韵律性而产生的协调美感。在运动的过程中，表演者身体的协调性与竹漂的稳定控制是最难把握的。协调性是表演者综合素质的集中体现，实现四肢、上肢与躯干、下肢与躯干等的运动协调，完成动作的协调性，对于表演者的技术熟练程度，身体控制能力提出更高的要求。在独竹漂运动表演的成套动作中，表演者的协调美体现在身体各部分协调一致，完成各个表演阶段不同的动作时能做到连贯，整体协调。

第五节　独竹漂运动表演的实践形式

独竹漂运动表演作为独竹漂发展进程中重要部分表现形式，其借鉴相关民族文化元素、文化背景、体育项目技艺等，以独竹漂独有的表演形式，宣传贵州省地方的民风民俗文化、地域民族特色、红色革命因素等。随着独竹漂运动表演不断推广，人们在欣赏这项独特的水上娱乐表演的同时，也了解其背后蕴含的文化。

一、独竹漂运动表演实践发展演进

独竹漂运动表演主要由民间协会组织，即遵义市红花岗区独竹漂协会进行相关的对外宣传，该协会成立于 2006 年，协会开创者康晓冰女士负责整个协会的具体运行，协会兼顾水上文艺表演和体育竞技项目。遵义市红花岗区独竹漂协会自成立以来，一直寻求机会将独竹漂文化向全国推广走向国际，协会发展历程如下。

2004 年 6 月在遵义市委、市政府、红花岗区委、区政府关心支持下，遵义市组建了第一支女子独竹漂队，这支队伍的成员都是从常年坚持冬泳的队员中选拔出来的精英组成，她们在水中具有极强的耐寒力和超强的平衡能力，无论春夏还是秋冬都能坚持在水上训练、表演，是一支全天候的精英队伍。该队由最初的四五名队员，不到三年时间，很快发展到一百多名队员。

2005 年元月红花岗区委、区政府正式授予女子独竹漂队"巾帼第一漂"的奖牌。

2006 年 7 月 22 日，巾帼第一漂表演队应邀参加贵州省第六届少数民族传统体育运动会，一举荣获表演金奖。同年市政府还申报该队为非物质文化遗产。

2007 年 11 月，女子独竹漂队代表贵州省参加了在广州举办的第八届全国少数民族传统体育运动会，荣获了表演项目技巧类比赛项目一等奖。同年参加贵州省首届独竹漂竞技赛中，又一举获得 60 米女子速划、100 米女子速划两项比赛的第一名，取得 4×100 米混合接力前三名的好成绩。

2009 年，女子独竹漂队参与贵州省民委、体委组建独竹漂的竞技立项。

2011 年，女子独竹漂队参加全国农民运动会开幕式表演，先后参加中国（贵州）国际酒类博览会、中国·贵州国际绿茶博览会、惠水国际龙舟赛及遵义每年的龙舟赛、国际户外赛等赛的赛前表演，下司古镇地区的独竹漂比赛等。

2011 年的第九届全国少数民族传统体育运动会上，独竹漂运动第一次被列入运动项目。

2016 年以来先后多次被邀请参加省外演出交流。随着独竹漂运动表演推广的影响力，协会积极地发挥平台作用，参与并见证了独竹漂运动项目发展过程中历史性的重大事件：中央电视台《讲述》栏目、《科技之光》栏目、《原来如此》栏目多次专访拍摄，获邀参加中央电视台综合频道、中央电视台财经频道及中央电视台体育频道的《旗鼓相当》栏目的录制，中央电视台音乐频道、中央电视台军事·农业频道的《乡村大世界》栏目录制。

遵义市红花岗区独竹漂协会自成立以来，先后得到各届领导的关心和支持，希望协会继续发挥作用，让独竹漂事业能够健康发展，将这一民族传统文化传承下去。如今遵义市红花岗区江源独竹漂艺术团已成为全国规模最大，综合实力最强，艺术水平最高的水上表演艺术团体之一。团队有夕阳红队、中年特技队和雏鹰队，年龄最小的才七岁，年长的高达七十多岁。

二、独竹漂运动表演形式

独竹漂运动表演目前根据表演的参加人数简单将独竹漂的表演分为单人表演、双人特技表演、多人情景表演，根据表演内容也可以分为技能特技类表演、情景类表演、民俗民风类表演。单人表演为单人的成套动作表演，动作设计可能融合其他因素，例如，瑜伽、武术、体操等因素；双人特技表演主要展现表演者对竹漂的控制能力，两个人在高度的配合下完成漂上高难度动作；多人情景表演主要已经特定故事、少数民族文化、地区文化创设一定情景，表演者在水上借助对竹漂的控制完成相关主题的展示，传达其艺术性，让独竹漂成为一种能够会表达情感的水上表演项目。

以下根据独竹漂运动的表演内容对各类独竹漂运动表演进行简单介绍。

（一）技能特技类表演

独竹漂作为一项水上运动，它的技能体现在表演者在水上借助划杆对竹漂的控制进行各种身体活动的能力。独竹漂特技是指表演者借鉴其他体育项目的技术或技能在竹漂上展示的特殊身体活动的技艺，甚至在竹漂上运用其他体育项目的高难度技术动作。其特殊性表现在水上表演者要克服竹漂在水上的不平衡，利用划杆或身体动作控制保持平衡展现技术动作。其中独竹漂基本技能的形式也多具有一定的观赏性，基本动作技能表现在上漂动作、划杆动作、下漂动作和漂上动作。

第一，上漂动作。表演者的上漂动作启动主要从水里和岸上，借助划杆进行不同的上漂动作技能展示，甚至可以漂漂对接上杆。其主要上漂主要分为水上漂、跳跃上漂、撑杆上漂、飞跃上漂、横杆上漂以及搭漂上漂。（部分上漂动作见图 3-3—3-5）

图 3-3　跳跃上漂

图 3-4　飞跃上漂

图 3-5　横杆上漂

第二，划杆动作。划杆动作是表演者上漂后根据表演需要采用不同的划杆动作，其中采用的划杆动作为站立划杆、弓步划杆、翘漂划杆、一字划杆、坐位划杆和匍匐划杆。（部分划杆动作见图 3-6—3-9）

图 3-6　站立划杆

图 3-7　弓步划杆

图 3-8　一字划杆

图 3-9　匍匐划杆

第三，漂上动作。表演者根据个人能力在竹漂上进行不同基本动作的转换，主要包括水平转漂、翘漂转漂、侧划转漂和凌空转身等。（图 3-10—3-13）

图 3-10　水平转漂

图 3-11　翘漂转漂

图 3-12　侧身转漂

图 3-13　凌空转身

第四，下漂动作。表演者根据表演项目动作组合安排或特定技术要求进行下漂动作技能展示，可以分为跑漂下水、撑杆下漂、飞跃下漂、跳跃下漂和换漂动作等。（部分下漂动作见图 3-14—3-15）

图 3-14　跳跃下漂

图 3-15　翘漂上岸

第五，漂上难度技术动作。根据独竹漂的表演者在竹漂上的动作分析将竹漂上动作分为基本技术动作和高难度技术动作。其中基本动作包括漂上站立、漂上一字马、燕子平衡、漂上跪撑和金鸡独立等。（图3-16—3-20）

图3-16 漂上站立

图3-17 漂上一字马

图3-18 燕子平衡

3.19 漂上跪撑

图3-20 犀牛望月

（二）情景类表演

独竹漂运动的表演主要根据革命事件、民俗民风、历史典故等，利用独竹漂独有的表演形式，表演者在水上进行情景再现，给观赏者带来视觉和听觉的情感体验。以下对情景类表演案例简介。

第一，突破乌江。在一片激烈的枪炮声中，战火纷飞，硝烟四起，冲锋号划破长空，红军战士跳上竹漂，高举红军旗帜，用重机枪扫射；划着竹漂，在激昂的长征音乐中，在江中奋勇前进，并做匍匐划水，劈叉划水等动作，有的战士不幸"中弹"落水，轻伤不下火线，又爬上竹漂在水面呐喊射击前进；还有许多少数民族群众，划着竹漂支援红军渡江作战。

①

②

③

图 3-21　突破乌江

第二，龙腾盛世。将中华民族的龙图腾完整展现在水面上，恰逢龙年，独竹漂与龙文化结合，喜庆欢腾，在龙珠绣球的引领下，各 29 米长的两条金龙，在江中翻腾飞舞，独竹漂表演者肩托龙身，双手划篙如龙张牙舞爪，江面水花四溅，气氛热烈。

①

②

③

④

图 3-22　龙腾盛世

第三，水上婚礼。水上婚礼是独竹漂艺术加上现代时尚元素的节目。一对对新人站立在竹漂上，携手并肩，仿佛脚踏蓝天倒影的七彩祥云，载歌载舞。

①　　　　　　　　　　　②

图 3-23　水上婚礼

第四，水上民族舞蹈。一群身着民族服装的独竹漂表演者，划着竹漂在水上表演《凌波仙子》《荷花舞》《彩扇舞》《七仙女下凡》等经典民族舞蹈。轻歌曼舞，不断变幻舞姿和队形，蓝天碧云倒影水中，云中仙女翩翩起舞，放歌青山绿水，让人如痴如醉，竟然忘记她们是在水中独竹上表演。在如梦如幻中，表演者已将观众带入仙境，使人耳目一新。

①　　　　　　　　　　　②

图 3-24　水上民族舞

三、独竹漂运动表演发展面临的挑战与应对

随着独竹漂运动表演的发展，人们对独竹漂运动表演的效果要求越来越高，原有的基本技术技能展示、个人表演和多人情景表演节目等已经无法满足人们的娱乐文化需要。因此，对于独竹漂运动表演的发展面临前所未有的挑战与机遇。

（一）独竹漂运动表演对表演者的运动素质要求越来越高

独竹漂运动的表演从原来的简单动作到复杂动作、从单一技术展示到成套技术表演、从单人表演到多人组合表演，动作难度逐渐加大、组合结构复杂、技术难度提高。尤其随着独竹漂竞技项目的确立，更多省份组队参加比赛，独竹漂的竞技水平对参与者的运动素质要求越来越高。除了独竹漂竞技队伍的建立，独竹漂运动表演的价值也不断深挖，这给独竹漂运动表演带来前所未有的发展机遇，进而对独竹漂运动表演者的身体素质提出更高的要求。因此，提高表演者的运动素质成为最基础的要求，只有提高表演者个人的运动素质，才能整体的提高独竹漂的运动技术水平，从而保障表演者在水上能够高质量地完成表演动作，展现出独竹漂的各个技术动作和集体项目组合技术。从独竹漂的项目特点分析，其包含的运动素质主要为力量素质、柔韧素质、协调素质、耐力素质等，通过对逐年表演实践的分析，大众对于独竹漂的欣赏上要求其除了技能的展示，又要求具有一定艺术审美价值、人文情怀，对表演者、个人动作要求动作编排具有艺术性，对于所表现力更加的追求完美的展现、对于技术的难度动作要求越来越高，这些都需要以运动员良好的专项素质为前提。比如高难度的技术动作的完成就是表演者运动素质的综合体现，而难度动作的成套动作集中体现了独竹漂的动作技术、身体素质等形式美的要素。运动员之间相互配合的托举动作，则要求各队员具有良好的力量素质、柔韧素质等，这样才能完美地展现出姿态造型美。表演者的表现力也是独竹漂完美展现技术的一个重要因素，而表现力则需要表演者具备足够的体能，即耐力素质、力量素质，能充分地展现动作幅度、表达内在情感等，使观众能感受到独竹漂运动的魅力。

（二）独竹漂运动表演的动作编排艺术性逐渐提升

独竹漂运动的表演是难、新、美的视觉统一，这也是独竹漂运动表演追求的一种展现的精神。在独竹漂运动的表演过程单人成套动作过程中，成套动作的内容要与情景创设的编排达到一致，其具有的艺术性直接影响着独竹漂运动表演者的技能水平的发挥和整套动作所展现的审美艺术价值，从而最终影响独竹漂运动表演的艺术体现。独竹漂运动表演的成套动作的编排依据的是独竹漂运动的专项特点和表演者的体质特点，表演过程中表演者对成套动作的艺术性的具体要求，表现在成套动作的整合，即难度与艺术的合理统一，表演过程中展现的流畅性。随着独竹漂运动表演的发展，人们对独竹漂运动表演成套动作的审美艺术价值的提高，编排者可以结合其他体育项目优势等，即与其他体育项目的技术或难度技术进行融入，在创作编排过程中对成套动作和情景设置的整体结构进行合理的设计和布局。比如难度动作、特殊动作的合理布局，只有将整套动作的亮点和高潮部分安排得恰到好处，整体结构设计的合理才能产生精彩绝伦的美感，让观众产生共鸣。此外独竹漂运动表演的情景类表演节目的艺术性表现形式，除了动作的编排不同，还有对特定的文化背景的融入，表现形式上富有新意，即在动作设计融入其他体育项目的动作，结合一定背景、事件、人物和当地民俗民风文化来添加新思想、新形式以及新元素，让独竹漂运动的表演独一无二且极具欣赏价值。独竹漂的表演通过表演者的技术与艺术的完美结合，保证成套动作自然、流畅、动感的完成。

（三）独竹漂运动表演的情景设置与技术的合理融合及创新能力

独竹漂运动表演的情景编排与创设具有创新性是决定独竹漂运动表演生生不息的一个重要的因素。创新是现代社会发展必要因素，一切事物的发展都离不开创新，具有创新能力才能保证任何事物发展的生命力。独竹漂运动表演的情景编排与成套动作的组合是独竹漂的表演者依照独竹漂本身独有的动作技能，融合一定的历史文化背景、民俗民风文化，这是文化与力量的统一，不仅能够体现表演者的独竹漂的动作技能，而且也能体现出独竹漂项目的参与者对相关历史文化背景、民俗民风文化的掌握和理解，从而体现出独竹漂运动表演所创设的情景具有的艺术审美性。换句话来说，独竹漂运动表演的情景设置、成套动作合理与创新的有效统一，直接影响着独竹漂运动表演者在特定的情景下，展现成套动作过程中的效果以及最终的艺术价值、文化价值。根据独竹漂运动的特点，独竹漂动作编排的创新性主要包括操作动作、动作组合与设定、队形设计等方面。

操作动作创编之前要熟悉并了解独竹漂运动的特殊技术动作以及表演环境，从而避免在动作编排符合独竹漂专项需要时，不符合演出水域等重大的失误。另外，对独竹漂运动表演的动作设计编排需要借鉴其他相关项目的技术动作或舞蹈动作等，可根据表演者个人身体素质特点、个人技能特点、团队成员素质特点等进行各类风格的创编。独竹漂运动表演的动作难度、动作组合和队形变化的设计编排的特点有类型与形式多样化、身体素质与文化艺术融合、难度动作逐渐增多、组合运动项目技术动作的能力越来越强。例如，俯卧撑、倒立、旋腿、分腿、跳跃、平衡与柔韧等动作。根据表演者的整体身体素质，技能掌握情况，表演情景设计等，独竹漂运动表演的情景设置需要达到动作组合与艺术结合创新、动作衔接的流畅、成套动作的极强艺术展现力的要求。

（四）独竹漂运动表演的教练员与表演者的艺术内涵需要提升

独竹漂运动表演发展至今不仅仅是单一的技术技能展示，在技术动作层面融合了舞蹈、体操、瑜伽、艺术体操等其他体育运动项目的技术动作；在艺术展现方面融合了音乐、美术、服装等视觉效果因素；从文化融合方面涉及少数民族风情、红色革命事迹、古代神话故事等。由此可见，独竹漂运动表演是众多元素集合的综合审美艺术的载体，表演过程中具有高难度、多点变化的特点，具有很强的观赏性。通过对独竹漂运动表演项目的分析可以得出独竹漂的表演充分展现了表演者的舞蹈、体操、瑜伽等运动技能，尤其是成套动作在音乐、服饰、特殊情景等背景的衬托下展现别具一格的艺术之美。独竹漂运动表演项目的编排和艺术展现了对独竹漂运动的教练员、表演者更高的要求，需要他们具有一定的艺术审美眼光和文化知识背景，这样才能把多种艺术元素与独竹漂这个项目进行融合，形成整套的动作和队形变化，以体现表演者的高超的独竹漂技能和独竹漂的文化底蕴。独竹漂运动表演将表演者的技术特点与文化背景、民族风格、红色革命事迹进行的完美结合，在表演者的动作与技能的表现上，这需要表演者对自身积累的艺术内涵用身体语言表达出来，他们通过这样特殊的载体宣传特色文化、民俗风情、弘扬民族优秀精神文化。

因此，从事独竹漂运动的教练员和表演者想要在完成成套动作时能与文化、艺术结合，最终提高审美艺术价值，就需要从事独竹漂运动表演的人应该注重自身艺术修养水平的提高，包括文化知识、动作内涵、舞蹈、乐感等方面的提高。这些素养的提高能够在不同程度上帮助表演者加深对动作以及艺术表现、不同类型动作质量和艺术性、表演内涵的理解，从而体现独竹漂运动表演的主题，提升艺术审美性。

练习与思考

1. 独竹漂运动表演的特质性因素是什么。
2. 你对独竹漂运动表演的创编与组织有什么建议。

第四章　独竹漂竞速比赛的起源和发展

学习目标

1. 了解独竹漂竞速比赛的发源环境和竞速比赛的由来。
2. 了解独竹漂竞速比赛的发展脉络。
3. 了解独竹漂竞速比赛的发展趋势。

第一节　独竹漂竞速比赛的起源和早期发展

一、从劳动技能到娱乐竞技

独竹漂运动源于劳动，其产生是赤水河流域赤水地区先民在集运毛竹的生产劳动中创造的一种劳动技能。独竹漂运动的载体是毛竹（又名楠竹），据史料记载，竹中之秀毛竹客居赤水约有百年历史。由于其较高的经济价值和繁殖快的特点，借助经济规律和自然环境的推动，楠竹生生不息，广布于赤水河两岸的丘陵山区。光阴荏苒，赤水早已有了"楠竹县"的美誉。20世纪末，赤水已经发展成为西部唯一的"中国竹子之乡"（原国家林业局1996年命名，全国仅10个县获此称号，被誉为"十大竹乡"），已有竹林140多万亩，其中楠竹林50余万亩，年产600多万棵楠竹、竹材产量65万吨以上、鲜竹笋4万多吨。（图4-1）

图 4-1　赤水竹海国家森林公园远眺

　　长期生产生活在赤水河及其支流习水河、大同河水系的竹农，一生与竹相伴，食、住、行均与竹结缘，经济也与竹结缘。两岸的居民早年就以原竹和竹制品为收入的重要来源，以竹换取油盐酱醋和布料等生活日用品。竹农和放筏工人在没有公路运输、公路运输不发达的时期，生产外销这些以楠竹为主的竹材的运输方式多数是以放排的形式水运。由于集运楠竹多在水面窄狭的河溪上游，他们在集运楠竹时偶尔利用溪水将几棵或单棵楠竹顺流集运到一处，再绑扎成竹排，漂放到下游的四川合江等地。在长期的集运楠竹、扎竹排的过程中，聪明的放排人在长期的劳动实践中，逐渐学会了划单棵楠竹，练就了独竹漂这门独特技艺。[①]

　　赤水独特的地理因素和人文因素造就了独竹漂运动。

　　地理因素：赤水地形属低海拔河谷低丘、低山地区和低中山地区，是川南丘陵与云贵高原的过渡带。无霜期长和湿润温热的气候，使得楠竹一方面在赤水的生长分布得到迅速扩张，另一方面也使楠竹的材质优于其他地区：平均胸径大，竹材壁厚，与其他地区相比其块头明显趋大。如与赤水相邻的四川省长宁、江安的楠竹就远没赤水楠竹的胸径大。20世纪60年代，赤水曾有胸径26厘米的楠竹现身林业展览。

　　人文因素：当年赤水地区运输业以河运为主，境内河谷离长江仅60多千米，河运历史悠久，曾经是川盐入黔的重要通道。（图4-2）

图4-2　赤水河上奔忙的货运船舶

　　赤水河是长江的一级支流，历来河运发达，同时承载了黔货入川和川盐入黔的重任，楠竹的运输更是依赖赤水河放流竹排。竹材胸径大、能承载人是独竹漂发展的必要条件，利用水力运输楠竹是独竹漂发展的重要因素。分析全国10个"中国竹子之乡"和15个"毛竹重点县"的上述因素（图4-3），同时具备两个因素的几乎没有。这也许是独竹漂产生于赤水河畔的根本原因。

---

① 梁小平：《独竹漂的现状及发展策略探析》，见贵州省民族事务委员会编：《贵州少数民族体育研究》，20~28页，贵阳，贵州民族出版社，2007。

图4-3　漂手们在翠竹掩映的大同河口追逐嬉戏的场景

　　独竹漂作为一项方便快捷但有一定难度的特殊技能，需要通过反复进行上漂划行训练学习才能逐渐掌握。扎竹排和放竹排是集体劳动，一般都是三五个或更多工人在一起劳作。这就有了劳动之余的相互学习和共同娱乐，并由此过渡到娱乐表演（图4-4）。我们可以想见，三五成群的放排工人在一起集竹、扎排，劳动小憩之时，三三两两聚在水边学习划行技巧，年轻的向年长的学习，年轻的又在一起相互比拼挑战，比谁划得稳、划得快；会划竹竿的和划得好的漂手被人刮目相看；相亲选婿时，会划竹竿的小伙子备受姑娘青睐（图4-5）。就在这休息时玩一把、相亲时露一手的氛围里，划竹竿这一独特技艺得以流传开来。中华人民共和国成立后，赤水地区的端午节有划龙船活动，当时已经有了划竹竿表演。以后逐渐演化成端午节与龙舟赛齐名的划竹竿表演和竞速比赛。[1]

图4-4　赤水河上划独竹漂的年轻人

图4-5　会划独竹漂的小伙子备受姑娘青睐

二、从娱乐表演到竞速比赛——1976年横渡赤水河比赛

　　1976年是"文化大革命"后期，全国上下乘着"批邓反击'右倾'翻案风"取得伟大胜利的东风，迎来了7月16日毛泽东最后一次畅游长江10周年。

---

[1]　梁小平：《独竹漂的现状及发展策略探析》，见贵州省民族事务委员会编：《贵州少数民族体育研究》，20~28页，贵阳，贵州民族出版社，2007。

1966 年 7 月 16 日，毛泽东以 73 岁高龄在武汉畅游长江 1 小时 5 分钟，游程 30 华里 ①，是伟大领袖的辉煌壮举。1967 年起，武汉暨全国各地相继开展纪念毛泽东畅游长江纪念活动。赤水自 1970 年起几乎年年开展七一六纪念毛泽东畅游长江体育活动（以下简称"赤水七一六活动"），那些年，赤水七一六活动就是赤水人民的盛大节日。（图 4-6）活动包括水上的武装泅渡、列队畅游、划战船（指现在的龙舟，当时破"四旧"，不称"划龙舟"）、划竹竿等活动，其中划竹竿活动是最受观众欢迎的活动之一。（图 4-7）

图 4-6　赤水七一六活动场景

图 4-7　20 世纪 70 年代初期赤水河上身背步枪划竹竿的男女民兵

　　这次纪念毛泽东最后一次畅游长江 10 周年的赤水七一六活动从 7 月 16 至 18 日连续三天。7 月 18 日，是纪念活动的最后一天，这天的活动是划竹竿表演和划竹竿比赛。一早就开始下的时断时续的雨将划竹竿表演推迟到 10 点半左右。排在最前面的是三个女民兵组成的"尖兵"，后面的队伍在河面散开划向下游，参加划竹竿表演的人数约有百人。划竹竿表演结束后紧接着是划竹竿比赛，当时报名参加划竹竿比赛的共有 73 名划手。分别来自当时的赤水航运分局、赤水长征运输社、赤水黔川运输社（以上均为经营船舶运输的单位，其中赤水航运分局为当时贵州省最大的国有船舶运输单位）、赤水搬运站和青少年游泳训练班。这次比赛是赤水历史上有记载的规模最大的划竹竿比赛，也是独竹漂历史上至 2017 年以前参赛人数最多的一次比赛。具当时资料记载，当时贵州省体委主任田白玉、中共遵义地委副书记王道金也莅临赤水现场观赏并做了讲话。（图 4-8）比赛分为 7 个组进行，当中包括一个女子组，每组参赛 10 人左右，大体按年龄分组。由于参加比赛的运动员有多年划竹竿经验的老划手，也有当月才学会的"新人"，参加比赛的老划手和新划手水平相去甚远，在一组里比赛实力悬殊，比赛组织者将参赛者按年龄进行大致分组。比赛未分设航道，沿赤水河河岸划

---

① 1 华里等于 500 米。

定一个长 30 多米的出发区，在赤水河对面的四川省九支镇下游近 200 米的地方划出终点区域。比赛河段河面宽不足 200 米，但由于比赛当天遭遇洪水，水流（主航道）流速较快，致使横渡赛顺流距离拉长到 200 多米。比赛中技术熟练的老划手身形矫健，划杆左右交替着踏水而行，轻松地飘向对岸的终点；但技艺不很熟练的新划手却是手忙脚乱的左右点水维持平衡，顺流漂行，划到对岸都远远超出了设定的终点区域，他们还时不时地掉落水中，这时两岸就会响起唏嘘之声。独竹漂比赛激动人心的场景让人们知道了学习划竹竿的难处，在激流中比赛的娱乐性也带给了观众另一种征服自然、挑战极限的感受。经过 40 多分钟的分组比赛，划竹竿比赛结束，每组录取前 5 名，30 多人获得优胜。（图 4–9）在赤水划竹竿的历史上，曾有过几次比赛，多在赤水七一六活动期间，但这次比赛创下了历史上划竹竿比赛参赛人数最多的纪录，直到 2017 年 8 月在都匀市举办的有 99 人参加的全国“民体杯”独竹漂比赛，这纪录才被打破。

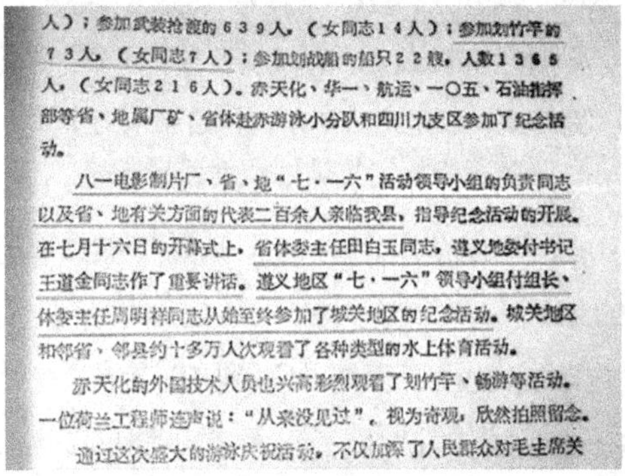
人）；参加武装抢渡的 6 3 9 人，（女同志 1 4 人）；参加划竹竿的 7 3 人，（女同志 7 人）；参加划战船的船只 2 2 艘，人数 1 3 6 5 人，（女同志 2 1 6 人）。赤天化、华一、航运、一〇五、石油指挥部等省、地属厂矿、省体赴赤游泳小分队和四川九支区参加了纪念活动。

八一电影制片厂、省、地“七·一六”活动领导小组的负责同志以及省、地有关方面的代表二百余人亲临我县，指导纪念活动的开展。在七月十六日的开幕式上，省体委主任田白玉同志，遵义地委付书记王道金同志作了重要讲话。遵义地区“七·一六”领导小组付组长、体委主任周明祥同志从始至终参加了城关地区的纪念活动。城关地区和邻省、邻县约十多万人次观看了各种类型的水上体育活动。

赤天化的外国技术人员也兴高彩烈观看了划竹竿、畅游等活动。一位荷兰工程师连声说：“从来没见过”，视为奇观，欣然拍照留念。

通过这次盛大的游泳庆祝活动，不仅加深了人民群众对毛主席关

①

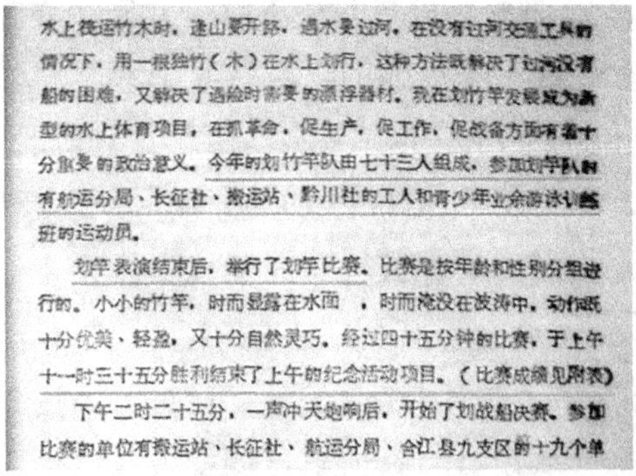
水上拖运竹木时，逢山要开路，遇水要过河，在没有过河交通工具的情况下，用一根独竹（木）在水上划行，这种方法既解决了过河没有船的困难，又解决了遇险时需要的漂浮器材。现在划竹竿发展成为新型的水上体育项目，在抓革命，促生产，促工作，促战备方面有着十分重要的政治意义。今年的划竹竿队由七十三人组成，参加划竿队的有航运分局、长征社、搬运站、黔川社的工人和青少年业余游泳训练班的运动员。

划竿表演结束后，举行了划竿比赛。比赛是按年龄和性别分组进行的。小小的竹竿，时而显露在水面　，时而淹没在波涛中，动作既十分优美、轻盈，又十分自然灵巧。经过四十五分钟的比赛，于上午十一时三十五分胜利结束了上午的纪念活动项目。（比赛成绩见附表）

下午二时二十五分，一声冲天炮响后，开始了划战船决赛。参加比赛的单位有搬运站、长征社、航运分局、合江县九支区的十九个单

②

图 4–8　1976 年介绍赤水独竹漂横渡比赛的简报

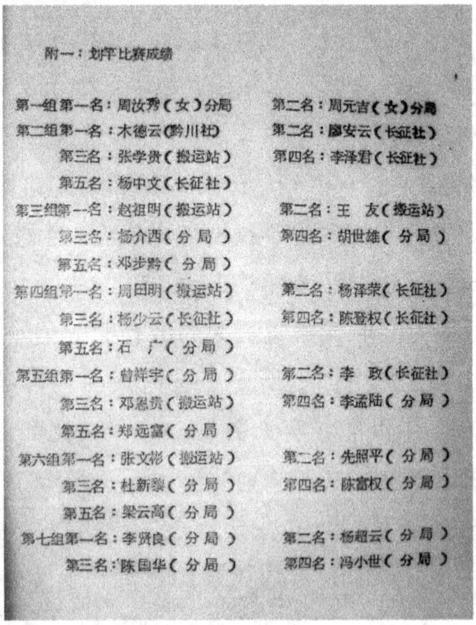
附一：划竿比赛成绩

第一组第一名：周汝秀（女）分局　第二名：周元吉（女）分局
第二组第一名：木德云(黔川社)　第二名：廖安云（长征社）
第三名：张学贵（搬运站）　第四名：李泽君（长征社）
第五名：杨中文（长征社）
第三组第一名：赵祖明（搬运站）　第二名：王　友（搬运站）
第三名：杨介西（分 局 ）　第四名：胡世雄（ 分 局 ）
第五名：邓步黔（ 分 局 ）
第四组第一名：周田明（搬运站）　第二名：杨泽荣（长征社）
第三名：杨少云（长征社）　第四名：陈登权（长征社）
第五名：石　广（ 分 局 ）
第五组第一名：曾祥宇（ 分 局 ）　第二名：李　政（长征社）
第三名：邓恩贵（搬运站）　第四名：李孟陆（ 分 局 ）
第五名：郑远富（ 分 局 ）
第六组第一名：张文彬（搬运站）　第二名：先照平（ 分 局 ）
第三名：杜新黎（ 分 局 ）　第四名：陈富权（ 分 局 ）
第五名：梁云高（ 分 局 ）
第七组第一名：李贤良（ 分 局 ）　第二名：杨超云（ 分 局 ）
第三名：陈国华（ 分 局 ）　第四名：冯小世（ 分 局 ）

图 4–9　1976 年赤水首次独竹漂比赛获各小组前五名的选手名单

三、从表演赛到顺流比赛——2000 年赤水河超长距离顺流赛

1999 年是独竹漂的转折之年。1999 年 9 月，赤水独竹漂队代表贵州省参加在北京举行的第六届全国少数民族传统体育运动会，作为水上表演的"贵州独竹舟"项目，其编导梁小平在继承传统的基础上大胆创新，进行了个人高难技术动作强化训练，编排了蕴含艺术创新的紧凑编队，整齐划一的队形和变换队形的往返表演。表演时表演者身穿民族服饰，配以节奏抑扬顿挫的音乐，在快速划行中如履平地地完成多次队形变换，使独竹漂表演成为集体育性、趣味性和观赏性于一体的真正意义的民族体育技艺表演，因而升华了它的内涵，使传统意义的划竹竿表演成为当今具有丰富内涵的独竹漂表演。[①] 作为民族传统体育项目，独竹漂首次亮相于第六届全国少数民族传统体育运动会，就在这届运动会上一举夺得水上表演金奖，证明了其独特魅力。（图 4-10）贵州省独竹漂队在北京夺得金奖后，引起了各地媒体的密集关注和争相报道。深居大山的民族传统体育项目"北漂"获得的这一突破性的成果，为独竹漂作为竞赛项目走向全国奠定了基础。

图 4-10 1999 年在北京第六届全国少数民族传统体育运动会上
获得表演金牌的贵州省（赤水）独竹漂队在天安门广场的合影

赤水河 6 公里独竹漂顺流竞速赛。2000 年 6 月，浙江卫视编导哈敏到赤水组织拍摄《电视吉尼斯——中华竞技大擂台》栏目——"赤水河 6 公里独竹漂挑战赛"。经过多方协调和充分准备，摄制组确定于 6 月 28 日进行拍摄，提前安排河道禁航和邀请到的参赛选手已经做好准备，可是当天正遇赤水河发洪水，后经再三考量，摄制组确定仍如期举行比赛和拍摄，在洪水中比赛增加了这次

[①] 梁小平：《独竹漂的现状及发展策略探析》，见贵州省民族事务委员会编：《贵州少数民族体育研究》，20~28 页，贵阳，贵州民族出版社，2007。

比赛的挑战性。比赛起点设在赤水河支流的风溪河河口，终点设于赤水河复兴镇的上码头，全程约6公里。比赛当天的赤水河洪水使比赛河段的多处险滩激浪汹涌、洪流滚滚。17名参赛勇士不惧滔滔洪水，不畏艰险，挑战极限。他们平时虽然都是乘风破浪的高手，还有经历过大赛历练的参加过全国少数民族运动会表演的金牌选手，大赛开始后他们却因河段水情不明，流急浪大，陆续落水。但是他们个个敢于挑战自我，英勇顽强，没一个退缩者，都坚持划到了终点。这次比赛创造了独竹漂有史以来一次比赛划行距离最长的纪录。最后，苗族选手、全国少数民族传统体育运动会金牌选手杨德平凭借丰富的经验和顽强的拼搏精神，以32分26秒的成绩夺得《电视吉尼斯——中华竞技大擂台》栏目的大奖，中共赤水市委书记和赤水市人民政府市长亲自为他颁了奖（图4-11）。从表演到比赛，这是独竹漂踏上民族竞技大舞台的一个里程碑。浙江卫视拍摄制作的该节目时长30分钟（节目还包括赤水竹海"10公里扛毛竹大奖赛"），经过反复播放，让全国人民认识了独竹漂，感受了独竹漂的魅力，在全国产生了很大影响。

图4-11   2000年浙江卫视举办《电视吉尼斯——中华竞技大擂台》栏目
"赤水独竹漂6公里顺流比赛"颁奖仪式

四、遵义市主办的两次独竹漂竞速比赛

2005年5月1日，由中共遵义市委、遵义市人民政府主办，中共红花岗区委、区政府承办的"2005年'裕丰家具、富华国际杯'独竹漂对抗赛暨龙舟赛"在遵义市遵义纪念公园一带的湘江上举行，红花岗区和赤水市分别组队参加独竹漂对抗赛。赛事除安排独竹漂表演外，另设男子组、女子组250米竞速挑战赛项目。男子组对抗赛双方各出4名队员参赛，女子组由红花岗区8名女队员参赛。（赤水市无女队员）赤水市独竹漂金牌选手杨德平夺得男子组第一名（图4-12、图4-13），女子组红花岗区选手杨盛菊获得女子组第一名。

图 4-12　2005 年遵义市 250 米独竹漂　图 4-13　2005 年 6 月遵义市 250 米对抗赛
对抗赛颁奖仪式　　冠军——赤水苗族选手杨德平

2007 年 6 月 18 日，端午节前一天，由贵州省体育局、贵州省民委、遵义市人民政府主办，红花岗区人民政府、遵义市体育局、遵义市民宗局、遵义市旅游局承办的"全民健身与奥运同行·贵州省首届独竹漂比赛暨全国龙舟月多彩贵州龙舟系列活动"在遵义市纪念公园一带湘江上举行，贵阳市、都匀市、红花岗区、赤水市分别组队参赛。比赛设女子、男子直道竞速 60 米、100 米和 4×100 米混合接力三个项目（图 4-14），赤水市苗族选手杨学平、杨德平分获男子 60 米、100 米第一名；红花岗区选手杨盛菊、岳永碧分获女子组 60 米、100 米第一名。4×100 米混合接力赛第一名由红花岗区接力队获得。

图 4-14　2007 年 5 月在遵义市举行的全省独竹漂比赛 4×100 米决赛现场

两次比赛因赤水市参赛的选手都是 1999 年参加全国少数民族运动会的金牌运动员，已经有八九年的经验，可谓经历过大风大浪考验的老选手，他们身手矫健，从容应战，划行稳定，勇往直前。男子项目的比赛赤水市运动员一家独大，称霸全场；女子项目由于参赛运动员多是中年选手，并且经验不足，只求保持稳定划行，总体速度远低于男选手。2007 年贵州省比赛是按照当时已经成稿的《独竹漂竞赛规则（试行）》来组织的三个项目赛事，其中有 4×100 米混合接力赛（迎面接力）。混合接力赛虽然是第一次比赛，但是团队比赛的氛围和队伍整体实力的展示都在观众心目中留下了深刻印记。虽然这次比赛没有出现裁判方面的难题，但迎面接力的接力时机如何判断是否犯规确是一个技术难点。自此之后，由于技术性原因，大型比赛中未再举办接力比赛。

五、独竹漂早期竞赛水域和器材的演变

独竹漂早期的表演和竞赛都是在赤水河的流水水域进行的。赤水河是长江的支流，发源于云南省镇雄县，经贵州省赤水市到四川省合江县汇入长江。穿行于滇川黔边界崇山峻岭中的赤水河，因沿河盛产茅台酒、郎酒等名酒，被人们誉为"美酒河"，赤水河流域落差大，滩多浪大，水流时急时缓，流经赤水境内已经是赤水河的中下游了。赤水河养育了两岸几十万亩的楠竹林，楠竹的运输孕育了独竹漂，独竹漂的技艺在赤水河上从劳动技能演变为娱乐体育进而升华成运动项目。赤水河还因当年红军四渡赤水而闻名天下，因此赤水河也有英雄河之美誉，也是这条英雄河造就了新时代的独竹漂选手。（图4-15）无论是1976年7月的横渡赛，还是2000年6月的顺流赛，选手们都是在不期而至的洪水激流中不畏艰险竞赛的。

图4-15　英雄的赤水河，孕育了勇敢者的运动 [①]

2000年以后，自2005年遵义市的挑战赛起，比赛多是在下游有水坝的水流缓、水面平的河面进行的。红花岗区的湘江河、麻江县的清水江、惠水县的涟江和都匀市的剑江，河面水流流速大体在0.1～0.2米/秒之内，水深也大于2米（规定为2.5米以上，航道水深要达到规则要求，否则会影响运动员正常比赛），赛前经过航道水下清障，探明水下有无暗礁、沉船或其他异物。赛前和赛中随时清理水面漂浮物，保持航道干净无障碍。2010年贵州省第七届少数民族传统体育运动会独竹漂比赛在红枫湖举行，由于干旱原因导致花费大量资金整治的航道水深不够，后只得调整到相邻水域进行比赛。航道设置也可以根据比赛水

---

① 图为原载1975年第4期人民画报的民兵训练独竹漂图片。图片原文：当年红军用赤水沿河两岸盛产的楠竹作为渡河的器材。今天，民兵们利用楠竹开展群众性的练兵活动。

域情况增减，除 2009 年在麻江县举行的第一次全国独竹漂邀请赛采用的是 6 条航道外，2005 年、2007 年遵义市比赛，2013 年麻江县邀请赛，2016 年、2017 年全国"民体杯"比赛都是采用 4 条航道进行比赛的。（图 4-16）

图 4-16　2017 年在都匀举行的全国"民体杯"独竹漂比赛均设 4 条航道比赛，
此前的多数比赛都是 4 条航道

单棵竹子是独竹漂运动的载体，也是独竹漂比赛的核心器材。独竹漂早期比赛置办的器材是从林区挑选砍伐后运到河边，进行粗略的扳直加工[①]后下水使用，用作划杆的是普通杂竹，即斑竹、"硬头黄"（一种竹名）等小径竹。2010 年前的独竹漂运动（包括表演和竞速比赛）都是采用单棵竹子作为载体的。由于天然竹材的胸径和壁厚的不一致，难以选到规格相同的大批量竹漂，这给公平竞赛打了折扣。自 2010 年采用工厂统一规格生产的玻璃钢独竹漂器材进行比赛后，统一器材的引入为公平竞赛、科学竞赛创造了条件，也标志着独竹漂运动的发展和进步。

原生态竹材独竹漂（？—1998），在独竹漂起源时期人们采用的漂材是用长度 10 余米、胸径（楠竹大头往上 1.2 米处直径——下同）在 15～20 厘米粗的大毛竹（别名楠竹、茅竹——下同）为漂材。（图 4-17）毛竹自竹林中选择并采回后，一般不做其他加工，新置的漂材需自然风干一个月以上，使其内部水分挥发一些后具有较大浮力，足以承载人体重量，此即独竹漂起源时期的"原生态竹材独竹漂"。划杆（手杆）一般长 5～6 米，采用直径约 4 厘米的小毛竹、斑竹或"硬头黄"做成，有的选手要将划杆做扳直处理。1976 年 7 月纪念毛泽东畅游长江 10 周年水上活动之独竹漂表演和比赛用的竹漂，是在赤水市葫市镇楠竹林场选取的较大胸径的经过扳直处理的楠竹，当时所用的竹漂都在 9～10 米，划杆也在 5 米以上。

---

① 器材的扳直处理：天然竹材在竹林中长成后，大多数竹材因不同地形、不同条件生长等多种自然原因会有扭曲，不方便使用。竹材用作撑船的竹篙或其他工具以及用于独竹漂时，需要经过扳直加工。扳直是将新砍下的竹材的扭曲部位用火烤加热至"出汗"，即竹材内部水分蒸发出来，随即施加外力进行矫正，然后浇水冷却并保持外力至竹材达到常温后，竹材就会被矫正过来。有的竹材有多段扭曲，需要扳直几次才能达到效果。

图 4-17　赤水 20 世纪 70 年代初期的独竹漂选手合影（原载《赤水市志》）

天然竹材独竹漂（1999—2009），从 1999 年开始，为提高独竹漂的稳定性和灵活性，以利于团队造型时能灵活划行、转向自如地进行高难度表演，独竹漂表演器材选用的楠竹按 8.5 米的长度、15 厘米直径置备器材，按 5 米的长度、4 厘米直径置备划杆。制作器材时将部分有扭曲的毛竹进行扳直处理。由于没有规则约束，用于比赛的器材统一由组委会采购提供，器材没有规定长短大小。竞赛裁判组将器材分组编号，赛前抽签按分组号和赛道号将比赛器材发放给运动员。划杆则由运动员自行在统一提供的划杆里选用。裁切后的竹漂大体保持在 8 米以内，划杆保持在 5 米以内。以后竹漂长度逐渐统一为长 8 米，大头胸径大于或等于 15 厘米，小头直径约 12 厘米（自然风干后能够承载 80 千克左右的运动员）；划杆长 5 米左右，直径约 4 厘米。这种经扳直后按一定长度裁切后的独竹漂我们称为"天然竹材独竹漂"。这有别于前期未经扳直且长短不一的"原生态竹材独竹漂"和后来用玻璃钢按统一规格制作的"玻璃钢独竹漂"。2000 年赤水市举办的赤水河 6 公里顺流赛，2005 年遵义市红花岗区举办的独竹漂对抗赛，2007 年遵义市主办的贵州省首届独竹漂比赛和 2009 年在麻江县举行的全国首届独竹漂邀请赛均采用天然竹漂进行比赛。（图 4-18）2010 年有了玻璃钢竹漂后，竞速比赛（贵州省比赛和全国比赛）不再使用天然竹漂作为比赛器材。

图 4-18　2007 年遵义市举行的贵州省首届独竹漂比赛现场

玻璃钢竹漂（2010—　），2010 年由贵州省体育局委托浙江某公司试制正式比赛用玻璃钢竹漂，于 2010 年 5 月试制出第一批样品并运至贵州省红枫湖试用验收。玻璃钢竹漂长度为 7.5 米，直径 16 厘米，由三段长度 2.5 米的玻璃钢管组合拼装而成。为增加浮力，每段管内加注聚氨酯发泡剂，能承载 150 千克的运动员。（图 4-19）划杆长度为 4.5 米，由每段长度 2.25 米的两段式碳纤维结构的中空管体拼接而成。拆分后的器材可装入包装袋内，运输便捷。

图 4-19　贵州省第七届少数民族传统体育运动会定制的玻璃钢竹漂

第二节　独竹漂竞速比赛的发展进程

2009 年 9 月，贵州省政府公布贵州省第三批省级非物质文化遗产名录，贵州省文化厅颁发"赤水独竹漂"以"省级非物质文化遗产"称号。（图 4-20）2009—2017 年，在国家民委、国家体育总局和中国少数民族体育协会的主导下，独竹漂竞赛项目得到积极开展，特别是 2011 年第九届全国少数民族传统体育运动会后，独竹漂竞赛逐渐在全国部分地区开展起来。

图 4-20　"赤水独竹漂"2009 年 9 月被列入贵州省第三批非物质文化遗产名录

一、独竹漂竞速比赛的确立

2009 年 7 月 29—30 日，由第九届全国少数民族传统体育运动会筹委会、中国少数民族体育协会主办，黔东南州民委、州体育局，麻江县人民政府承办的

"2009 年全国龙舟暨独竹漂邀请赛"在贵州省麻江县下司镇清水江上举行。(图 4-21、图 4-22)比赛开设女子组和男子组 60 米、100 米、200 米直道竞速赛，限少数民族运动员参赛。北京市、广西壮族自治区、海南省、湖南省、宁夏回族自治区、重庆市、河北省、云南省、贵州省 9 个省、市、自治区代表队和贵州省内 3 个代表队共 12 个队 89 人参加独竹漂比赛(含领队、教练和工作员)。此次比赛是独竹漂项目的第一次全国赛事，赛前，组委会竞赛部组织裁判员、教练员学习讲解了独竹漂竞赛规则和竞赛裁判法。

图 4-21　2009 年在贵州省麻江县下司镇清水江上举行的全国独竹漂邀请赛采用的天然竹材竹漂

图 4-22　2009 年全国龙舟暨独竹漂邀请赛开幕式现场

表 4-1　2009 年全国独竹漂邀请赛前六名部分成绩表

项目	第一名	第二名	第三名	第四名	第五名	第六名
女子组 60 米	宁夏 文为仙 40.66	贵州二队 周群辉 42.96	贵州遵义 陈水敏 44.91	贵州二队 罗桂菊 47.06	贵州遵义 方圆 48.70	广西 温巧玲 49.91
男子组 60 米	贵州二队 贺寿永 33.02	贵州一队 潘天兴 40.68	宁夏 王皓 42.88	贵州遵义 龙奎 44.63	重庆 张伟 45.16	贵州一队 杨柳 1：15.26
女子组 100 米	贵州二队 杨光涛 1：09.85	贵州一队 陈莉 1：10.95	宁夏 文为仙 1：11.22	广西 温巧玲 1：11.84	贵州遵义 陈水敏 1：18.06	广西 韦淑洁 1：18.87
男子组 100 米	贵州二队 贺寿永 52.12	贵州赤水 杨德平 55.27	贵州赤水 翁世民 56.95	贵州赤水 杨学平 1：01.37	贵州二队 金城成 1：01.53	贵州二队 贺寿永 52.12

注：200 米赛成绩略。

由于第一次组织全国性的独竹漂比赛，比赛组织者对器材准备预判不足，置备的竹漂浮力不足以承载北方个别体重大的运动员，部分运动员未能正常参赛。虽然贵州省方面在2011年4月下旬的第九届全国少数民族传统体育运动会筹委会、中国少数民族体育协会在遵义市举办的全国独竹漂教练员培训班上，除了讲解独竹漂竞赛规则和竞赛裁判法，还附加讲述关于独竹漂运动员的要求，但因个别代表队教练员没有足够重视运动员的体重问题，又因组委会没有专门购置胸径足够大的楠竹作为比赛器材，使得部分运动员因竹漂的承载力不足而未能正常参赛。

二、贵州省第七届、第八届少数民族传统体育运动会独竹漂比赛

贵州省第七届少数民族传统体育运动会独竹漂比赛，于2010年9月11—14日，由贵州省人民政府主办，贵州省民族宗教事务委员会、贵州省体育局、贵阳市人民政府承办的贵州省第七届少数民族传统体育运动会独竹漂比赛在贵阳市红枫湖举行。比赛仅限少数民族运动员参赛，开设男子组和女子组60米、100米直道竞速比赛。（图4-23）比赛首次采用玻璃钢竹漂和碳纤维划杆，加大了竹漂浮力，提高了适划性，运动员比赛成绩比2009年全国邀请赛的成绩大幅度提高。贵阳市、遵义市、铜仁市、安顺市、黔东南苗族侗族自治州（以下简称黔东南州）、遵义医学院6支代表队42人参赛(含领队、教练员)。这是独竹漂作为竞赛项目首次列入贵州省少数民族传统体育运动会，此次比赛也为独竹漂2011年列入全国少数民族传统体育运动会奠定了基础。

图4-23　2010年贵州省第七届少数民族传统体育运动会独竹漂比赛男子100米前三名决赛现场

图4-24　2010年贵州省第七届少数民族传统体育运动会开幕式表演

表 4-2 贵州省第七届少数民族传统体育运动会独竹漂赛前六名部分成绩表

项目	第一名	第二名	第三名	第四名	第五名	第六名
女子组 60 米	贵阳市 吴月明 32.30	贵阳市 温玲 34.16	遵义市 陈水敏 40.64	黔东南州 杨蓉 35.53	遵义医学院 张芮 35.65	安顺市 王欢 43.36
男子组 60 米	黔东南州 贺寿永 26.85	遵义医学院 刘健 28.64	贵阳市 关起彬 29.54	安顺市 欧炎明 28.54	贵阳市 黄伟 29.40	遵义市 徐涛 29.82
女子组 100 米	贵阳市 温玲 53.72	遵义医学院 莫小红 1：03.72	遵义医学院 张芮 1：03.68	遵义市 陈水敏 57.30	遵义市 陈丽 59.55	遵义市 陈廷霞 1：04.66
男子组 100 米	遵义市 徐涛 43.96	黔东南州 贺寿永 44.72	贵阳市 关起冰 46.71	安顺市 欧炎明 47.95	遵义市 夏永波 50.37	贵阳市 黄伟 45.36

注：因决赛和名次赛采用三条航道进行，故有后面名次成绩优于前面名次情况。

贵州省第八届少数民族传统体育运动会独竹漂比赛，2014 年 9 月 19—23 日，由贵州省人民政府主办，贵州省民族宗教事务委员会、贵州省体育局、贵阳市人民政府承办的贵州省第八届少数民族传统体育运动会独竹漂比赛在贵阳市红枫湖举行。(图 4-25) 比赛仅限少数民族运动员参赛，设女子组和男子组 60 米、100 米直道竞速两项比赛。贵阳市、遵义市、安顺市、铜仁市、黔东南州、黔南布依族苗族自治州（以下简称黔南州）、贵阳医学院 7 个代表队 52 名运动员参赛(含领队、教练员)。因独竹漂赛和龙舟赛交叉进行，比赛在 4 天时间内完成。(图 4-26、图 4-27)

图 4-25 2014 年贵州省第八届少数民族传统体育运动会
独竹漂比赛女子 100 米前四名决赛现场

图 4-26　2014 年贵州省第八届少数民族
传统体育运动会独竹漂比赛颁奖合影

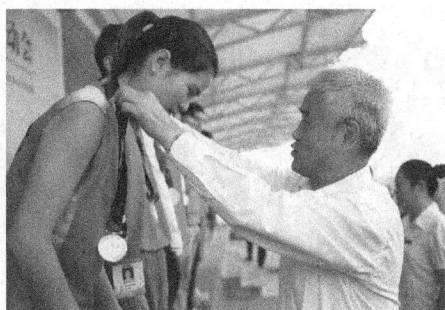

图 4-27　2014 年贵州省第八届少数民族
传统体育运动会独竹漂比赛颁奖现场

表 4-3　贵州省第八届少数民族传统体育运动会独竹漂赛前六名部分成绩表

项目	第一名	第二名	第三名	第四名	第五名	第六名
女子组 60 米	铜仁市 吴月明 28.58	黔东南州 杨蓉 30.95	遵义市 吴江丽 33.01	遵义市 骆凌娅 34.55	黔东南州 周美辉 27.89	黔东南州 张汝芳 34.30
男子组 60 米	黔东南州 贺寿永 21.16	黔东南州 胡朝贵 23.29	遵义市 余宴刚 25.21	贵阳市 邓生贵 25.67	黔东南州 余剑 23.50	贵阳市 王勇 26.80
女子组 100 米	黔东南州 周美辉	铜仁市 吴月明	遵义市 骆凌娅	黔东南州 张美芳	—	—
男子组 100 米	黔东南州 贺寿永	黔东南州 胡朝贵	黔东南州 余剑	贵阳市 邓生贵	—	—

注：100 米赛仅有成绩排名，缺时间。

三、第九届全国少数民族传统体育运动会独竹漂比赛

2011 年 9 月 9—12 日，由国家民族事务委员会、国家体育总局主办，贵州省人民政府承办的第九届全国少数民族传统体育运动会独竹漂比赛在贵州省贵阳市红枫湖举行。比赛仅限少数民族运动员参赛。北京市、湖北省、广西壮族自治区、海南省、四川省、贵州省 6 个省、市、自治区 6 支代表队 31 人（含领队、教练员）参加比赛。独竹漂赛与龙舟赛分别在不同的航道上交错进行。独竹漂赛事设 6 条航道进行 3 天 4 个单元的比赛。这次比赛是贵州省第一次把独竹漂列入全国少数民族传统体育运动会竞赛项目比赛，贵州省电视台现场直播了独竹漂决赛第一枚金牌的产生过程。（图 4-28、图 4-29）

图 4-28 2011 年在贵阳市举办的第九届全国少数民族传统体育运动会独竹漂比赛直播现场

图 4-29 2011 年在贵阳市举行的第九届全国少数民族传统体育运动会独竹漂比赛女子60 米 决赛现场

比赛按照修订后的独竹漂竞赛规则和裁判法（2010 试行）执行，采用统一定制的玻璃钢竹漂和碳素纤维划杆比赛。由于各省市自治区对独竹漂项目的了解不够和训练时间不充分，仅有 6 支队伍 25 名运动员参加比赛。贵州队囊括了四项比赛的一等奖。（图 4-30、图 4-31）

图 4-30 获得独竹漂比赛女子组 60 米、100 米双料一等奖的贵州选手吴月明在领奖台上

图 4-31 获得独竹漂比赛男子 60 米、100 米双料一等奖的贵州选手胡朝贵在领奖台上

表 4-4 第九届全国少数民族传统体育运动会独竹漂比赛成绩表

项目	运动员暨成绩	一等奖	二等奖		
女子60 米	运动员	贵州吴月明	海南黄亚巧	海南陈亚莹	广西韦柳萍
	成绩	26.00	31.70	32.20	32.90
男子60 米	运动员	贵州胡朝贵	贵州贺寿永	湖北李创	海南王沾
	成绩	21.30	21.90	26.30	27.00
女子100 米	运动员	贵州吴月明	广西韦柳萍	海南黄舒娇	海南陈亚莹
	成绩	42.40	55.80	57.20	58.60
男子100 米	运动员	贵州胡朝贵	贵州贺寿永	湖北李创	海南蓝富城
	成绩	35.70	36.20	41.10	44.90

注：三等奖略。

四、第十届全国少数民族传统体育运动会独竹漂比赛

2015年8月9—12日，由国家民族事务委员会、国家体育总局主办，内蒙古自治区人民政府承办的第十届全国少数民族传统体育运动会独竹漂比赛在内蒙古自治区鄂尔多斯市乌兰木伦湖举行。比赛仅限少数民族运动员参赛。河北省、江苏省、福建省、湖北省、广西壮族自治区、海南省、重庆市、云南省、贵州省和内蒙古自治区共10个省、市、自治区10支代表队67人（含领队、教练员）参加比赛。比赛与龙舟赛交叉进行，共进行了三天比赛。这次比赛是贵州省独竹漂第一次在贵州省以外的水域开赛，也是独竹漂项目列入全国少数民族传统体育运动会常设竞赛项目的第一次比赛。比赛仅限少数民族运动员参赛，执行国家民委、国家体育总局2010年审定的《独竹漂竞赛规则（试行）》，比赛用组委会统一定制的玻璃钢竹漂和碳纤维划杆。由于2011年第九届全国少数民族传统体育运动会后独竹漂项目在各省、市、自治区的推广和各省、市、自治区代表队对独竹漂项目技术的深入研究，10支队伍的57名训练有素的运动员征战塞北，形成群雄争霸的壮观局面，也打破了原来发源地贵州队一家独大的节奏。比赛结果4个一等奖贵州队只夺得一个，其他3个一等奖分别被广西队争得2个，重庆队夺走1个。这次独竹漂比赛的三足鼎立之势，证明独竹漂运动已经进入良性发展的轨道，证明独竹漂项目也不是那么神秘、难以训练。只要教练员把好科学选材的关，把握好适当的训练强度和训练模式，合理运用好正确的划水技术，提高比赛成绩也是可能的。

表4-5　第十届全国少数民族传统体育运动会独竹漂项目成绩表

项目	运动员暨成绩	一等奖	二等奖		
女子60米	运动员	广西韦杨遮	河北胡朝静	云南农祖英	云南冯美莲
	成绩	37.88	38.34	44.54	—
男子60米	运动员	重庆农树健	贵州贺寿永	贵州胡朝贵	云南杨文武
	成绩	25.59	26.60	31.01	31.05
女子100米	运动员	广西陆春桃	贵州吴月明	广西韦杨遮	广西黄佳云
	成绩	45.87	46.68	46.686	54.080
男子100米	运动员	贵州胡朝贵	贵州贺寿永	重庆农树健	云南杨文武
	成绩	36.74	36.98	38.19	39.90

注：三等奖略。

五、贵州省主办、承办的全国独竹漂邀请赛和 2015 年海南省承办的全国独竹漂邀请赛

2013 年全国独竹漂邀请赛，2013 年 8 月 10—13 日，由贵州省民委、贵州省体育局、黔东南州政府主办，黔东南州民委、黔东南州文体广电局、黔东南州凯里经济开发区承办的"2013 年全国独竹漂邀请赛"在凯里经济开发区举行。（图 4-32）比赛未限民族成分。海南省、广西壮族自治区、湖北省、湖南省、江苏省、宁夏回族自治区、四川省、重庆市、贵州省 9 个省、市、自治区代表队 9 支队伍 69 人（含领队、教练和工作员）参加比赛。（图 4-33）这次比赛是继 2011 年贵州省承办第九届全国少数民族传统体育运动会后，第一次举办全国独竹漂邀请赛，也是 2010 年启用玻璃钢器材后的首次全国邀请赛。各参赛队伍有的是 2011 年到贵州省参加过第九届全国少数民族传统体育运动会的基本队伍，有的是经水上项目教练新选拔的第一次参赛的新选手，还有的是聘请贵州省教练训练不久的年轻学生，参赛选手的水平参差不齐，各队间水平悬殊较大，因此整个比赛只是决赛阶段才有激烈竞争现象。组委会赛前组织了独竹漂裁判员培训和考试，嗣后进行了于关独竹漂竞赛规则和裁判法的考试。有 30 余名来自全国各地和贵州省内的裁判员参加学习和考试。

图 4-32　2013 年在麻江县下司镇举行的全国独竹漂邀请赛女子组 100 米前四名决赛现场

图 4-33　2013 年在麻江县下司镇举行的全国独竹漂邀请赛开幕式现场

2015 年海南省陵水黎族自治县全国独竹漂邀请赛，2015 年 11 月 28—29 日，中国少数民族体育协会、海南省民族宗教事务委主办，陵水黎族自治县人民政府承办"2015 年全国独竹漂邀请赛"。比赛未限民族成分，有海南省、贵州省、湖北省 3 支代表队参赛。贵州省代表队夺得男子组 60 米、100 米，女子组 60 米、100 米直道竞速赛四项冠军。由于当年 8 月才参加了在鄂尔多斯市举行的第十届全国少数民族传统体育运动会的比赛，参加这次邀请赛的仅三支队伍。

2016 年贵州省惠水县"民体杯"全国独竹漂比赛，2016 年 7 月 7—9 日，

由国家民委文化宣传司、贵州省民宗委、贵州省体育局主办，贵州省惠水县人民政府承办，贵州省少数民族体育协会协办的"2016年'民体杯'全国独竹漂比赛"在贵州省惠水县举行。（图4-34、图4-35）比赛未限民族成分。海南省、广西壮族自治区、湖北省、河南省、福建省、云南省、贵州省7个省、市、自治区代表队和贵州省6个地区代表队共13支队伍106人（含领队、教练和工作员）参加比赛。比赛在惠水县城区的涟江河上举行，在两天时间内进行了男女60米、100米和200米三个项目的角逐。比赛采用组委会提供的玻璃钢竹漂和碳纤维划杆。比赛允许自带划杆参赛，但需经过裁判员检查认可方能使用。参加过多次全国比赛并有一定训练基础的海南队、广西壮族自治区队、云南队和贵州队实力相当，争夺激烈，体现了独竹漂运动推向全国多年后群雄争霸的特点。

图4-34　2016年贵州省惠水县全国"民体杯"独竹漂比赛现场

①　　　　　　　　　　　　　　　　②

图4-35　2016年7月贵州惠水全国"民体杯"独竹漂比赛开幕式现场

2017年中国·都匀"民体杯"全国独竹漂比赛，2017年8月22—25日，由国家民委文化宣传司、贵州省民宗委、贵州省体育局主办，贵州省黔南州民宗委、黔南州体育局、都匀市人民政府承办，贵州省少数民族体育协会协办的"2017年中国·都匀'民体杯'全国独竹漂比赛"在贵州省都匀市举行。（图4-36、图4-37）比赛未限民族成分，在都匀市区所在的剑江河上进行。河北省、广西壮族自治区、河南省、江苏省、重庆市、云南省、贵州省等8个代表队和贵州省8个地区代表队共16支队伍138人（含领队、教练和工作员）参加比赛。

图 4-36　2017 年中国·都匀"民体杯"
全国独竹漂比赛半决赛现场

图 4-37　2017 年中国 1 都匀"民体杯"
全国独竹漂比赛开幕式现场

　　为期两天的比赛开设了男女 60 米、100 米和 200 米三个项目，比赛采用组委会提供的玻璃钢竹漂和碳纤维划杆，不允许选手自带划杆。这次比赛的特点是训练得较好的老牌队伍——广西、贵州、云南队——拿下了绝大多数名次奖。曾经在 2015 年鄂尔多斯市全国少数民族传统体育运动会上夺得金牌的重庆队由于运动员处于交替期，成绩不够突出。这次比赛是历次全国赛参赛人数最多的一次，这也充分证明独竹漂运动受到越来越多的地区和民众的欢迎和参与。

第三节　独竹漂竞速比赛发展趋势

　　2016 年 5 月 25—27 日，贵州省民宗委在贵州黔南民族师范学院（位于都匀市）召开贵州省参加第十届全国少数民族传统体育运动会工作总结会暨贵州省少数民族体育协会 2015 年年会。贵州省参加第十届全国少数民族传统体育运动会的各有关市、州、院校的相关领导、教练员和各地民族体育基地负责人暨教练员出席了会议。会议安排部分教练员参加独竹漂项目专题讨论会。专题讨论会就独竹漂比赛的项目设置、器材改进和比赛规则的执行和判罚等问题进行专题研讨。

一、关于项目设置方面

　　现行的独竹漂竞赛规则和裁判法是 2010 年试行本，设男子和女子 60 米、100 米、250 米直道竞速三个项目（2006 年稿本、2009 年试行本规则除以上三个项目外，还设有 500 米、800 米、1000 米和 4×60 米、4×100 米迎面接力等，组别除男子组、女子组外还设有混合组）。（图 4-38）

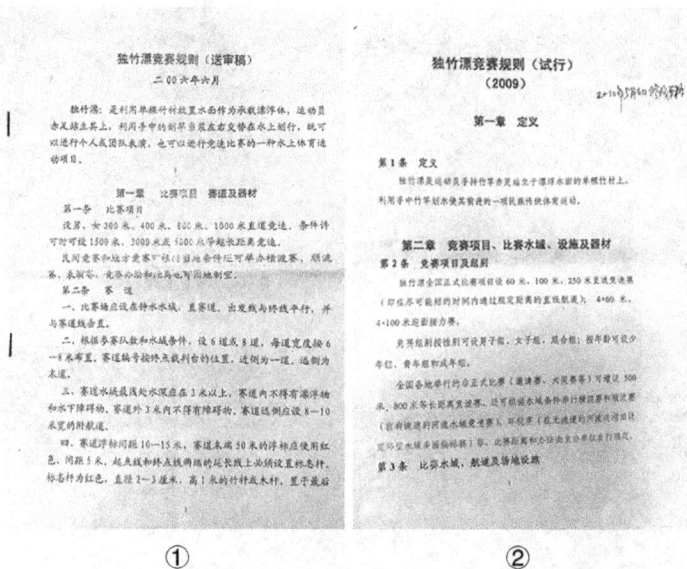

图 4-38 《独竹漂竞赛规则》(2006 年第一稿本、2009 年版试行本)

　　独竹漂混合接力比赛，2007 年在遵义市红花岗区举行的贵州省独竹漂比赛上开设过一次，后因接力赛交接瞬间的节点难以精准判定，不再开设接力比赛。2010 年试行版规则条文也随之将接力赛有关条文删除。会上，教练员们认为经过近十年的推广实践，独竹漂运动是一项受到各民族运动员欢迎的新项目，现有规则的三项比赛都是短距离项目，还不能全面展示独竹漂运动的魅力。建议增设中长距离和接力赛项目，实现短中长和集体项目的全覆盖。

　　一是增设 500 米、800 米中长距离的比赛（2009 年版规则有以上两项目，中长距离尽可能和龙舟赛的距离相同，作为龙舟赛的姊妹项目，更便于布置赛道，便于实际操作），经过这些年的比赛锻炼，绝大多数教练员都掌握了独竹漂竞速比赛的教学方法，各地运动员的速度耐力和竞技水平都大大增强。运动员也能够熟练运用独竹漂划行技巧，有的已经达到炉火纯青的水平，完全有能力参与长距离的比赛。

　　二是增设双人划比赛，双人划是近几年启用玻璃钢竹漂后各地运动员们自发创新的一种划漂技术。即两名运动员同在一根竹漂上划行。（图 4-39）因玻璃钢竹漂的设计承载力达到 150 千克，足以承载两名中等体重运动员轻松划行。双人划是有经验的运动员们在训练中偶然的试划后感受到的乐趣项目，经实践证明，双人划更能考量运动员的团结合作精神，会划独竹漂的运动员上漂后只要着重把握好同步划行技术，就能够轻易完成双人快速划行。独竹漂双人划是一项更具观赏性的比赛项目，肯定能够收到事半功倍的效果。该项目推出后在规则上也无须多少改动就可普及。

① ② ③ ④

图 4-39 两名漂手在贵州惠水涟江河上进行双人划

三是增设 4×100 米接力赛（可以设置迎面接力或同向接力，而迎面接力更具观赏性），2009 年版规则有此条文，后因接力是否犯规问题难以判定，2010年试行本也取消了有关条文。接力比赛是体现一个团队整体水平的集体项目，能检验一支队伍的总体实力，且接力比赛不单是比耐力速度，还要比接力技巧，比配合，比智慧，因此更有悬念，更具趣味性和观赏性而吸引眼球，更能够得到观赏者更多的喝彩。随着现代电子科技成果运用于判定体育竞赛成绩，体育竞赛的科技含量会逐渐增强。就我国科技发展水平和当前其他体育赛事运用科技力量的情况来看，我们完全可以将芯片技术应用到独竹漂接力比赛中来，通过芯片技术判断运动员的接力时间点和判定其是否犯规。应用芯片技术还可以为开办独竹漂横渡赛、顺流赛、环绕赛等项目提供技术支持。当然这些问题需要建立专家组进行研究，并就接力赛等有关裁判方法增加相关条文。

二、关于器材方面

2010 年贵州省第七届少数民族传统体育运动会开始采用定制的玻璃钢竹漂和碳素纤维划杆。玻璃钢竹漂，全长 7.5 米，由三段长 2.5 米、直径 0.16 米的钢模压制的玻璃钢中空管组合而成，管内灌注聚氨酯发泡剂以增加浮力。碳纤维划杆，全长 4.5 米，由两段长 2.25 米、直径 0.04 米的钢模压制的碳素纤维中空管构成。2010年5月6日，贵州省民委、省体育局在红枫湖组织专家、领导验收试制的玻璃钢竹漂（图4-40），据验收资料记载，贵州省体育局于2009年11月委托浙江某企业研制独竹漂标准化器材，2010年试制出第一批样品，经贵州省独竹漂器材工作组到厂家实地测试，认为基本达到比赛要求，并提出改进意见。

图4-40 各级领导和民族体育专家等在验收现场合影

一是要器材外观颜色，选用翠绿色和脱水竹材的黄色，让器材颜色达到天然竹材的效果（最后决定采用翠绿色）。（图4-41）

图4-41 验收时试划场景

二是要做防滑处理，在运动员站立段，采用防滑工艺，增加运动员站立摩擦系数，提高稳定性。

三是要减轻划杆重量和增加划杆强度，为使运动员更好地发挥，划杆材料采用碳素纤维制作，以增加强度和减轻重量（试制时是玻璃钢材料中空管）。

四是要采用铝合金滑槽固定在器材前端以便放置航道牌。

五是要配套制作防水防晒器材包装袋，既便于运输和保护器材，又可以避免器材碰撞损坏。

采用复合材料生产的独竹漂器材，不会变质且可以循环使用；具有较大的浮力，有更好的稳定性，达150千克的承载量，让大体重运动员在重心处站立时也可以保持脚底在水平面上；增加承载力后运动员的选材面，从而可让参与的人更广泛。采用复合材料生产的独竹漂器材的重量和外观一致，更加符合比赛要求，更具公平性而利于项目推广。器材通过验收后，贵州省第七届少数民族传统体育运动会组委会随即定制了一批复合材料独竹漂器材，这是首次采用复合材料生产的独竹漂器材进行比赛。复合材料独竹漂器材虽与天然竹材的独竹漂器材相比浮力更大，稳定性较好，但因研制时间短，复合材料独竹漂器材还存在缺陷。

一是器材浮力偏大，重量偏重，不利于运动员控制竹漂。相对于天然竹材的独竹漂器材，还是显得笨重和控制难度大。这需要在不减轻承载质量的基础上减轻竹漂和划杆自身重量，提高操控性。

二是制作工艺不成熟。竹漂和划杆的结构强度不够，比赛时竹漂常在离岸、登岸和搬运过程中受到撞击而破裂损坏，划杆也有运动员用力划行中在拼接处折断的现象（图 4-42，主要表现为竹漂前端裂口和后端封盖脱落、航道牌折断、插航道牌的插口折断、划杆中间接头破裂和端头封盖脱落）。这需要改进技术，提高竹漂的抗撞击能力和划杆接口的抗折强度。

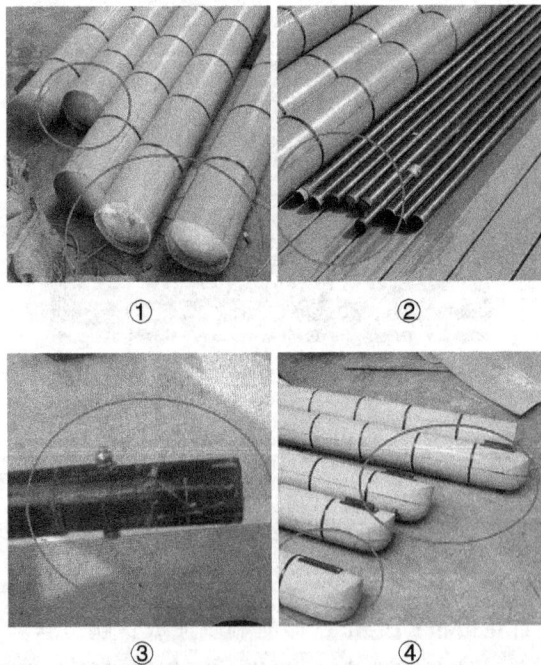

① ②

③ ④

图 4-42 2014 年贵州省第八届少数民族传统体育运动会独竹漂器材损坏情况

三是航道牌容易损坏、掉落。航道牌由于采用的是易碎硬质塑料板，这导致比赛时常有航道牌破碎掉落水里的情况，不利于裁判判定成绩。这需要更换为不易破碎的乳胶或橡胶等软质材料，以提高耐冲击性。

四是价格偏高。天然竹漂是单棵楠竹，要能够承载 150 千克左右重量的运动员，楠竹胸径必须在 15 厘米以上，而这种大径楠竹全国除贵州省赤水市外，浙江、江苏、湖南、福建、安徽等南方省区竹产区多有生长。例如，贵州省赤水市所产的楠竹竹漂，贵州省内运达价一套（一根长 8 米的楠竹和一根长 4.5 米的杂竹划杆）仅在 200 元上下。虽然天然竹漂不能代替玻璃钢竹漂的统一尺寸和相同重量，但是天然竹漂价格更便宜。2010 年一套玻璃钢竹漂至少 4000 元，到 2016 年已经飞涨到 6000 元。玻璃钢竹漂价格高的原因有以下几点：一是由于独家生产，厂家的定价没有讨价余地；二是小批量生产，成本难以大幅下降；三是当初试制时委托方对竹漂承载质量要求偏高，材料用量大，器材笨重（一套竹漂自重为 30 千克，天然竹材干燥后约 15 千克），也是玻璃钢竹漂价格偏高的原因之一。偏高的价格制约了独竹漂运动的进一步推广发展。例如，我们要创建一个民族体育基地的话，购买 10 套竹漂的费用就高于购买 2 艘标准龙舟的价格。同是民族体育项目的板鞋、高足竞走的器材成本就远低于独竹漂的器材成本，较高的价格也让一些意欲开展独竹漂运动的地区望而止步。如果按项目成本考量发展，或许多数人会选择优先发展成本低的项目。大家认为，如改变竹漂结构，减轻自身三分之一的质量，使承载质量达到 100 千克完全可以满足比赛需要。如邀请多家企业招标生产，降低产成本，使每套价格降低到 3000 元以下或更低，降低独竹漂比赛项目发展的门槛，让更多的地区加入独竹漂比赛的大军中来，更有利于独竹漂运动的广泛开展。

三、关于比赛规则方面

部分教练员认为，比赛规则已经是多年前制定的了，经过这些年来的实践，证明有些地方现行规则没有表述到，需要增补进来，有些条文表述模糊，需要修订以适应比赛的需要。这有利于裁判员统一把握尺度，以便独竹漂运动的健康发展，增加规则的严谨性、权威性和合理性。需要修改和补充的内容有以下几点。

（一）出发浮台

比赛规则没有设置出发浮台的表述[①]，实践证明有出发浮台更有利于快速调整竹漂，减少取齐时间以利比赛。（图 4-43）

---

① 出发浮台又称活动码头，是出发前便于运动员停靠、取齐员取齐的一种钢制的或塑料制的漂浮体，拼装后可以承载人和重物的水面平台。

①　　　　　　　　　　　　　　　②

图4-43　出发平台是起点必备设施，有不锈钢组合（①）和塑料拼装（②）两种

（二）可以自带划杆

组委会应配备合格划杆供运动员选用，也应允许运动员自带经裁判员检验合格贴上标记的、符合规则规定重量规格等指标的划杆参赛。划杆犹如龙舟队员的桨，乒乓球和羽毛球队员的拍子，是允许自备的。现在的独竹漂比赛却没有对此统一，有的比赛允许自带划杆，有的比赛又不允许。

（三）项目的定义

比赛自2010年起均采用玻璃钢竹漂和碳纤维划杆为合格的比赛器材，但比赛规则上关于竹漂的项目定义还是"单棵竹子"没有进行调整。这需要修改并准确表述。

（四）器材重量允差值

现比赛规则规定器材重量为30千克±1千克，划杆重量3.5千克±0.5千克，器材允许重量差值偏大。

（五）中止比赛

比赛中因器材原因和其他不可抗拒原因导致选手退赛或中止比赛的表述不具体，如划杆损坏，竹漂脱节，瞬时大风等如何处置，需要清晰表述以增加可操作性。

（六）途中犯规

途中犯规判罚的表述不准确，比如如何界定串道对邻道运动员的影响，这需要增强可操作性。

（七）比赛中产生阵风和起浪时如何处置

独竹漂比赛一般都在夏秋季举行，而夏秋季多有阵风。比赛中难免遇到局部起风而导致比赛水域风浪不定情况。时有时无、时大时小的风浪会对不同时段的比赛产生不同程度的干扰，这是影响公平竞赛的难以控制的气候因素。如何处置这类问题，由于规则起草时期还没有独竹漂比赛的具体实践，故规则中并未提及。这是以后规则修改必然涉及和必须增加的内容。

（八）各裁判组间的联系需要明确一些标准口令

裁判组之间需要语言沟通，简洁明了、规范一致的语言是提高工作效率和避免理解偏差，保证裁判工作顺利进行和赛事圆满成功的重要因素。因此，在以后的规则修改中有必要规范和明确裁判人员裁判语言，设定一些联络和处理裁判事务时的标准口令，避免因表述或理解不一致而产生歧义，从而提高裁判的工作效率。

（九）取齐出发的表述

出发浮台的运用，方便了出发取齐，比如现在比赛的实际操作是起点裁判长（兼任发令员）直接口语指挥起点裁判员调整运动员竹漂靠前或退后取齐，随后发令出发，而不是取齐员"取齐后及时通知起点裁判长"。这部分表述文字有待修改。

（十）全面修改规则

由于项目设置调整和器材改进，我们需要对比赛规则进行一次全面的修改，进一步规范比赛行为，提高比赛规则的权威性和可操作性。

练习与思考

1. 简述独竹漂运动形成的地理因素和人文因素。
2. 请列举独竹漂运动最大规模的横渡比赛和超长距离顺流比赛。
3. 如何认识贵州省非物质文化遗产——独竹漂。
4. 如何理解少数民族体育独竹漂竞速比赛。
5. 简述少数民族体育独竹漂竞速赛发展前瞻。

第五章　独竹漂竞赛规则、竞赛裁判法暨竞赛的组织实施

学习目标

1.了解独竹漂竞赛规则和竞赛裁判法的基本内容和意义，领会并运用于裁判工作中。

2.了解独竹漂竞赛的组织实施流程。

3.掌握组织实施方法并在比赛中运用。

　　独竹漂运动包含表演和竞速比赛两种表现形式，独竹漂竞速比赛是独竹漂项目的另一种表现形式，是独立的竞赛项目。2006年，贵州省为承办2011年第九届全国少数民族传统体育运动会，着手打造独竹漂竞速比赛项目并申请列入该运动会的竞赛项目，组织人员起草独竹漂竞赛的规则。独竹漂竞赛规则的初稿成于2006年6月，后经贵州省省内专家多次集体修改和国内民族体育专家多次参与修改后，于2008年10月由第九届全国少数民族传统体育运动会筹委会和贵州省民委在贵阳市主办独竹漂竞赛规则介绍和项目论证会，国家民委有关领导和贵州省民委领导暨上述参与起草和修改规则的民族体育专家出席了会议，项目的论证奠定了贵州省民族体育项目独竹漂列为2011年第九届全国少数民族传统体育运动会竞赛项目的立项基础。2009年4月，第九届全国少数民族传统体育运动会筹委会和贵州省民委在遵义市举办全国独竹漂教练员培训班，2009年7月在麻江县举办全国龙舟暨独竹漂邀请赛，将独竹漂竞赛规则用于比赛。2010年9月，贵阳市红枫湖，独竹漂直道竞速比赛首次列入贵州省第七届少数民族传统体育运动会竞赛项目，执行2010年5月最后修订稿，即经国家体育总局审定的2010年试行本，2011年第九届全国少数民族传统体育运动会竞赛表演部印制的现行的版本。

第一节　独竹漂竞赛规则（试行）

一、比赛定义

第一章　比　赛

1. 定义

独竹漂是一项由运动员赤足站立在漂浮于水面的单棵竹子（或形似材料）上，利用手中的划杆划水使其前进，以在同等距离内所用时间多少决定名次的运动项目。

独竹漂是一项发源于赤水的少数民族传统体育运动。它是一项既可以单人或团队表演，也可以进行竞速比赛的运动项目。这里的独竹漂特指竞速比赛的独竹漂。作为一项独具魅力的少数民族体育运动，独竹漂竞速比赛是运动员站立在漂浮于水面的竹漂上，用手中划杆划动并使其在航道内或规定水域前行，在规定距离内按划行速度判别名次先后的水上运动项目。独竹漂竞赛用以载人的器材也称独竹漂或"竹漂"（下同）。

二、比赛水域设施及器材

第二章　比赛水域设施及器材

2. 水域与航道

2.1 水域

比赛应设在静水水域，起点线与终点线平行，并与航道线垂直。

2.2 航道

2.2.1 航道宽不少于8米，各航道宽度相同。

2.2.2 根据参赛队数和水域条件，设3～6条航道。航道编号按终点裁判台的位置，以近侧为1道，远侧为末道。

2.2.3 航道水域最浅处水深应不少于2.5米，不得有漂浮物和水下障碍物。航道一侧应设不少于10米宽的水域作交通附航道。在起、终点线后各设不少于30米的准备区域和缓冲区域。（图1）

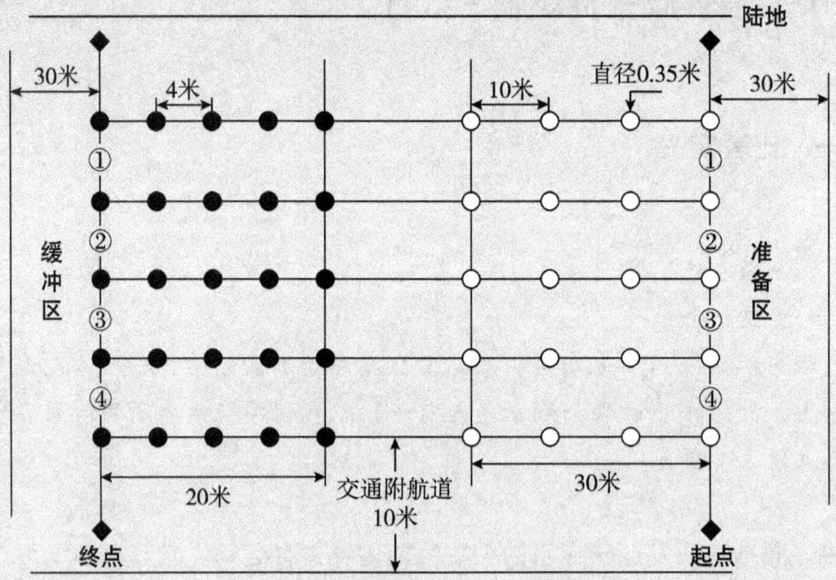

图 1　独竹漂比赛场地示意图

3. 场地设施

3.1 航道线应设置浮标，浮标的颜色为黄色和红色。浮标为圆形，直径 0.35 米。黄色浮标自起点至距终点 30 米间安置，间距 10 米；距终点 20 米范围安置红色浮标，间距 4 米。起点线和终点线两端的延长线上(6 米以外)必须设置标志杆，直径 2 厘米，高 3 米。

3.2 起点、终点处应标明每一航道的编号，编号牌安置在起、终点线向外延伸线上，条件许可时悬挂于离水面不少于 3 米高的空中。

3.3 检录登漂处

检录登漂处设置在起点附近的岸边，登漂处应方便运动员登竹漂。

3.4 起点发令台

起点发令台设置在起点延长线上的岸边或水面，距最近的航道线 6～10 米。

3.5 终点裁判台

终点裁判台设置在终点延长线的岸边或水面，距最近的航道线 6～10 米。终点裁判台设阶梯工作台。

独竹漂竞赛规则成稿于 2006 年。其背景是贵州省为承办 2011 年第九届全国少数民族传统体育运动会，打造一项出自贵州省本土的少数民族体育竞赛项目列入运动会，选定了独竹漂这个独具体育性、观赏性和趣味性的民族体育项目。规则起草时参阅了龙舟等多项体育竞赛及少数民族其他竞赛项目的竞赛规则，重点参考了龙舟竞赛规则的水域条件、场地布置、航道布置和航标等。规则要求选手在静水水域进行比赛，但实际上贵州省水域江河多、湖泊少，有的地方正式比赛也在流速较缓的江河里进行。以下是 2007 年以来 10 年间独竹漂在贵州省举办的邀请赛利用江河水域情况的统计（期间贵州省第七届、第八届少数民族传统体育运动会和第九届全国少数民族传统体育运动会独竹漂比赛在红枫湖上进行，未列入下表）。

表 5-1　贵州省历次独竹漂邀请赛竞赛水域和航道数统计表

比赛名称	比赛时间	地点	水域	航道数
贵州省首届独竹漂邀请赛	2007 年 6 月	红花岗区	湘江	4
全国独竹漂邀请赛（首届）	2009 年 7 月	麻江县下司镇	清水江	6
全国独竹漂邀请赛	2013 年 8 月	凯里经开区（麻江县下司镇）	清水江	4
全国"民体杯"独竹漂邀请赛	2016 年 7 月	惠水县	涟江	4
全国"民体杯"独竹漂邀请赛	2017 年 8 月	都匀市	剑江	4

这些水域下游都有挡水坝，水流平缓，基本上达到独竹漂比赛的水域条件。航道设置也可以根据比赛水域情况增减，如 2016 年惠水县全国"民体杯"比赛、2017 年都匀市全国"民体杯"比赛都是设置 4 条航道。

检录点一般安排在方便运动员登漂更衣和做准备活动的岸边，登漂处与检录处相邻，一般设置在起点裁判台同侧。（图 5-1）

图 5-1　检录现场

出发浮台设置。早期比赛未设置出发浮台，所以规则没有关于出发设施的规定，也没有"出发浮台"的条文。取齐员是蹲在锚定于出发区域的小船上扶竹漂取齐。(图5-2)由于小船的抗风浪的能力较差,船体极不稳定,很不利于取齐员的取齐操作。自2010年贵州省第七届少数民族传统体育运动会起,为便于取齐公平竞赛,比赛设出发浮台。(图5-3)出发浮台便于运动员上漂,有利于比赛出发时取齐员取齐,还有一定的抗风浪作用,有利于运动员出发前稳定竹漂,创造好成绩。因此,后来的正式比赛在起点线都设置出发浮台。

图5-2 2009年7月麻江县比赛时小组比赛的出发场景(早期比赛出发取齐是取齐员蹲在锚定于出发区的小船上)

图5-3 2017年都匀市全国"民体杯"比赛时小组比赛的出发场景

终点裁判台是终点裁判员和终点计时员的工作台,应作阶梯式设置并足够容纳所有终点工作人员,还要注意预留终点摄像或终点电子计时装置的安置位置。阶梯式设置一是便于终点裁判员、计时员工作,二是尽可能减少干扰。(图5-4)

图5-4 阶梯式终点裁判台,视野开阔,便于安置摄像装置,能清楚看到运动员终点冲线情况,箭头所指是60米终点标志线

4. 器材

4.1 竹漂

4.1.1 采用复合材料制作,由3节长度2.5米的漂体连接而成,总长度7.5米(±0.05米),直径0.16米(±0.005米),总重量30公斤(±1公斤)。(图2)

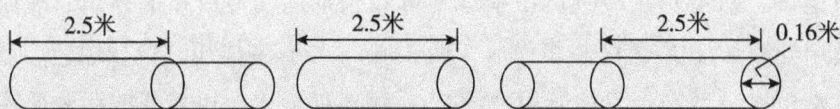

图 2　独竹漂器材示意图

4.1.2 采用天然竹材制作，规格与复合材料竹漂相仿。

4.2 划杆

4.2.1 采用复合材料制作，由 2 节长度 2.25 米的杆体连接而成，总长度 4.5 米（±0.005 米），直径 0.04 米（±0.005 米），重量 3.5 公斤（±0.5 公斤）。（图 3）

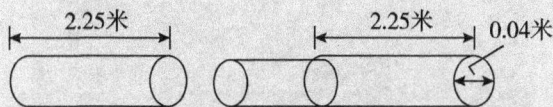

图 3　独竹漂杆示意图

4.2.2 采用天然竹材制作，规格与复合材料划杆相仿。

4.3 航道牌

距独竹漂的前端 5 厘米处设置一高 30 厘米、宽 20 厘米的航道牌，牌上标有航道编号。

独竹漂器材，单棵竹子（或形似材料），是独竹漂运动的载体，也是本项比赛的核心器材。现在采用的三段式的独竹漂全长 7.5 米，直径 16 厘米，由三段长度 2.5 米的玻璃钢管组合拼装而成。为增加浮力，每段管内加注聚氨酯发泡剂，能承载 150 千克的运动员。两段式划杆全长 4.5 米，是两段长度 2.25 米的碳纤维结构的中空管体拼接而成。（图 5-5）2010 年前的独竹漂运动（包括表演和竞速比赛）都是采用单棵竹子作为载体的。由于天然竹材的胸径和壁厚的不一致，难以大批量选到规格相同的竹漂，这就在客观上给公平竞赛打了折扣。自 2010 年采用工厂统一规格生产的玻璃钢竹漂比赛后，同外形、同重量的器材的选用，使公平竞赛、科学竞赛成为可能，也标志着独竹漂运动的发展和进步。拆分后的独竹漂器材可装入包装袋内包装运输。

图 5-5　工厂化生产的玻璃钢竹漂

航道牌，航道牌是裁判员识别运动员和判别运动员成绩的标识，现用的航道牌是用硬质 PVC 白色塑料板做成（图 5-6），号码字体用红色、绿色、蓝色不干胶粘贴以区分组别。目前所用硬质 PVC 塑料板易碎，以后或改用软质橡胶或乳胶材料制作。

图 5-6　航道牌用硬质塑料片做成，比赛前放在竹漂前端的塑料槽内

三、运动员

第三章　运动员

5. 应具备的条件

身体健康，能着装游泳不少于 100 米。

6. 比赛服装

赤足，穿着深色运动服装，佩戴号码布。

运动员会游泳与划独竹漂没有直接关系。作为一个限制条件，运动员会游泳可以放胆参赛、安全参赛，实践中也有不会游泳的运动员参加比赛的现象。从安全方面考虑，组委会都规定运动员必须穿救生衣比赛。服装方面组委会的要求是从文明方面考虑。有的运动员穿着民族服装比赛，身穿白色或浅色民族服装的运动员在落水后会产生透明或半透明的不雅效果，所以规则对服装有所要求。号码布规格颜色未作要求，但号码应和所参赛的航道数一致，规格大小和颜色应使裁判员能够清晰辨别。

四、比赛通则

> 第四章 比赛通则
>
> 7. 项目设置
>
> 7.1 直道竞速
>
> 设男女 60 米、100 米、250 米。
>
> 7.2 竞赛也可根据举办条件举行接力赛、横渡赛、顺流赛、环绕赛和表演赛等，比赛距离和办法由主办单位自行确定。

直道竞速即在直线航道内用尽可能短的时间通过规定距离的比赛。本条规定了比赛项目为三项，即 60 米、100 米和 250 米直道竞速，全国少数民族传统体育运动会独竹漂比赛只开设了 60 米、100 米两项。从观赏的角度看，短距离项目全程紧张激烈；长距离项目你追我赶，赛况瞬息万变。

2009 年的规则试行本还设有 500 米、800 米直道竞速、4×60 米和 4×100 米的混合迎面接力比赛。2007 年在遵义市红花岗区湘江河上举行的"贵州省首届独竹漂比赛"，曾设混合组迎面接力比赛（图 5-7），这是 2006 年《独竹漂竞赛规则（试行）》成稿后的唯一一次混合接力比赛。

图 5-7 2007 年贵州省首届独竹漂比赛混合迎面接力比赛现场

> 8. 检录
>
> 8.1 运动员必须在规定时间内到检录处参加检录。
>
> 8.2 运动员检录后，按安排在登漂处等候参赛。
>
> 8.3 运动员登竹漂后应按裁判员的安排划到起点附近准备出发。
>
> 9. 出发
>
> 9.1 赛前 3 分钟，运动员将竹漂划到起点准备比赛。

9.2 出发前1分钟，运动员应服从取齐员的指挥配合取齐。发令员发出预备口令时，运动员保持稳定，发令员发令后方可划动。

10. 途中

运动员应自始至终在本航道内划行，运动员、竹漂和划杆的任何部分均不得逾越本航道。运动员如有落水，可原处上竹漂继续划行，但不得干扰、阻碍其他航道的运动员。

11. 到达终点

竹漂航道牌最前沿抵达终点线垂直面瞬间视为运动员到达终点。

12. 名次与成绩

12.1 名次

以竹漂航道牌最前沿抵达终点的先后顺序判定运动员的终点名次。

12.2 比赛成绩

从裁判员发出出发信号至竹漂航道牌最前沿抵达终点线垂直面瞬间所用时间为运动员比赛成绩。

检录是确认运动员身份的重要环节。检录时，检录裁判员应按秩序册上的竞赛场次顺序对运动员进行检录。运动员必须携带运动员证参加检录。如果运动员证附带本人照片，则不需带身份证。如果运动员证未附照片，则需要对照本人身份证进行检录。民族体育项目比赛关系民族团结和谐的大局，比赛必须严格执行组委会竞赛规程，如果规程规定只限少数民族运动员参加，非少数民族运动员就不能参加；如果比赛有籍贯限制，要根据本人身份证或其他证明证实运动员籍贯符合规程规定。

出发前，裁判员应按规定时间顺序通知运动员及时登漂，及时到达比赛区域，并以语音提示运动员，必要时辅以手势。当起点发令员喊"预备"口令时，取齐员扶杆的手随即离开竹漂，当裁判员发出"划"的口令时，运动员方可划动划杆。（图5-8）

图 5-8　独竹漂比赛出发场景

异常情况，例如，出发前如遇风浪使竹漂产生较大偏移，起点裁判长应允许运动员调整到正常位置。比赛场间（两组比赛间隙）如突起较大风浪可能影响比赛正常进行时，总裁判长应视情况暂停和恢复比赛。比赛途中突起风浪可能影响运动员的正常比赛时，总裁判长也可视情况确定中止比赛后重赛或继续比赛。

运动员在比赛中必须沿着本航道划进，不得以任何方式或不道德行为干扰、阻碍其他运动员划行。运动员接近终点、航道牌通过终点线前，必须站立在竹漂上通过。

目前正式比赛运用终点照相技术判定运动员成绩，辅以人工计时作为备份，如电子设备出现故障则以人工计时作为正式成绩。规则以"竹漂航道牌最前沿抵达终点线的先后顺序判定运动员的终点成绩"，但现在的硬质塑料航道牌在比赛中极容易损坏和脱落，这是器材设计上的问题，但现实比赛中必须判定运动员的比赛成绩。现实经验是终点计时裁判遇航道牌损坏或脱落的情况，一般以竹漂最前沿到达终点瞬间的先后判定运动员成绩，但是竹漂最前沿与航道牌最前沿有5厘米的差距。如遇两名运动员几乎同时到达终点时，可以采用终点电子影像技术判定成绩的情况，从终点影像判定细微差别；如果是人工计时，就很难判定其差别，需要终点裁判长注意判断处置，必要时可开启摄像设备以便判定名次和避免争议。（图5-9）

图5-9　两名运动员几乎同时到达终点场景

五、犯规、罚则、弃权与申诉

第五章　犯规、弃权及罚则

13.犯规

13.1 出现下列情况之一者，出示黄牌，给予警告，此警告视为抢划一次：

13.1.1 检录后不服从裁判员安排而随意登竹漂离岸或登竹漂离岸后又

靠岸；

13.1.2 赛前 2 分钟仍未做好出发准备的。

13.2 每组比赛凡抢划犯规，第 1 次给予警告，第 2 次取消该运动员比赛资格。每组比赛的起划次数最多 2 次，若发令员组织第 2 次起划时发生抢划犯规，该组将不再召回，比赛继续进行。

13.3 出现下列情况之一者，出示红牌，取消比赛资格：

13.3.1 携带或佩戴非规则允许物品上竹漂并不听劝告；

13.3.2 发生串道影响其他运动员；

13.3.3 以任何方式或不道德的行为干扰、阻碍其他运动员划行；

13.3.4 落水后未在本航道上竹漂；

13.3.5 未从本航道到达终点；

13.3.6 通过终点时器材短缺或人与竹漂分离。

运动员应按照规则和规程的规定进行比赛，犯规是运动员在比赛前和比赛中违犯规则的行为，应予判罚。

罚则有警告和取消比赛资格两种。第 1 点和第 2 点是讲比赛前和出发时的犯规。第 3 点是讲途中和到达终点时的犯规。按各职能组裁判长的管理权限，检录裁判长、起点裁判长、途中裁判长和终点裁判长在各自的管辖时段都有权判罚运动员。

第六章 弃权与申诉

14. 弃权

运动员出现下列情况均判为弃权，取消比赛资格：

14.1 检录规定时间内参赛运动员未到场参加检录；

14.2 比赛中因个人原因中途退出比赛。

15. 申诉

运动员对比赛成绩有异议时，可在该项比赛成绩公告后 30 分钟内，由领队向仲裁委员会提出书面申诉，同时交纳申诉费。仲裁委员会的裁决为最后裁决。如败诉，申诉费不予退还。

运动员在规定时间内未到场可能因交通原因，也可能因个人或教练员对比赛不满等原因；也可能是运动员因病或因伤退赛。

申诉时间应以成绩公告张贴出后30分钟内，不应以广播公告起计算30分钟，因此及时张贴出成绩公告很有必要。申诉必须是"领队""书面申诉"并缴纳"申诉费"，三个条件缺一不可。也就是说申诉要有领队签名的书面申诉书并缴纳申诉费，仲裁委员会才会受理。但规则没有限定裁决时间，这就给后面的处理造成难题，如果裁决滞后，就会拖延比赛进程，还会给裁判组增加难度（如下一阶段的比赛已经进行，再裁决上一阶段的申诉，即使胜诉，对胜诉队也意义不大）。

因此，比赛出现弃权和申诉情况不容忽视，裁判长要及时到现场向有关裁判组了解分析情况，摸清问题，针对具体问题做好具体工作，化解矛盾。如果申诉情况属实，事关裁判员的差错，必须严肃认真处理，做好当事队伍的解释工作，并努力使矛盾化解，圆满地解决问题。

六、裁判人员及其职责

第七章 裁判人员及其职责

16. 裁判人员

16.1 比赛设总裁判长1人，副总裁判长1~2人；编排记录公告组、器材检查组、检录组、起点裁判组、途中裁判组、计时裁判组、终点裁判组。

16.2 各裁判组设裁判长1人，裁判员若干。

17. 裁判人员职责

17.1 总裁判长

17.1.1 领导和分配裁判人员工作，全面负责整个赛事的裁判工作。

17.1.2 根据规则精神和规程规定，处理竞赛中的有关问题，包括规则、规程中未作明文规定的任何问题，但不得修改规则和规程。

17.1.3 当裁判员的判定不一致时，可暂停比赛，召集该组裁判员协商解决。

17.1.4 对比赛中蓄意犯规或干扰、阻碍其他运动员比赛等不正当行为的运动员，有权提出警告或取消其比赛资格，并视情况决定被干扰、阻碍的运动员是否参加下一轮比赛，或该组除犯规运动员外重新比赛；对比赛中因器材或其他不可抗拒的原因中止比赛时，确定如何重新比赛。

17.1.5 比赛前检查场地、器材和设备是否符合规则的规定。

17.1.6 如气候恶劣影响正常比赛时，总裁判长有权暂停比赛。

17.1.7 比赛成绩由总裁判长核实签名后生效。

总裁判长是竞赛的组织者和领导者,是竞赛的绝对权威。裁判长的所有工作都是引领比赛按秩序按时间流程进行,围绕比赛开展工作。裁判长的工作是使比赛在公正公平的条件下,让运动员在良好的比赛环境和良好的场地条件下创造最好成绩的关键因素。裁判长的工作从赛前开始,大致分为赛前、赛中和赛后三个阶段。

（一）比赛前的工作

第一,裁判长协助主办、承办单位竞赛部门,提出选调裁判人员的人数和要求。裁判长提前三天以上到达举办地,了解竞赛日程和场地器材准备情况。

第二,根据比赛规程和规则,裁判长结合赛场实际提前提出场地、航道布置要求和裁判组所需器材清单,了解编排情况是否与竞赛规程一致,重点审查比赛秩序和各项目在每单元的编排情况,准确安排竞赛时间,保证各项比赛按时开赛。

第三,裁判长制定赛前裁判人员学习、工作计划和纪律要求。裁判长赛前检查竞赛准备工作情况,根据裁判员水平和特点组织赛前学习、实习和明确分工。具体内容包括:

明确各组裁判长,根据报到裁判员的执裁经验和各自特点,做好裁判员的岗位安排,宣布裁判员分工;组织学习竞赛规则和竞赛规程,统一裁判工作方法;检查航道、场地设施、竞赛设备和竞赛器材。研究确定各裁判组的工作方法,把握裁判员之间,裁判组之间的工作配合规律,制定工作细则和工作程序;安排各组分别领取裁判服装、裁判器材器具、秩序册和竞赛卡片、表册等;检查赛场各工作区域和航道布置,未完工落实的提请组委会有关领导查明原因,落实责任,尽快完工落实。组织裁判员模拟实习,出现漏洞、缺陷和衔接等问题及时交代纠正。

以上工作应在赛前2～3天组织实施。

第四,裁判长安排器材组对比赛用竹漂、划杆进行检查,为符合规则规定的器材贴上合格标志。同时裁判长对竹漂进行统一编组、编号并安装航道牌。裁判长安排各队赛前训练时间、借用器材训练等有关事宜。

第五,裁判长参加组委会竞赛部门主持召开的领队、教练、裁判长联席会议,向各队介绍裁判方法,解释规则和补充规定,对参赛队提出要求;在不改变规则和规程的前提下回答参赛队提出的有关竞赛规程和规则中不明确的问题。会前应将讲话纸质稿或电子文档提交组委会办公室,以便打印分发与会人员,以保证各队充分知晓竞赛中可为的和不可为的事宜。

（二）比赛期间的工作

第一，裁判长每单元比赛开始前 40～50 分钟到达现场，检查各裁判组到场情况，督促检录组和各裁判组按时开始工作。检查航道、器材和场地准备情况。

第二，在比赛中，总裁判长应全面掌握比赛进程，一般在终点处，通过通信器材与检录、起点、宣告等各组保持联系，了解并处理比赛中出现的、规则中未明确规定的问题；对参赛队提出的申诉或异议做出裁决；审核每组比赛名次和成绩并签名确认。（图 5-10）

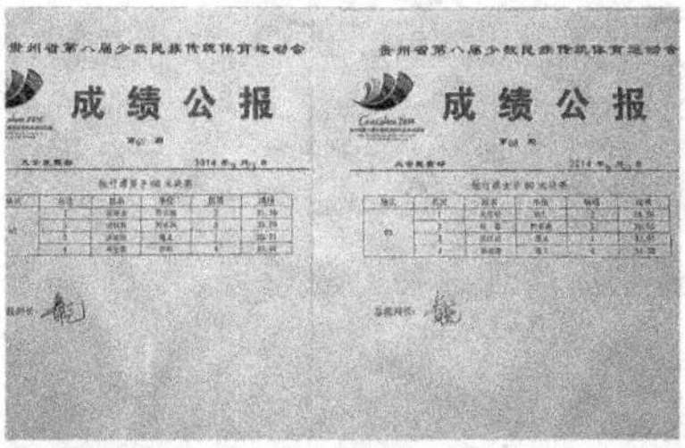
成绩公报
成绩公报

①

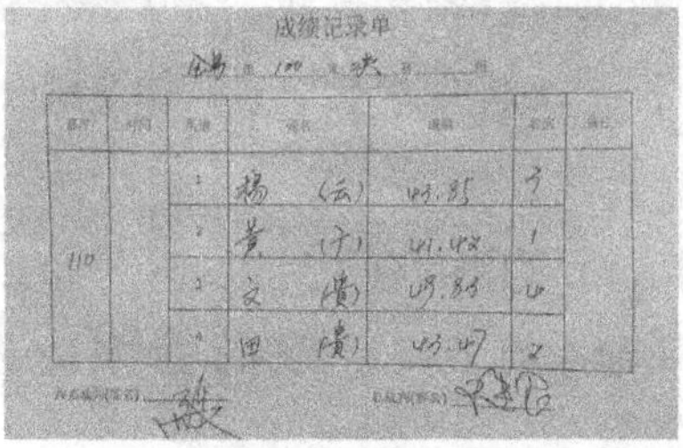
成绩记录单

②

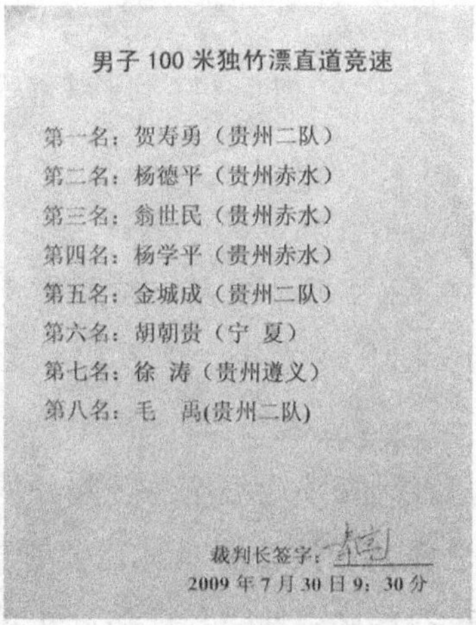
男子 100 米独竹漂直道竞速

第一名：贺寿勇（贵州二队）
第二名：杨德平（贵州赤水）
第三名：翁世民（贵州赤水）
第四名：杨学平（贵州赤水）
第五名：金城成（贵州二队）
第六名：胡朝贵（宁 夏）
第七名：徐 涛（贵州遵义）
第八名：毛 禹(贵州二队)

裁判长签字：
2009 年 7 月 30 日 9：30 分

③

图 5-10　裁判长负责审核每组比赛成绩单和所有成绩并签名确认

第三，如遇特殊情况需要暂停比赛或中止比赛时，裁判长应慎重处理暂停或中止比赛的相关事宜。比赛不能正常进行时，裁判长应与竞赛委员会负责人、技术代表或仲裁委员会成员共同研究暂停比赛的时间或继续比赛的开始时间。

第四，每单元比赛完毕，裁判长组织各裁判组现场小结，及时了解比赛情况和存在问题，对存在问题提出解决办法和应采取的措施。裁判长对比赛中出现的确属裁判员的失误，应及时提出处理意见。裁判长对严重失误或不称职的裁判员提出处理意见，必要时停止其工作。如遇争议裁判长及时向仲裁委员会提交有关现场资料和主事裁判组的情况报告。

（三）比赛结束后的工作

第一，大会闭幕时，裁判长宣布比赛结果。

第二，比赛结束后，裁判长组织各裁判组评选优秀裁判员和总结工作，客观评价裁判员工作表现，写出裁判工作总结。

第三，裁判长审核成绩册，并将相关资料移交大会竞赛部。

第四，裁判长督促各裁判组清还全部裁判用品，器材组负责清理器材归位。（图 5-11）

图 5-11　比赛结束后，各裁判组清理器材归还现场

17.2 副总裁判长

17.2.1 协助总裁判长组织、领导裁判工作，对总裁判长负责。

17.2.2 当总裁判长不在比赛现场时，代理总裁判长职责。

副总裁判长还应根据总裁判长的安排，处理以下有关问题。

副总裁判长按比赛具体需要领导检录和起点裁判组的工作；负责裁判员的管理、裁判器材用具的管理和对外联络。

副总裁判长检查各种通信设备、路线，发现问题及时处理。

副总裁判长协助总裁判长做好裁判队伍内部的事务管理。

副总裁判长每单元比赛组织裁判组入场。

比赛开始后，副总裁判长负责检查督促比赛秩序，关注赛场的安全措施。副总裁判长协助总裁判长组织各种裁判工作会议。

17.3 编排记录组

设编排记录长 1 人，编排记录员 2~3 人。

17.3.1 编排记录长负责领导和分配编排记录员的工作。

17.3.2 编排记录组负责竞赛日程、竞赛分组表、秩序册、竞赛分组抽签，记录和公布比赛成绩，编排后续比赛秩序、成绩公告和印发成绩册。

17.3.3 比赛结束后，将比赛名次、成绩交给总裁判长宣布。

17.4 器材检查组

设器材检查长1人，适当数量的检查员（不低于航道数）。

17.4.1 器材检查长负责领导和分配器材检查员的工作。

17.4.2 器材检查组负责按照竞赛规则和竞赛规程的要求，比赛前检查器材是否符合要求，并按竞赛规程规定的尺寸和要求丈量与称重；如采用拼接竹漂比赛，还要检查拼接是否符合规则要求；发放和回收器材；运动员到达终点后，检查是否携带非规则允许物品。

17.5 检录组

设检录长1人，适当数量的检录员（不低于航道数）。

17.5.1 检录长负责领导和分配检录员工作。

17.5.2 比赛前，检查、布置检录登漂处。按规定时间组织运动员检录，核定运动员参赛资格。检录时，负责组织运动员抽签，确定航道和竹漂号，指挥运动员上漂。

17.6 起点裁判组

设起点裁判长（兼发令员）1人，助理发令员1人，取齐员1人，适当数量的起点裁判员（不低于航道数）。

17.6.1 起点裁判长（兼任发令员）负责领导和分配起点裁判员工作，指挥运动员按规定站位，根据取齐员的信号发令开赛，判定开赛是否正确和决定是否重新开赛，按规则规定取消犯规运动员的比赛资格。

17.6.2 起点裁判员负责协助取齐员稳定调整出发前的独竹漂，直至起点裁判长发出"预备"口令为止。协助起点裁判长观察犯规。

17.6.3 助理发令员负责协助起点裁判长观察运动员犯规情况并与终点保持联系。

17.6.4 取齐员

负责指挥独竹漂在起点排列，取齐后及时通知起点裁判长。

17.7 途中裁判组

设途中裁判长1人，途中裁判员2~3人。

17.7.1 途中裁判长负责领导和分配途中裁判员工作。在比赛中对有犯规行为的运动员给予警告无效时，有权取消其比赛资格，并令其退出比赛，同时将犯规情况填写在检查报告单上送交总裁判长。

17.7.2 途中裁判组在比赛前检查赛道内有无障碍物；比赛中观察运动员是否有逾越赛道或其他犯规行为，并给予警告。

17.8 计时裁判组

设计时裁判长1人，适当数量的计时员（不低于航道数）。

17.8.1 计时裁判长负责领导和分配计时员工作。赛前检查秒表是否准确。每组比赛完毕，收集各赛道的成绩记录卡，必要时核实查看计时员的秒表，未经计时裁判长允许，计时裁判员不得回表，并与终点裁判长核对名次。

17.8.2 计时员准确计取每组运动员到达终点的成绩并填写成绩记录卡。采用人工计时秒表时，成绩判读到 1‰ 秒，记录到 1% 秒。采用电子计时装置时，成绩应判读到 1‰ 秒，记录到 1% 秒。

17.9 终点裁判组

设终点裁判长 1 人，适当数量的裁判员（不低于航道数），终点摄像裁判员 1～2 人。

17.9.1 终点裁判长负责领导和分配终点裁判员、摄像裁判员工作。赛前检查所需器材是否完善。比赛中观察全部情况，当裁判员无法取得一致意见时，有权决定比赛名次。每组比赛前，工作准备就绪后，用信号通知起点裁判长。每组比赛完毕，收集终点名次报告表，核实名次。运动员通过终点线后，与途中裁判长联系，并通知起点裁判长。

17.9.2 终点裁判员准确判定各组名次，填写名次报告表。

17.9.3 摄像裁判员完整摄录各赛道运动员（以航道牌为准）通过终点线的情况，为终点裁判长判定名次提供依据。

17.9.4 当计时成绩与终点名次不一致时，以终点裁判长的判定为最终名次。

　　裁判人员的责任心和执裁能力是比赛成功的关键。总裁判长对比赛的全面把握，各裁判组的密切配合，全体裁判人员的勠力同心，按照程序，执行规则，依照规程工作是比赛圆满成功的保证。（图 5-12、图 5-13）

图 5-12　编排记录组工作人员工作照

①　　　　　　　　　　　　　②

图 5-13　器材组赛前要将比赛器材逐一检查，并给每棵竹漂安装好航道牌

第二节　独竹漂竞赛裁判法（试行）

《独竹漂竞赛裁判法》是根据独竹漂竞赛特点而设计的，它能够帮助裁判员在比赛中依据竞赛规则，根据自己所担负的职责，进行准确、合理的操作，保证比赛的顺利进行。《独竹漂竞赛裁判法》介绍了裁判员应具备的基本素质和工作程序，以及在不同岗位上裁判员的工作职责。它有助于裁判员更好地完成执法任务，使比赛圆满顺利地进行。

竞赛裁判法即竞赛规则的实施方案和具体操作办法。

一、竞赛工作特点

第一章　竞赛工作特点

独竹漂竞赛工作的目的是确保公平的竞赛，保证运动员在竞赛条件均等的情况下进行比赛，为运动员创造最佳的比赛条件。独竹漂竞赛有以下特点：

（一）充分利用现代化电子计时及摄像设备，以保证比赛更加公正、准确，基层比赛可以人工计时代替（电子秒表）。

（二）大型比赛裁判员分工明确，专业性强，随着今后比赛项目的增多，参赛的运动员多，组次多，在总裁判长的领导下，全部比赛由编排记录、检录、起点、终点、计时、器材检查等裁判组和有关技术人员共同协作完成。裁判组的工作既有独立性，又要求各裁判组紧密协助配合，一个组出现问题，就会影响整个比赛任务的顺利完成。随着民族传统体育运动水平的不断提高，要求裁判员准确无误地对成绩和名次做出判定。

（三）随着项目的增加，要求裁判员对独竹漂各个项目的比赛规则和方法、特点有深入的了解和掌握。

（四）民族体育比赛具有趣味性、观赏性和竞技性的特点，吸引了众多的观众，对于最为关心的运动员成绩，要及时准确地给予公告。

（五）对竞赛组织工作中的安全保障，以及场地和器材的安全性能提出了较高要求。

独竹漂竞赛裁判工作是一项系统工程，需要裁判员有较强的裁判工作能力，各裁判组通力合作，以及当地有关机构在安全保障和场地器材等各方面的积极配合，更需要运用先进的电子设备以保证比赛公平公正、举办成功。

二、裁判员应具备的条件

第二章　裁判员应具备的条件

裁判员是独竹漂竞赛的组织者，也是执法者。他们的基本职责是保证公平竞赛，为参加比赛的每个运动员提供一个创造最佳运动成绩的条件。因此裁判员要根据规则的规定，对比赛的全过程实行全面的控制，同时还要与竞赛组委会协调配合，保证顺利完成比赛任务。作为一名裁判员应具备以下基本条件：

（一）把裁判工作从促进民族团结和增进社会和谐的高度严格要求做好。要具有公正无私的职业道德品质，有为参赛运动员创造优良成绩而认真负责的工作态度和服务意识。

（二）精通竞赛规则是裁判员的必备条件，全体裁判员既要坚持科学、严谨的工作态度、精通规则和认真执行规则，又要密切联系实际，才能使比赛在公平竞争、正确理解规则精神的前提下进行，切合实际和实事求是地处理比赛中出现的各种问题。

（三）熟练地掌握裁判方法。全国性的正式比赛，裁判工作的规范化要求高，裁判员必须业务全面、专长突出，有良好的视觉、听觉、触觉和快速的反应能力，对于先进仪器的使用要认真学习和掌握，准确使用裁判用具。

（四）裁判员要有高度的组织性。组织性是使全体裁判队伍具有整体性的必要条件，而整体性又是做好裁判工作的重要保证，裁判员在赛场上的入场、退场和工作中的协作一致性，以及在裁判过程中的仪表、姿态，都能体现出裁判队伍高度的组织纪律性和良好的精神面貌。在执行裁判工作中，每一名裁判员应做到姿态端正，行为规范，注意力集中。

（五）工作中对待运动员要热心、耐心和适度。工作中既要表示对运动员的关心、友好和爱护，又要坚持原则，严格要求，避免裁判员和运动员之间不适当的交流。比赛过程中不准为运动员鼓掌、喝彩。对于运动员在比赛中违反规定的言行应加以引导和教育，按照有关规定进行处罚。

作为独竹漂项目的裁判员必须熟悉本项目规则和裁判法。少数民族传统体育项目由于历史原因，各项目都未实施裁判员技术等级制度。参与工作的裁判员，都是从各项体育竞赛中具有丰富实践经验的热心人员中选派出来的。作为少数民族传统体育竞赛的裁判员，必须具有高度的政治责任感，树立增进社会和谐与促进民族团结服务的良好意识，努力提高业务能力。裁判员应当以敏锐的感知能力，全面系统地熟谙各个环节的工作方法。裁判长在工作中应以高度的组织纪律性、严肃认真的态度，公正准确地履行好自己的工作职责。

裁判员整洁的仪表、大方的姿态、得体的言谈、准确的用语，既能增强自己工作的信心，还能赢得运动队和观众的信任和支持。这也是提高执裁权威性的基础。

裁判员还要有良好的职业道德素养。裁判员是文明竞赛的倡导者，要尊重运动员，尊重教练员，尊重观众。裁判员对待运动员既要坚持原则，严格要求，又要关心、爱护和公平对待。裁判员要始终保持中立立场，除非为了沟通思想、化解矛盾，否则要尽可能避免和运动队之间不必要的交流。裁判员不擅自传播裁判组内部工作情况和越权公开竞赛消息。裁判员对运动员中有违体育精神和规则规程的言行，应该以严肃的态度，耐心的方法，正确引导和教育，或按有关规则规定进行处罚。

三、裁判工作流程

第三章 裁判工作流程

一、接受报名及编排

（一）按照规程规定的时间承办单位接受运动员报名后，应尽快着手进行竞赛日程及和比赛秩序的编排。

1.认真清理报名表，按收到报名单的顺序依次注明，检查各队报名表上所填写的各项内容是否与规程相符，如发现问题，应立即与报名单位联系，告知其进行调整或删减。

2.先进行竞赛日程的编排，按照大会要求在规定的时间内编排好竞赛日程，再根据报名报到情况进行分组编排。

3.编排完后，仔细核对无误，将编排情况交总裁判长审核。

4.总裁判长在审核编排程序后，签署意见并署名立即将结果告知承办单位，以便印制秩序册。此项工作应于赛前10～15天内完成。

竞赛编排是一项关系有序比赛和公平比赛的前期工作，既要在承办单位规定天数内安排完比赛，又要按比赛程序一步一步地进行。竞赛编排要让运动员在比赛轮次之间有充分的休息时间。如要在一个比赛单元里（比赛单元：半天时段里安排的连续进行的比赛——下同）安排运动员预赛和复赛，200米比赛的场间休息时间为90分钟左右，每单元比赛不超过2轮。100米、60米比赛的场间休息时间不应少于60分钟，每单元比赛不超过3轮。

各项目安排每组比赛的间隔时间经验数据：

200米比赛，8～10分钟。

100米比赛，6分钟。

60米比赛，4分钟。

比赛还可以根据以上数据规定关门时间[1]，关门时间应少于比赛间隔时间，如60米比赛关门时间可以规定为3分钟。关门时间是为保证比赛能够按安排的时间流程依序进行，一般情况下运动员都能够在关门时间内完成比赛。

竞赛编排还要注意每单元比赛越往后赛次越高[2]，比赛越精彩的规律，在每单元靠后的时间安排高赛次的比赛，让运动员越赛越兴奋，也让观众越看越有激情。如男女组都有比赛，每项比赛一般先安排女子组比赛在前，男子组在后。多项目的比赛通常安排长距离的项目先赛。编排时还要兼顾运动员的兼项。由于比赛需要搭设出发浮台，基于终点不动的原则，比赛距离变动出发浮台就要转移，所以转移并固定出发浮台需要较长时间，编排多个项目比赛通常选择一

---

[1]　比赛中超过界定时间还没完成的运动员，不再继续比赛，由裁判员劝其退出赛道。

[2]　赛次：体育比赛一般都有多个赛次，预赛或小组赛、复赛或第二阶段比赛、半决赛、排名赛、决赛等，比赛越靠后运动员水平越接近，争夺越激烈，比赛越精彩。

个项目赛完再赛下一项目的方案，以减少出发浮台的转移次数。编排时要注意留出转场时间，浮台转移操作最好安排在单元比赛之间，即比赛休息时间进行。在近年来的比赛实践中，鉴于出发浮台转移耗时费力，也有不转移出发浮台即起点不动，调整终点的实例。从实际情况分析，如果出发浮台不动航道也不动，终点端的航道浮标就有问题了。规则规定终点端的航道浮标为红色，间隔为 4米，距终点 30 米远的浮标是黄色，间隔 10 米，这就容易给运动员造成错觉而影响成绩。

（二）裁判员报到

1. 裁判员在接到通知后，应妥善安排好工作，按规定时间到大会报到，除另有规定，裁判员应随身携带比赛规则、裁判法以及相关业务资料。

2. 报到后，应在总裁判长的召集下进行分工，并由各组组长组织好本组裁判员的学习。

3. 熟悉场地，尤其是各个工作岗位的位置以及路线，在保证比赛能够顺利实施的前提下，适当考虑工作的方便和舒适。

4. 参加赛前的有关会议和学习，尤其注意在实习中发现问题并提出解决办法。

5. 清点所有裁判工作器材和各种表格。

裁判员必须按时报到，报到后应及时领取秩序册并和组长见面，了解组内分工。裁判员应亲临现场实地察看工作环境和位置，了解分析自己所在工作岗位的特点，如有问题及时询问组长。裁判员应认真参加裁判学习和实习，并按照组长要求领取所在工作岗位有关工作表、工作单和所需器材并保管好。

（三）比赛期间的工作方法

1. 编排记录组将当天比赛的分组表于赛前至少 2 个小时送到检录组，并在终点或靠近终点处确定好工作位置，做好准备。

2. 检录裁判员于赛前 30 分钟开始抽取航道。

3. 比赛前 15 分钟，裁判员组织运动员集合，核对身份无误后，于赛前10 分钟带领运动员到登竹漂处，协助器材裁判员目送运动员登竹漂离岸。

4. 途中裁判员负责监管运动员登竹漂后划至起点的全过程，除了防止运动员落水外，还要负责防止竹漂靠岸。

5. 起点裁判员到达岗位后，要立即着手与终点裁判员联系，确定信号畅通。

6. 起点裁判员在运动员进入航道后开始点名，点名后，开始发令。

7. 途中裁判员在运动员离开起点站后，从后面缓慢地跟随，一旦发现运动员有串道迹象，立即上前进行警告，如发生犯规，途中裁判员则出示红牌，取消其比赛资格。

8. 竹漂通过终点时，计时裁判员记录好成绩，并与终点裁判员核对名次，如有误差情况，以终点名次为最终判定依据。

9. 竹漂通过终点后，途中裁判员应与终点裁判用手旗进行联系，途中、终点无问题举白旗，有问题举红旗示意。

10. 所有竹漂通过并返回码头，运动员上岸后，本组比赛结束。

11. 计时与终点裁判员将核对无误的成绩交总裁判长签字后，将成绩复印三份，分别送至广播、编排、公告。

竞赛裁判工作是一项系统工程，也是一条流水作业线。各组应在赛前做好准备，如制作比赛分组表，准备检录单、计时设备、发令器材、联络器材、成绩统计电脑和打印机等；还要进行器材检查、场地检查、核对计时表、预填检录单和音响设备调试等。竞赛裁判工作中任何一个环节出现问题，不但影响整个比赛按时按计划进行，而且有可能造成不良后果。因此，赛前做好各项准备工作和预见比赛中出现的各种问题，是圆满完成裁判工作的先决条件。

四、独竹漂竞赛裁判器材及比赛编排

第四章　独竹漂竞赛裁判器材及比赛编排

一、器材

（一）编排记录裁判组

1. 电脑1台

2. 打印机1台

3. 复印机1台

4. 对讲机1台

5. 直尺1把

6. 笔、纸若干

（二）检录裁判组

1. 抽签用具 1 套

2. 对讲机 1 台

3. 引导标志 1 套（1～6 号）

4. 桌、椅若干

5. 音响设备 1 套

（三）器械检查裁判组

1. 钢尺 2 把（10 米）

2. 弹簧秤或电子秤 1 台

3. 对讲机 1 台

4. 绳子若干条

5. 修理工具若干

（四）起点裁判组

1. 对讲机 2 台

2. 音响设备 1 套

3. 发令装置

4. 红、白手旗各 1 面

5. 夹板 1 块，笔 1 支

（五）途中裁判组

1. 对讲机 2 台

2. 摩托艇 2 艘

3. 夹板 2 个，笔 2 支

4. 红、白手旗各 2 面

（六）终点裁判组

1. 对讲机 1 台

2. 夹板、笔若干

3. 红、白手旗各 1 面

（七）计时裁判组

1. 对讲机 1 台

2. 秒表若干

3. 纸、笔、夹板若干

器材用具是裁判工作必不可少的工具，也是裁判工作顺利进行、比赛圆满成功的必要条件。裁判员必须认真保管，正确使用，不可滥用（如音响、对讲机等）。每单元比赛结束后要有专人保管或统一看管（如音响设备、裁判用船艇、竹漂和划杆等）；竹漂或划杆如有损坏的，要向裁判长报告，单元比赛结束后，由裁判长联络组委会办公室商定调整或维修。全部比赛结束后及时清点器材用具交回裁判组或组委会办公室。

五、竞赛编排

二、比赛的编排方法

以6航道进行编排如下：

（一）7~12人参赛

预赛	航道	半决赛	航道	决赛	航道
预赛一		半决赛一组		决赛1~6名	
1		预之3	3	预1之1	3
2		预之5	4	预2之1	4
3	抽签	预之7	2	半决赛之1	2
4		预之9	（5）	半决赛之2	5
5		预之11	（1）	半决赛之3	1
6				半决赛之4	6
预赛二		半决赛组		名次赛（决7~12名）	
1		预之4	3	半决赛之5	3
2		预之6	4	半决赛之6	4
3	抽签	预之8	（2）	半决赛之7	2
4		预之10	（5）	半决赛之8	5
（5）		预之12	（1）	半决赛之9	1
（6）				半决赛之10	6

预赛二组，每组第一名进决赛（其中成绩最好的排决赛3道，次之排4道），半决赛二组，每组前两名进决赛，按成绩依次排入决赛2、5、1、6道，其余淘汰（如只有7~8人参加，则半决赛一组，取前四名进决赛）。

（二）13～18人参赛

预赛	航道	复赛	航道	半决赛	航道	决赛	航道
预赛一		复赛一：		半决赛一：		决1～6名：	
1							
2		预之7	3	预之1	3	半决赛之1	3
3	抽签	预之9	4	预之3	4	半决赛之2	4
4		预之11	2	预之5	2	半决赛之3	2
5		预之13	5	预之2	5	半决赛之4	5
（6）		预之15	（1）	预之4	1	半决赛之5	1
		预之17	（6）	预之6	6	半决赛之6	6
预赛二							
1							
2		复赛二：		半决赛二：		名次赛决7～12名：	
3							
4	抽签	预之8	3	预之2	3	半决赛之7	3
（5）		预之10	4	预之4	4	半决赛之8	4
（6）		预之12	2	预之6	2	半决赛之9	2
预赛三		预之14	（5）	预之1	5	半决赛之10	5
1		预之16	（1）	预之3	1	半决赛之11	1
2		预之18	（6）	预之5	6	半决赛之12	6
3	抽签						
4							
（5）							
（6）							

预赛三组，每组前两名参加半决赛，其余参加复赛。复赛二组，每组前两名及成绩最好的2人参加半决赛，其余淘汰。半决赛二组，每组前三名参加决赛，其余淘汰。

（三）19～24人参赛

预赛	航道	复赛	航道	半决赛	航道	决赛	航道
预赛一 1		复赛一：		半决赛一：		决1～6名：	
2		预之9	3	预之1	3	半决赛之1	3
3	抽签	预之12	4	预之3	4	半决赛之2	4
4		预之15	2	预之5	2	半决赛之3	2
5		预之18	5	预之7	5	半决赛之4	5
(6)		预之21	(1)	复之2	1	半决赛之5	1
		预之24	(6)	复之4	6	半决赛之6	6
预赛二 1							
2		复赛二：					
3	抽签						
4		预之10	3				
5		预之13	4				
(6)		预之16	2				
预赛三 1		预之19	5	半决赛二：		名次赛决7～12名：	
2		预之22	(1)	预之2	3	半决赛之7	3
3	抽签	复赛三：		预之4	4	半决赛之8	4
4				预之6	2	半决赛之9	2
5		预之11	3	预之8	5	半决赛之10	5
(6)		预之14	4	复之1	1	半决赛之11	1
预赛四 1		预之17	2	复之3	6	半决赛之12	6
2		预之20	(5)				
3	抽签	预之23	(1)				
4							
(5)							
(6)							

　　预赛四组，每组前两名参加半决赛，其余参加复赛。复赛三组，每组第一名及成绩最好的1人参加半决赛，其余淘汰。半决赛二组，每组前三名参加决赛，其余淘汰。

（四）25～30人参赛

预赛	航道	复赛	航道	半决赛	航道	决赛	航道
预赛一 1 2 3 4 5 (6)	抽签	复赛一： 预之13 预之16 预之19 预之22 预之25 预之28	 3 4 2 5 1 (6)	半决赛一： 预之1 预之4 预之7 预之10 复赛之2 复赛之5	 3 4 2 5 1 6	决1～6名： 半决赛之1 半决赛之2 半决赛之3 半决赛之4 半决赛之5 半决赛之6	 3 4 2 5 1 6
预赛二 1 2 3 4 5 (6)	抽签	复赛二： 预之14 预之17 预之20 预之23 预之26 预之29	 3 4 2 5 (1) (6)	半决赛二： 预之2 预之5 预之8 预之11 复赛之3 复赛之6	 3 4 2 5 1 6	名次赛 决7～12名： 半决赛之7 半决赛之8 半决赛之9 半决赛之10 半决赛之11 半决赛之12	 3 4 2 5 1 6
预赛三 1 2 3 4 (5) (6)	抽签	复赛三： 预之15 预之18 预之21 预之24 预之27 预之30	 3 4 2 5 (1) (6)	半决赛三： 预之3 预之6 预之9 预之12 复赛之1 复赛之4	 3 4 2 5 1 6	名次赛 决13～18名： 半决赛之13 半决赛之14 半决赛之15 半决赛之16 半决赛之17 半决赛之18	 3 4 2 5 1 6
预赛四 1 2 3 4 (5) (6)	抽签						
预赛五 1 2 3 4 (5) (6)	抽签						

　　预赛五组，每组前两名以及成绩最好的2人参加半决赛，其余参加复赛。复赛三组，每组前两名参加半决赛，其余淘汰。半决赛三组，每组前两名参加决赛，其余淘汰。

　　比赛的编排方法是独竹漂裁判法第四章第二节的内容。以后修改宜单列一章叙述。

　　竞赛编排是关系竞赛公平、合理、有序的重要因素，也是让运动员发挥运动水平的重要条件。竞赛编排工作主要在赛前编排秩序册阶段，一般要求在报名截止后、比赛开始前的10～15天，报名截止是先决条件。赛中也要涉及编排。赛中编排是按照赛前确定的赛次原则，编排参赛运动员"对号入座"，进入各赛次相关组别的分组名单。

　　赛前编排是根据组委会确定的竞赛规模和各参赛队报名情况进行统计，一般以2～3天时间内，用4～6个单元均衡安排所有比赛。同时还要为开幕式和闭幕颁奖仪式留出一定时间。

　　竞赛编排要把握以下原则和方法。

　　第一，比赛二至四轮决出名次。比赛依次是预赛、复赛、半决赛、决赛（7～12人不安排复赛，预赛后直接进入半决赛或决赛）。7～12人进行三轮比赛决名次，13人以上进行三轮以上比赛决出名次。

　　如参赛运动员超过30人，抽签分为A、B组，分别进行小组预赛、复赛、决赛。然后由A、B两组决赛的前3名再进行总决赛决出1～6名，A、B两组决赛4～6名参加7～12名的名次赛，其余的运动员亦参加相应的名次赛。

　　第二，分组原则。编排时按照组委会规程的规定进行分组，如运动员的数量不能被赛道数整除，就可能产生有个别分的组运动员要少于赛道数的情况，编排时应按照平均安排或是前多后少的原则，组间差别不要超过1名（以6条赛道比赛为例，如15名运动员分三组，按5、5、5分组，不按6、5、4分组，也不按6、6、3分组；如16名运动员分三组，按6、5、5安排，不要按6、6、4分，以此类推）。

　　第三，比赛以各组的名次确定进入下一阶段比赛。独竹漂比赛虽然计成绩（时间），但是规则确定能否进入下一阶段比赛是以名次为主，成绩为辅的，这和龙舟赛、田径赛等比赛的办法类似。独竹漂比赛在户外水域进行，多数情况下比赛并不能按照规则要求在静水水域进行。而且每组比赛所遇的风力大小、波浪高低、水流速度和其他气候条件不同，运动员所受到的风阻力和水阻力也就不同。因此原来水平相当的两名运动员在不同的时间段里比赛或同一运动员在不同时段比赛，其所得成绩或可产生较大差异。（例如，同等水平的甲、乙参赛，甲在上一组比赛是顺风，乙在下一组比赛是逆风或斜风，他们成绩就会有很大差别。实践证明，比赛中有决赛组的成绩不如名次赛组成绩好的情况）所以用名次来确定参加下一赛次的方法更科学更合理。

第四，复赛让运动员"复活"。在有 13 名以上运动员参加的比赛中，第二个赛次是复赛。复赛是第一轮比赛选拔出小组前两名和成绩较好的运动员后，未进入半决赛或决赛的运动员再赛一轮。他们在第一轮比赛时或是状态不佳，或因失误，无缘半决赛、决赛，复赛给了这些运动员进入半决赛、决赛的机会。比赛中也有从复赛中冲出来后进入前六名的运动员。

第五，决赛和名次赛。决赛和名次赛（或称排位赛、小决赛——下同）是不同成绩的运动员最后一轮比赛。决赛一个组，即前 6 名（或前 4 名，按赛道数确定）的比赛，由半决赛小组前 2 名或前 3 名参加。名次赛是未能进入决赛（前 6 名或前 4 名）的运动员参加，根据半决赛的名次，依次进入 7～12 名（或 5—8 名）的运动员（12～24 名运动员参加时）或 13～18 名（25 名以上运动员参加时）参加的比赛。让优秀运动员在条件相当的环境下同场比赛，更符合科学合理的原则，能创造更好成绩。

目前的独竹漂竞赛规则和裁判法由于是试行本，审批执行时的竞赛实践和竞赛次数有限，其中还有表述疏漏、条文缺陷和界定模糊等问题。其规范性、逻辑性、严谨性和可操作性都略显不足，有待于今后进一步完善。

第三节　独竹漂竞赛的组织与实施

一、举办独竹漂竞速比赛的环境条件

（一）必不可少的硬环境

1. 城市环境

独竹漂比赛是一种民族传统文化传承的竞赛活动，它需要城市环境的平台。在城市人口集中地举行民族传统文化体育活动，这能为政府"兴师动众"举办大型活动造成较大的社会影响，也能为城市的旅游环境和文化氛围助兴扬威，还能引起社会各界的关注，从而为提高城市文化品位和城市形象增加亮点。特别是少数民族地区，历来就有浓郁的民族文化根基和民族文化发展氛围，举办具有民族传统文化特色的少数民族传统体育项目比赛，能受到少数民族同胞的欢迎和喜爱，还能为少数民族地区的文化生活和旅游产业提供新鲜看点。因此会有吸引更多的忠实观众。

2. 水域环境

独竹漂竞赛规则要求比赛"应设在静水水域"。静水水域一般指湖泊或水库，是独竹漂比赛的理想水域。但下游有水坝的江河水域，其水流流速缓慢，也类似于静水水域，事实证明这也是可用于比赛的水域。由于贵州省地处云贵高原，湖泊水库较少，特别是处于城市或郊区的湖泊水库不多见，绕城或穿城而过的河流较多。随着城市的发展，如今城市河道整治和防洪堤建设都有大量的投入，原来的臭水沟经过精心改造后，两岸已经整治得"貌美如花"，其水体也不再有臭气熏天的状况了，大多城市河流的水质经改善后已达到国家Ⅱ、Ⅲ类水质标准，这给有河流的城市创造了举办独竹漂等水上运动项目比赛的必要条件。如贵阳市的南明河经改造后，于该地2004年举办了国际龙舟大赛暨独竹漂表演；遵义市的湘江经改造后，于该地2005年举办了龙舟赛和独竹漂对抗赛，为城市旅游和民族文化传承充实了内容。城市河面一般都不够宽，比赛水域宽度至少应在40米以上，直线长度应在300米以上。水域如系陡岸则需要配置上漂和登岸的船舶或活动浮台，便于运动员上漂和登岸。水体水深应在2米以上，需清除水面漂浮物，保证水下无障碍。

（二）助推成功的软环境

1. 社会经济较为发达，文化体育高度发展

地方经济实力较强，政府才有实力和精力主办或牵头兴办文化体育活动而为本地区的经济文化发展造势。举办文化体育活动，促进城市旅游文化和少数民族传统文化发展，提高城市知名度，这也是提高城市文明程度的条件之一。振兴经济是社会发展的前提，没有经济发展就没有人民群众的安居乐业；文化体育发展是社会发展的必要条件，文化体育发展也是城市发展水平提高的标志和城市经济文化发展的需要。

2. 良好的办赛氛围

组织者举办一次大型比赛，主观上希望让民族体育运动能够发扬光大；让各地队伍能欢聚一堂，得到一次锻炼机会；也能让地方群众像过节一样欣赏到一场场民族体育比赛的盛宴，这也是举办者的初衷。（图5-14）但举办大型体育比赛是一项系统工程，需要各方面积极参与支持，共同创建良好的办赛氛围。弘扬主旋律，传播正能量，安全办赛，文明办赛，预防突发事件的发生。

图 5-14　大型独竹漂比赛举办现场

3. 强有力的组织机构和专业团队

当地应该有操办大型文化体育活动的软实力，地方领导有承办同类规模比赛的经验。要组建一个以地方政府领导为首的筹备领导机构，落实环境、交通、场地、后勤、安全等多方面的工作，是办好比赛的前提条件。成员单位要由政府有关部门组成，各部门通力合作，明确职责，落实任务，分头行动。由政府领导检查督促工作进度，完成不好的要及时跟进，保证比赛能够如期举行。除了政府机构的多方合作，还需组建一支具有丰富经验的竞赛裁判专业团队。有一个经验丰富的总裁判长是办好比赛的关键因素之一，有一支优秀的竞赛裁判团队是办好比赛的必要条件。如果有一支本地队伍参赛，将大幅度提高比赛人气，激发本地观众观看比赛的热情。

二、独竹漂竞赛的组织机构及其职责

（一）组织委员会

组织委员会（近几年也有比赛称竞赛委员会，以下称组委会）在前期筹办阶段或称筹备委员会。筹备委员会的工作主要是在赛前做一些有关竞赛和竞赛外围的前期准备工作，其组成人员与比赛期间的组委会人员大致相当，也或有不同，这里统称组委会。组委会由主办单位和承办单位及承办单位有关部门负责人组成。

第一，组委会是比赛的最高领导机构，负责比赛的全部组织领导工作。组委会在筹办初期的工作，首先是研究制定比赛组织实施方案、竞赛规程和各下属工作机构的工作计划等工作。比赛组织实施方案应围绕主办单位举办竞赛的目的来制定。其内容包括比赛名称（经主办单位同意可以冠杯名）、目的意义、比赛规模（参加单位、队数、人数等）、时间地点、竞赛组织机构及其工作职责、各工作机构责任人及工作人员、比赛经费预算等。比赛组织实施方案还应包括安全保障方案和应急预案。

第二，设立工作机构，明确工作职责及责任人。组委会需要根据比赛规模大小、级别建立适合比赛的精简效能的工作机构并开展工作。各机构要明确工作职责，明确责任人和工作人员。

第三，组委会工作机构如下。

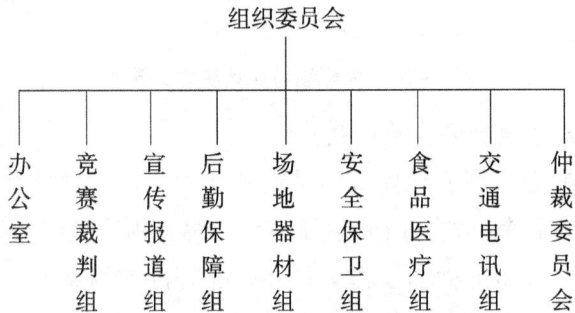

```
                    组织委员会
    ┌─────┬─────┬─────┬─────┬─────┬─────┬─────┬─────┐
    办    竞    宣    后    场    安    食    交    仲
    公    赛    传    勤    地    全    品    通    裁
    室    裁    报    保    器    保    医    电    委
          判    道    障    材    卫    疗    讯    员
          组    组    组    组    组    组    组    会
```

（二）办公室工作

办公室是组委会的核心机构，负责全面协调和执行组委会的决定，主要职责如下。

第一，按照规定的方案拟定比赛工作进程和计划，经组委会或主管领导认可后执行。

第二，督促、检查各组各项工作进程，必要时召集会议听取情况汇报，需要时直接到现场检查，进度落后或不符合要求的立即责令整改。出现问题及时协调解决。

第三，根据组委会领导的提议，聘请仲裁委员会成员和正副裁判长。

第四，负责与上级主办单位联络和安排接待等一系列工作。负责邀请各级领导和嘉宾。

第五，召集赛前组委会和裁判长教练员联席会，通知嘉宾和出席会议的有关人员按时出席，布置开幕式、闭幕式会场。

第六，拟定开幕式和闭幕式方案，包括安排拟定议程，邀请有关领导出席，安排嘉宾座席和安排颁奖嘉宾，以上均报主管领导阅定。

第七，编辑统筹比赛秩序册、服务指南并印制足够的册数，打印装帧后分发。其中一部分转交后勤保障组以便在报到时各代表队领取。

第八，比赛结束后召集总结会和收集整理比赛所有资料存档。

（三）竞赛裁判组工作

第一，拟定竞赛规程和有关比赛的注意事项。

第二，编排竞赛日程。这项工作通常由裁判长完成，有时也由承办单位指定人员或副裁判长拟出初稿交裁判长审定。

第三，编辑秩序册竞赛部分内容和准备比赛用表格。

第四，聘请裁判员。一般情况是裁判长和副裁判长由组委会聘请，各裁判组组长由裁判长选定，裁判员由承办单位选聘。

第五，联系指导场地器材组按规则要求和各组工作需要做好赛场布置、器材设备的准备工作。

第六，拟定各队赛前熟悉场地训练方案，交办公室通知各代表队。

第七，协助办公室组织赛前裁判长和教练员的联席会议。裁判长在联席会上要就比赛秩序、赛次安排等做说明，并答复各队的咨询。配合办公室组织颁奖工作。

第八，负责记录联席会上教练员提出的各种问题和裁判长的答复意见。负责校正秩序册中打印错误并记录各队提出的运动员名字、组别、赛次等方面的错漏并报告裁判长，由裁判长确定是否在联席会上现场修改，如属编排错误则在赛前或会上及时纠正并通知所有参赛队。

第九，负责主持赛事并公布成绩。组织赛事依序进行，比赛成绩经裁判长签字确认后及时张贴公告并汇总统计。赛事结束，比赛成绩经裁判长核实并签名后及时发布。

第十，赛后做好成绩册编印和发放的工作，必要时办理运动员成绩证明。

（四）宣传报道组工作

第一，先期草拟有关比赛的宣传报道信息并通报，邀请电视台、电台、报社等媒体参与报道。特别是要充分利用新兴媒体，微信公众号等自媒体进行宣传报道，宣传民族团结、和谐发展、文明进步的思想。

第二，赛中及时向媒体通报组委会官方消息，报道赛况亮点和新闻热点，宣传正能量。及时通过媒体公布经竞赛裁判长确认的、运动员及观众最关心的比赛成绩。

第三，如遇突发事件，要沉着冷静，正面报道事件。正视现实，客观反映问题，把握正确的舆论导向。

（五）后勤保障组工作

第一，制定比赛经费预算。管理比赛经费总收支，负责按规定报销预算内有关费用。

第二，负责嘉宾、裁判员、各代表队的报到和食宿安排，负责联系交通车辆迎送嘉宾（如果赛场离住宿地较远，还需要安排比赛期间接送裁判员、运动员等）。接收参赛单位名单和审查报名资格（这项工作也可由办公室承担）。

第三，负责采购比赛所需各类物品和器材，负责联系或租赁布置会议场地和比赛需用的特殊器材物品、船只和车辆。

第四，负责比赛等次奖的奖金分装入袋，并在颁奖仪式上按颁奖程序，将奖金袋交礼仪小姐或颁奖嘉宾颁发。

第五，负责保持赛场各区域、运动员检录区、休息区和观众席的清洁和环境卫生工作。

（六）场地器材组工作

第一，场地器材组赛前3～5天开始按竞赛裁判组的意见布置场地和清理器材。布置场地要按规则要求和按确定的场地布置方案（如设6条航道或是4条航道）开展工作。出发浮台、独竹漂器材以及裁判组需用的各种用品等要由后勤保障组提前采购或租借（如终点摄像器材、电脑、对讲机等），以保证开赛前有足够的器材。按规则要求对独竹漂器材的尺寸、重量进行检查确认。如比赛允许选手自带划杆比赛，赛前逐个检查并贴上检验合格的标签。

第二，标记起点。初始布置要将各项目（60米、100米、200米）起始位置按项目准确测量（建议用激光测距仪）并在岸上平行位置固定建筑物上标出记号。如先进行200米比赛，200米起点应在赛前先布设好。

第三，比赛前在各裁判组工作地点布置好设备、桌椅和帐篷等，在检录处要为运动员准备检录时和等待检录时所需的座椅。在每单元比赛前检查并视情况补充。负责运动员、水上作业的裁判员所需救生衣的发放和回收工作。

第四，单元比赛的赛前赛后，清除航道上的垃圾和其他障碍物。比赛中和比赛间歇应裁判长请求或经裁判长同意后，方可进入航道清理障碍物。

（七）安全保卫组工作

第一，负责嘉宾、运动员、教练员、裁判员和工作人员等与会人员的安保工作。

第二，负责赛事场地、器材和赛场岸边（或观众区域）的安保工作。

第三，负责协助裁判组做好比赛的安全救护工作。

第四，遇突发事件及时到位，及时向组委会最高领导报告情况，并按领导意见处置问题。

（八）食品医疗组工作

第一，负责对承办地所提供的食品进行抽检。重点抽查比赛团队、裁判团队和嘉宾、工作人员用餐的食品安全，必要时留样待查。

第二，负责组织现场医疗救护组，实施现场医疗救护。

第三，做好食宿地点和比赛场区的卫生防疫工作。

（九）交通、电力、通讯保障组工作

第一，负责安排调度赛会需用车辆，按时运送嘉宾、裁判员、各运动队往返赛场和驻地。

第二，负责保证比赛现场通讯的畅通。必要时配备应急基站。

第三，负责保障赛场、开幕式、闭幕式电力线路的畅通和正常供电。电力供应应有应急预案，必要时配备备用电源。

（十）仲裁委员会

仲裁委员会是组委会（或竞赛委员会）领导下对竞赛申诉进行仲裁的机构，有投诉时及时调查并行使裁决权。

第一，仲裁委员会由3名或5名组委会成员组成，裁判长应是其成员之一。

第二，比赛中监督赛事和裁判组工作是否按规则和既定程序进行。

第三，调查裁决比赛期间在执行规则和规程中产生的参赛队申诉。根据参赛队领队签名后递交的申诉（需缴纳保证金）和总裁判长的书面报告，进行认真细致的调查了解，经讨论分析，统一意见后对申诉做出最后裁决。仲裁组的裁决是赛事的最高裁决。

第四，仲裁委员会在比赛期间受理申诉要及时做出裁决，不能影响下一赛次或名次确定。仲裁委员会工作程序应执行《仲裁委员会条例》。

各组各项准备工作都必须落实到人，责任人员和具体工作任务、职责要明确细致。方案最好有两套可供选择。方案除比赛本身的事务外，还应包含安保方案和应急预案。

三、竞赛规程和竞赛秩序册的编制

竞赛秩序册是独竹漂比赛的计划安排手册，是比赛中所有工作的重要依据。

竞赛秩序册的基本内容包含竞赛规程、组织机构、参赛队伍和比赛日程表等。

（一）竞赛规程的制定

竞赛规程是比赛遵循的章程和法则，是整个比赛的纲领性文件。竞赛规程是组织者为确定谁在什么时候在哪儿举办什么比赛，开设什么项目，谁可以参加和按照什么规则怎么进行比赛，以及录取奖励等基本内容的依据。竞赛规程是比赛秩序册的核心内容，是主办单位根据工作任务，按照可行性和公平性原则，让所有参赛单位能够按规范组队、参赛的依据。竞赛规程应该具备可操作性，是具有原则性和权威性的政策性文件。具体内容包括（以下例子取自《2017 年"民体杯"全国独竹漂比赛竞赛规程》，涉及人名等信息内容已隐去）：

1.竞赛名称

例："2017 年'民体杯'全国独竹漂比赛"。

2.目的任务或主题

例："加强民族体育交流，发展独竹漂运动"；"相聚都匀，百舸争锋"。

3.竞赛时间、地点

例："2017 年 8 月 22—25 日，都匀市区剑江河港龙段"。

4.举办单位

主办单位，例："国家民委文化宣传司、贵州省民委、贵州省体育局"。

承办单位，例："黔南州民委、黔南州体育局、都匀市人民政府"。

协办单位，例："贵州省少数民族体育协会……"。

5.参赛单位

例："各省、自治区、直辖市、新疆生产建设兵团"。

6.运动员资格及参赛人数

例："各单位可报 1 个代表队参加比赛。每队可报领队 1 人，教练员 1 人，工作人员 1 人；男运动员 3 人，女运动员 3 人，每名运动员限报 2 项（也可不限项）。运动员民族成分不限，年龄不限，需能够游泳 100 米以上。

"运动员籍贯和身份认证明（略）

"运动员健康证明（略）

"各队需填写保险登记表，保险登记表的运动员姓名和身份证号码务必填写准确，随报名单寄出，没有提供保险登记表的代表队不准参加比赛"。

7.竞赛项目、组别

例："①男子组直道竞速：60 米、100 米、200 米；

②女子组直道竞速：60 米、100 米、200 米"。

8. 竞赛制度

例："比赛执行国家民委、国家体育总局审定的 2010 年《独竹漂竞赛规则》，并执行 201× 年修订条文"。

9. 竞赛办法

例："①比赛原则采用初赛、复赛、半决赛、决赛的赛次进行，具体根据报名人数确定赛次。

"②运动员比赛号码由组委会统一编制，运动员初赛分组在编排时随机编入，初赛航道由运动员现场抽签确定。

"③比赛用的竹漂、划杆由组委会统一提供，运动员不得使用自带器材参赛（有的比赛也允许自带划杆，但需经过裁判组检验并标记）"。

10. 录取名次与奖励

例："①单项奖：各单项录取前 8 名并颁发奖牌和证书，其中第 1 名为一等奖，第 2、3、4 名为二等奖，第 5、6、7、8 名为三等奖。

"②团体总分奖：比赛录取团体总分前六名并颁发团体奖牌，团体总分以各队运动员获得单项名次奖得分计分，1—8 名分别按 9、7、6、5、4、3、2、1 计分，即第 1 名得 9 分，第 2 名得 7 分，第 3 名得 6 分，以此类推。各队按积分多少排列名次，积分多者名次列前，并分别按积分第 1 名为一等奖，第 2、3 名为二等奖，第 4、5、6 名为三等奖。

"③奖励：单项奖励按一等奖 ×××× 元，二等奖 ×××× 元，三等奖按 ×××× 元给予奖励。团体奖励按一等奖 ×××× 元，二等奖 ×××× 元，三等奖按 ×××× 元给予奖励。

"④单项报名不足 9 人时的名次录取与奖励：报名人数不足 9 人的单项比赛，按减一录取并给予奖励（如 8 人报名只录取 7 人）；单项报名不足 2 人的不安排比赛。"

（有的比赛未设团体总分奖）

11. 报名与报到

例："报名：各单位自接通知之日起至 8 月 15 日止均可报名，请按报名表要求，认真填写报名表并加盖电子印章，将电子报名表发送至 ××××××××× 邮箱，发出报名表后请电话确认，联系电话：××××××××，联系人：×××。

"报到：请各队 8 月 22 日 18 时前到都匀市港龙宾馆报到，报到联系电话：××××××××，联系人：×××，电话：××××××××。19:30 在港龙宾馆二楼 1 号会议室举行组委会暨裁判长、教练员联席会。20:00 各队除参加会议的领队、教练员外，在港龙酒店演艺厅参加欢迎暨联欢晚会"。

12.裁判员

例:"裁判长、副裁判长由主办单位选派；裁判员由承办单位按要求在当地选聘"。

13. 体育道德风尚奖

例:"比赛设体育道德风尚奖，具体办法在赛前联席会上通知"。

14.经费

例:"各队往返差旅费、保险费（赛期前后）等一律自理，比赛期间的食、宿、交通、保险由组委会提供，请各队听从安排"。

15.其他事项

例:"运动员可着民族服装比赛，但要水湿后不透明"。

16.补充事项

例:"未尽事宜，另行通知"。

17.落款

例:"2017'民体杯'全国独竹漂邀请赛组织委员会

2016 年 7 月 6 日"。

在具体制定竞赛规程时，其内容可根据不同的比赛和不同情况增减。若比赛不设团体总分奖励，那一部分的内容就可以删去；独竹漂项目是少数民族体育项目，若比赛只限少数民族运动员参加，也可在规程里明确限制。

（二）竞赛秩序册的编制

竞赛秩序册是比赛的行动手册，比赛期间所有的安排都要涵盖。有的比赛也将生活和联络等赛事以外的安排另附一册《服务指南》，竞赛秩序册的主要内容是赛事计划顺序。（图 5-15、图 5-16）

图 5-15　竞赛秩序册

图 5-16　《服务指南》

1.秩序册内容之一：邀请函（或比赛通知）

例："关于举办 2013 年全国独竹漂邀请赛的函

"各省、自治区、直辖市及新疆生产建设兵团民宗委（厅、局）：

"为推动民族传统体育项目更广泛地开展，贵州省民委、贵州省体育局决定主办'2013 年全国独竹漂邀请赛'并定于 2013 年 8 月 10 日至 13 日在贵州省黔东南州凯里经济开发区举行，现将有关事宜函告如下。

"一、邀请赛的安排及要求，按《2013 年全国独竹漂邀请赛竞赛规程》执行（见附件）。

"二、各省（区、市）推荐参加本次邀请赛裁判员，将参加裁判员培训班的学习和考核，成绩合格者颁发《独竹漂裁判员合格证书》。

"三、参加邀请赛的人员往返差旅费由派出单位承担，邀请赛期间食宿、交通等由邀请赛组委会承担。

"附：《2013 年全国独竹漂邀请赛竞赛规程》

"联系人：贵州省民委文教处，电话：×××× - ×××××××（电话兼传真），联系人：×××

贵州省民委　贵州省体育局

2013 年 7 月 3 日"①

2.秩序册内容之二：竞赛规程（见前例）

3.秩序册内容之三：组织委员会名单

组织委员会成员通常由主办单位领导、承办地党政领导和有关职能机构领导组成：

---

① 《关于举办 2013 年全国独竹漂邀请赛的函》。

例："2017年由黔南州都匀市承办的全国独竹漂邀请赛组织委员会名单"。

4.秩序册内容之四：组织委员会各工作机构暨仲裁委员会名单

例："办公室

"主　任：孟拥军

"副主任：黄家逊　胡荣忠　洪儒兵

"成　员：(5～7人)卿春林（省民委）当地民宗局、文体局等领导4～6人

"竞赛部

"主　任：朱宝林

"副主任：曾亚林（省体育局）裴学武（省体育局）

"成　员：卿春林　当地2人

"(组委会工作机构还有：后勤保障组、宣传报道组、食品安全和医疗救护组、安全保卫和水上救护组、电力通信保障组、场地器材组，略)。

"裁判组

"裁判长：王建农

"副裁判长：阚玉龙　游建良　刘　毅

"裁判组下设编排组、技术代表、检录组、器材组、终点计时组、途中组、摄像组、救生员组。

"仲裁委员会

"主任：孟拥军

"成员：黄家逊　曾亚林"

5.秩序册内容之五：各代表队名单

例："各代表队名单

"×××代表队

"领队：×××

"教练：×××

"男运动员：×××　×××　×××

"女运动员：×××　×××　×××

"联络员：×××　（电话号码）

"×××××××代表队

"领队：×××

"教练：×××

"男运动员：×××　×××　×××

"女运动员：×××　×××　×××

"联络员：×××　（电话号码）

"……………"

6.秩序册内容之六：比赛活动总日程表

2017 年中国·都匀"民体杯"全国独竹漂比赛总日程表

日　期	时　间	内　容	地　点
8 月 21 日	全　天	裁判员报到	××大酒店
8 月 22 日	9：00—11：30	裁判员培训	×××酒店
	全　天	代表队报到	××大酒店
		各队适应航道训练	比赛河段
	18：30—21：00	欢迎晚宴暨晚会	××大酒店
	21：00—22：00	组委会，裁判长、教练员联席会	××大酒店
8 月 23 日	9：00—9：50	开幕式、独竹漂表演	比赛主席台、主席台前河段
	10：00—12：00	比　赛	比赛河段
	14：00—18：00	比　赛	
8 月 24 日	9：00—12：00	比　赛	比赛河段
	14：00—17：00	比　赛	
	17：00—17：10	独竹漂双人划示范	
	17：10—17：40	颁奖仪式、闭幕式	比赛主席台
8 月 25 日	—	各代表队离会	—

7.秩序册内容之七：竞赛日程表

以全国女子组 100 米比赛为例（其他项目比赛同）：

"（二）2017 年 8 月 24 日上午，100 米直道竞速

赛序	时间	组　别	竞赛内容	人数	编排备注
……	……	……	……	……	……
53	9：00	国内女子组 17 人 5 组	预赛第 1 组	4	预赛分 5 组，预赛成绩前 8 名选手进入赛序 69、70 半决赛，其余淘汰
54	9：06		预赛第 2 组	4	
55	9：12		预赛第 3 组	3	
56	9：18		预赛第 4 组	3	
57	9：24		预赛第 5 组	3	
……	……	……	……	……	……

……………"

8.秩序册内容之八：比赛顺序表

仍以全国女子组100米比赛为例（其他项目比赛略）：

"全国女子组100米直道竞速　预赛17人5组

赛序	时间	组次	赛道（抽签号）	单位 姓名	成绩	名次	编排备注
53	9：00	1	2	云南胡发英			预赛分5组，预赛
			3	广西陆春桃			
54	9：06	2	1	江苏文治慧			
			4	重庆王文倩			
			2	广西覃箭箭			
			3	江苏陈　涛			
			4	河北马志慧			
55	9：12	3	1	广西罗秋萍			成绩前8名运动员进入赛序69～70半决赛，其余淘汰
			2	贵州文迎迎			
			3	河南潘艳琼			
			1	重庆龙安凤			
56	9：18	4	2	重庆杨　梅			
			1	云南陆延留			
			3	贵州王兴芝			
57	9：24	5	1	云南农祖英			
			3	贵州胡朝静			
			2	河北邓　娟			

…………

全国女子组100米直道竞速　半决赛8人2组

赛序	时间	组次	预赛名次/赛道	单位 姓名	成绩	名次	编排备注
69	10：50	1	预赛5/1	江苏文治慧			半决赛分2组，各组第1名加上落败运动员中成绩最好的2名进入赛序78决赛，其余参加赛序77名次赛
			预赛1/2	广西陆春桃			
			预赛4/3	广西罗秋萍			
			预赛8/4	云南陆延留			
70	10：56	2	预赛6/1	广西覃箭箭			
			预赛2/2	贵州胡朝静			
			预赛3/3	云南农祖英			
			预赛7/4	河南潘艳琼			

…………

全国女子组 100 米直道竞速　名次赛、决赛 8 人共 2 组

赛序	时间	组次	半决赛名次 / 赛　道	单位 姓名	成绩	名次	编排备注
77	11：40	1	半决赛 7/1	云南陆延留			决 5 ~ 6 名
			半决赛 5/2	云南农祖英			
			半决赛 6/3	江苏文冶慧			
			半决赛 8/4	河南潘艳琼			
78	10：46	2	半决赛 3/1	广西罗秋萍			决 1 ~ 4 名
			半决赛 1/2	广西陆春桃			
			半决赛 2/3	贵州胡朝静			
			半决赛 4/4	广西覃箭箭			

…………"

9.秩序册内容之九：代表队人数统计表

"2017 年中国·都匀"民体杯"独竹漂比赛参赛代表队人数统计表

序号	代表队	领队	工作员	教练员	男队员	女队员	合计
1	河北省队	1	2	1	1	3	8
2	湖北省队	1	0	1	3	3	8
3	广西壮族自治区队	1	1	1	3	3	9
4	河南省队	1	2	1	1	1	6
5	海南省队	1	1	2	2	3	9
6	福建省队	1	1	1	1	1	5
7	江苏省队	2	3	1	3	2	11
8	重庆市队	1	1	1	3	3	9
9	云南省队	1	0	1（兼）	2	3	6
10	贵州省队	1	1	1	3	3	9
……	……	……	……	……	……	……	……

…………"

有的比赛组委会还另册编印比赛《服务指南》,《服务指南》内容包括地情简介、嘉宾及各代表队食宿安排、各服务机构工作职责及负责人名单、志愿者对接队伍名单及电话号码、比赛场地平面图、开幕式闭幕式时间安排、参赛须知、赛期天气预报、当地旅游交通指南等。

附：

裁判员常用表式样表

1. 抽签分组表

表一 第××届全国"民体杯"独竹漂比赛抽签分组总表

组别	女 子 组			男 子 组		
	60 米	100 米	250 米	60 米	100 米	250 米
1 组						
2 组						
3 组						
4 组						
……						

表二 第××届全国"民体杯"独竹漂抽签分组表（男子／女子组）

×× 米	1	
	2	
	3	
	4	
	……	

2. 竞赛秩序单（检录卡）

赛序：×× 男子××米预赛第×组（×月××日××：××）

航道	1	2	3	4	5	6
单位						
姓名						

注：检录时——核对运动员证或身份证。

3. 成绩卡

赛序：××× 男子××米半决赛第×组 （×月××日××：××）

航道	1	2	3	4	5	6
单位						
姓名						
成绩						
名次						

终点裁判长：　　　　　　　　　　　　总裁判长：

4.途中检查报告单

男子组 ××× 米复赛第 × 组

航道	单位、姓名	犯规情况	处理意见

5.途中犯规示意图

起 点　　　　　　　　　　　　　　　　　　　　　　　　终 点

——→
——→
——→
—— ×→

途中裁判员：　　　　　途中裁判长：　　　　　总裁判长：

年　　月　　日

6.终点计时卡

男子组 ××× 米复赛第 × 组

航道	1	2	3	4	5	6
成绩						
备注						

终点计时员：　　　　　　　　　　年　　月　　日

7.终点名次卡

男子组 ××× 米复赛第 × 组

名次	1	2	3	4	5	6
到达顺序	3　2　4　1					
备注						

练习与思考

1.如何理解运动员必须随独竹漂通过终点。

2.如何判定运动员的途中犯规。

3.简述总裁判长的职责。

4.简述裁判员应具备的基本条件。

5.简述判定运动员名次方法。

6.简述竞赛编排的原则和方法。

第六章　独竹漂竞技运动员的选材

学习目标

1. 了解运动员选材的基础理论知识。
2. 掌握运动员选材的基本方法和手段。
3. 能够进行独竹漂竞技运动员的初级选材工作。

运动员选材就是依据科学的原理和方法，将具有良好运动天赋和竞技潜力的少年儿童或后备人才（优秀运动员苗子）挑选出来，并在训练中不断监测筛选的过程。现在世界上专家在对决定运动员竞技成绩的研究时认为，凡是要取得优异成绩，都必须紧紧抓住运动员选材、运动员科学训练和运动员机能的恢复三大环节。其中最为基础和重要的是要构建一个完整而科学的选材体系，为取得优异成绩打下良好的人才基础。完整而科学的运动员选材体系应具有科学性、客观性和准确性，能尽早地发现和培养有前途的运动员，充分地挖掘和利用优秀运动员的先天运动能力，保证系统训练的顺利进行，促进运动员早日成才，取得优异的运动成绩。

第一节　运动员选材的概况

一、运动员选材要素

（一）决定竞技能力的主要因素

竞技能力是指运动员在竞技运动中表现出来的能力。决定运动员竞技能力的主要因素是在专项运动中所表现出来的体能、技能、运动智能和心理能力等。

运动员的体能是由在运动中表现出来力量、速度、耐力、柔韧四种基本运动素质和由此组合的综合运动素质构成，其水平高低是建立在正常的及经过训练改善后的人体形态和机能基础上。

运动员的技能是运动员建立在良好的体能基础上，经过各项训练和在各种竞技活动中所表现出来的技术能力和战术能力。

运动智能是指运动员在运动中所表现出来的智力水平、一般和专项知识水平或知识的应用能力，即正确理解训练、比赛的能力，理解教练员对训练、比赛要求、安排的能力。

心理能力主要由一般或专项的心理能力和个性心理特征组成。

（二）影响运动员选材的主要因素

影响运动员选材的主要因素效果主要有选材对象的个人因素、各选材层次的衔接、选材相关人员的专业知识水平及相关的物质条件等因素。

1. 选材对象的个人因素

选材对象的个人因素主要包括遗传、年龄、形态、心理特征、运动的体能和机能、运动技术战术及智力与思想品质等方面。

2. 各选材层次的衔接

选材要适应运动队的更新节律。要使运动队整体水平较长时期保持较高的水平，这就需要各层次均要储存可选拔的人员，不断地进行队伍成员的更新。

3. 选材相关人员的专业知识水平

运动员选材是一个复杂的系统工程，涉及自然科学及社会哲学的多种知识，因而选材人员不仅仅要具有扎实的多学科专业理论知识、选材理论知识及实践操作的能力，还需要对专项或多项运动有较好的理论及实践知识。同时还需要其他学科的人员参与，才能保证选材工作的完整科学。要做好选材工作，还需要具备一定的物质条件，如相关仪器设备，人力、物力、财力以及构建选材的组织机构来管理选材工作程序；与此同时，选材还受到社会、家庭、环境、生活、学习和训练条件等因素的影响。

二、运动员选材的依据

（一）专项运动特点及优秀运动员的模式特征

优秀运动员的模式特征是水平较高的运动员在其专项达到高峰时，各主要竞技能力因素状态模型的客观描述。运动员竞技能力由优秀运动员的形态、机能、技术、战术、智能及心理等指标来表达。这为选材提供了优秀运动员理想的数据和参照依据，提高选材的准确性，减少了盲目性和经验主义的影响，使选材工作有据可依。

（二）相关学科知识为运动员选材提供科学依据

1. 教育学理论基础

选材是体育精英教育的基础，也是精英教育的过程，需要教育理论的支撑，才能更好地发现人才和培养人才。人才的培养是个人天赋和后天教育共同作用的过程。在有天赋的基础上，运用教育理论对人才进行教育，其目的是使人才的天赋更好地展现出来并充分发挥，若有天赋，而没有良好教育，其天赋就不会表现出来，更不可能有发展提高，出现"伤仲永"的现象；反之，只进行教育而无天赋，就会事倍功半，浪费精力和财力，培养不出优秀的运动人才。

2. 生物学理论基础

（1）人类遗传规律的研究

研究发现，优秀的运动员都具有很好的运动天赋，与遗传有着密切联系。对遗传规律的了解，有助于对备选对象的先天运动天赋进行粗略的判断，对某些竞技能力进行预测，减少选材盲目性；还可及早发现备选对象可能存在的遗传疾病，避免选材的失误，提高选材的成功率。

（2）人体生长发育有一定的时序和规律性

人体各器官系统、形态机能的生长发育和心智都具有一定发展规律性和时序性，不同年龄阶段的人群在身高、体重、心肺功能、心理及身体素质等方面的生长发育有着不同的解剖生理生化特点，了解掌握这些特点，会有力地为不同年龄阶段的运动员选材提供相应的依据。

（三）现代科学技术的发展

现代医学生物学、物理学、化学、心理学理论及计算机技术大数据的迅猛发展，各种专用于体育科学的仪器设备及实验试剂不断研制出来，有的已达到细胞水平或分子水平，广泛应用于体育运动研究的方方面面，为运动训练和运动选材提供了先进的理论基础和检测手段、方法，具有较好的实用性和便携性，可在测试现场或运动现场对人员进行各种数据的测试和采集，为选材提供相关数据，大大提高了运动员选材的科学性。因而现代科学技术的发展是运动员选材的重要依据之一。

（四）国家重视和运动员、教练员长期的实践经验

从国家层面上，提高运动水平，打造体育大国甚至体育强国是我国体育事业重要发展目标之一，而选拔优秀运动员是促进实现目标的重要基础。虽然科学技术的快速发展，为运动员选材提供了坚实的科学选材依据。但人们成长的过程中，有着自己不同的生长环境和教育环境，在接受能力和运动能力水平等

方面有所差异。因而在长期运动训练实践中，教练员积累的丰富经验也是运动员选材的重要的选材依据。

三、运动员选材的原则

（一）广泛性原则

我国地域辽阔，地理环境差异较大，有 56 个民族，人口众多，这使得我国体育人才基数较大，能够广泛地进行运动员的选材工作，选拔到较好的体育苗子的概率提高。

（二）实效性原则

体育运动有许许多多不同类型的项目，不同项目的动作结构不同、对技战术的要求也不同，具有各自的特点。因而各项体育运动选材中，我们要选择符合本项目的选材内容、选材方法和选材指标。

（三）可靠性原则

在进行选材时，我们采用的方法手段及各种仪器设备尽量统一，测试标准统一，这样才能获得可靠的数据。

（四）因人因项制宜原则

我们应根据不同的项目特点和运动员的特点，确定选材内容、测试方法和测试指标，清楚选材方向和选材对象。每个人的遗传背景不同，所以其运动天赋是初级选材时要重点分析内容，而对运动水平较高的选材对象在向更高层次选拔时，则要加大对后天运动能力的测试。

（五）多因素综合分析原则

影响运动水平的因素是多种多样的，因此在选材和确定运动员时，我们要注意运动员的运动能力不可能是十全十美的，要通过各种因素的综合分析，明确构成运动竞技能力的因素所占的权重，综合进行评价。

（六）选材与训练相结合的原则

运动选材是培育运动优秀人才的有机组成部分，是一个复杂的系统工程，不可能在短时间内完成。对初级和中级层次的运动员，我们要在训练中不断地进行观察、测评，才能了解其是否具有进一步的可训练性和潜力。因此，平时训练也是运动员选材的一个过程。

四、运动员选材的层次和阶段

我国一般将运动员选材分为基础、初级、中级、高级四个选材层次,每个层次又分为初选、复选、定向和决选四个阶段。

（一）基础与初级选材层次

1.初级阶段（半年至1年）

主要是针对少年儿童的选材。

第一,遗传与家系调查。结合运动项目特点对家庭的遗传背景进行了解,尤其是对遗传度较高的形态机能指标进行了解;注意甄别是否存在遗传疾病。

第二,发育程度的鉴别。一般是以第二性征来鉴别;在条件允许下,对骨龄等发育指标进行鉴别,从而明晰其发育程度。

第三,运动员形态和机能测评。对本项目相关的、权重较大的形态机能指标进行测试,并在有条件情况下,进行粗略的心理学测试。

第四,了解家庭基本情况和对训练的态度。对预选对象进行家庭访问,了解家庭的经济状况;父母从事的工作情况及运动经历等（对女子预选对象还应了解母亲月经初潮年龄）;对预选对象参加专业训练的态度等;预选对象在生长发育过程的基本情况（如出生时是否是足月或早产,顺产或剖宫产或难产,出生时是否窒息状况;出生后的健康情况等）;预选对象运动经历、兴趣爱好和文化学习成绩。

2.复选阶段（1年至2年）

在初级阶段结束后,预选对象就进入试训阶段,经过一段时间试训来验证其运动天赋,并结合试训中运动能力的表现,对预选对象在身体形态、身体机能发育、身体素质、心理水平、运动技术水平、运动成绩提高幅度及可训练性等方面进行综合评估,做出其可否进一步参加训练或淘汰的决定。以下为定期对身体形态（身高、体重、身体围度等）、身体素质（速度、力量、耐力、灵敏、柔韧等）、运动成绩等方面的增长速度进行测算的公式:

$$T = \frac{100\left(TT_2 - TT_1\right)}{0.5\left(TT_1 + TT_2\right)}\%$$

其中:T为增长速度;TT_1为原始值,TT_2为经过一年到两年后的变化值。

根据预选对象一年半到两年运动成绩的增长速度,对其今后四年到四年半运动成绩做出一个预测和综合评价。

3.定向阶段（3年至4年）

根据以上两个阶段中选材对象表现出来的运动能力,通过参考现有成绩水平，对预选对象成绩提高的速度，成绩的稳定性和继续提高的能力等方面进行各种测试并做出预测，为运动员选择一个或几个符合其机能能力、心理特点和爱好兴趣的专项，并进入专业队进行集训。这是一个较为重要的过程，是决定选材对象今后发展方向和取得优异成绩的重要阶段。

4.决选阶段

在此阶段前，选材对象的运动能力已经达到较高水平（一级运动员水平）。因此，本阶段主要的工作是采用各种手段和方法，对参加集训的选材对象的运动能力的发展潜力和运动水平进行更深入的、科学的综合测试，并得出相应的综合评价，评价较好的人选可以进入专业队伍进行训练和比赛。

（二）中级与高级选材层次

这个阶段是高级选材阶段，其任务是最终选拔出最优秀的运动人才。在此阶段测试指标中，先天性的、相对稳定性的选材指标所占比值较少（选材的作用较小）；主要是对后天的、可控性的和相对变化较多的测试指标（如技战术能力、运动素质、心理学因素、阅读比赛能力等）所占比例较大（选拔的含义较大）；对这些指标进行综合评价，选拔出更为优秀的，达到世界级水平的运动员。这个阶段的特点是参加选拔人员较少，运动水平较高，有良好的运动训练基础。

五、运动员选材的程序

（一）确定选材目标

选材目标是根据本专项、本层次运动员现状的调查和运动成绩发展趋势，来确定选材对象的人数、年龄、性别和来源。

（二）建立选材模式

选材模式是指根据专项特点来要求选材的备选对象应达到的具体要求和标准。选材模式应以本专项的技术特点和本专项优秀运动员的解剖生理、心理特点及身体素质特点来建立。要注意影响本专项运动成绩各种因素的权重和有机联系，形成一个综合性评价体系。

（三）制订选材计划

根据选材模式来制订选材计划。

（四）实施选材计划

将选材计划进行具体的实施。诸如成立专门的选材机构和管理机构，分工明确，统一要求和标准，科学地完成这一系统工程。

第二节 运动员选材的遗传学基础

一、遗传和变异

遗传是指亲代与子代在特征性状上相似的现象。变异是指亲代与子代在特征性状上存在差异的现象。遗传是生命延续的基础，差异是生命进化的动力，两者结合形成了生命物种的多样性。人类的各种性状是可延续，也可发生变化。运动能力是人类的性状之一，因而也具有遗传变异的规律。因此，在运动员选材中也要注意遗传和变异影响。

二、运动能力的遗传规律

运动能力是以多基因遗传为主，其性状遗传是有一定规律的。

（一）连续性规律

研究认为，运动能力的遗传是一个多基因数量性状态遗传，即性状是以长短、大小和强弱的物理量来表达，并具有连续性。如果具有卓越的运动能力的亲代不是极端个体，那么有 50% 的子代有着较好的运动能力。

（二）相关性规律

运动能力是多个器官系统活动产生的一个综合表现，研究认为它是一个多因素相互影响的性状，是基因多效性相互作用的结果。

（三）阶段性规律

运动能力的遗传具有发展变化的时间规律性。即人在生长发育时，各种性状的发育快慢是不同的，受着基因的控制。

三、运动能力主要性状遗传力

运动能力受到遗传的影响，是多基因数量性状态遗传，从亲代遗传到子代，其遗传能力存在一定的差异。同时，性状的表达还受到外在因素的影响，因而不同的性状遗传程度也不同。

遗传度（遗传力）是指某一特定性状在遗传因素和环境因素两者变异中所占的比例。凡性状以遗传影响为主的，其遗传度就高，以环境因素影响为主的，其遗传度就低。

第三节 年龄与选材

一、生长与发育特点

生长指细胞数量的增加，表现为身体各器官及各个部位体积的增加和体重的增加。发育指人体成熟之前，各组织器官结构与形态、各系统功能的分化、完善和成熟的过程。

（一）身体形态的年龄特点

1. 身高

人体的身高发展有两次突增的高峰，一次是在胎儿期到出生后 1 年左右；一次是在青春期，女性在骨龄 10～12 岁开始，男性在骨龄 12～14 岁开始，并持续 2 年左右。大约维持到骨龄 20～23 岁，表现为身高迅速增长。人体的身高在很大程度下取决于下肢的长短，下肢长比人体身高更早停止变化，男性在骨龄 14～17 岁，女性在骨龄 13～16 岁就基本成型，下肢增长基本减少。因而测量下肢的长度可间接了解身高。

$$坐高指数 = （身高 - 坐高）\times 100cm$$

坐高指数的数值越大，坐高就越大，躯干越长，下肢短；坐高指数的数值越小，坐高就越小，躯干越短，下肢长。

$$指距 - 身高指数 = 指距 - 身高$$

指距 - 身高指数越大，上肢就越长。指距的变化与身高变化规律相似，增长最快的阶段，男性在骨龄 12～15 岁，女性在骨龄 9～15 岁。我国人均指距 - 身高指数的平均值大大低于欧美。

2. 体重

男性 7～10 岁每年增长 1～3 千克（年平均增长 2.3 千克）；11～14 岁快速增加，每年增长 3～6 千克（年平均增长 4.63 千克）；最快是在 13 岁。15 岁后体重增长速度下降。

女性 7～17 岁体重也是随年龄的增加而增长。7～9 岁（年平均增长 2.3 千克）；11～14 岁快速增加，每年增长 3～6 千克（年平均增长 4.63 千克）；最快是在 13 岁。15 岁后体重增长速度下降。

（二）身体机能的年龄特征

在生长发育的过程中，心血管、呼吸机能和物质代谢是反映身体机能发育程度的重要指标。它们具有以下年龄特征。

1.心血管

（1）心率

心率随着年龄的增长而逐渐减慢，在儿童阶段到青春期，心率都较快，直至 18～19 岁时才趋于稳定。

（2）血压

收缩压随着年龄的增加而增加。男性自青春期即 13 岁起血压增加迅速，16 岁以后血压增加速度减慢，到直至 18～19 岁时才趋于稳定。女性血压增加较为均匀，至 16 岁以后血压增加速度出现下降趋势，到直至 18～19 岁时才趋于稳定。舒张压也随着年龄而增加，但变化较小。女性 15 岁后，男性在 18～19 岁时趋于稳定。

11～17 岁会出现青春期高血压，高峰年龄段为 15～17 岁，主要表现为收缩压的增高，但一般不会超过 150 毫米汞柱，舒张压变化不大。女性发生率低于男性。血压到 18 岁左右基本回到正常值。

（3）心输出量

儿童每搏输出量和心输出量的绝对值比成年人少，但相对值（每公斤体重的心输出量）大，且年龄越小，相对值越大。

（4）运动时心血管的机能反应

儿童时期，交感神经调节占优势，儿童心肌发育不完善，运动时主要靠加快心率来增加心输出量以适应运动时的需要。运动时心率加快而血压变化不大。

2.呼吸机能

（1）肺活量

肺活量随着年龄的增加而增加，19 岁左右趋于稳定。

（2）肺通气量

少年儿童肺通气量小，而按每公斤体重的相对值却较大，运动时主要靠加快呼吸频率来加大肺通气量，呼吸深度增加得很少。

（3）摄氧量

少年儿童在 10～11 岁和 13 岁、14 岁时，摄氧量增长最明显，16～17 岁较缓慢。少年儿童最大摄氧量与负氧债能力都较低，女孩又低于男孩。这表明少年儿童获取氧和利用氧的能力都较差，无氧代谢和有氧代谢的能力都比成年人低。

3.神经系统机能

（1）生长发育最早最快

人的大脑在出生时约 350 克，6～7 岁约 1200 克，12 岁时达 1400 克；1 岁后神经元数量可达 120 亿～140 亿个，神经元和脑器官的联系不断发展，形成各种错综复杂的联系。这使我们学习认知能力不断地增加。运动分析器的皮质中枢部位发育成熟的时间显著比肌肉感觉的外围器官（本体感受器）晚，到12～14岁才成熟。这表明此时大脑对机体动作结构的分析判断能力较差。

（2）少年儿童神经活动过程稳定性差

少年儿童神经活动抑制过程弱而兴奋过程强。兴奋和抑制在大脑皮质很容易扩散，神经活动的强度和集中都较弱。因而，多表现为活泼好动，注意力不集中，做动作时不协调、不准确，易出现多余动作，分化能力差，错误动作多。建立条件反射快、消退也快、恢复也快；13～14岁时皮质抑制调节机能达到一定的强度，少年儿童的分析综合能力明显提高，能较快地建立各种条件反射，但由于分化能力尚不完善，加之小肌肉群发育较晚的影响，所以掌握精细动作困难。14～16岁时期，少年儿童的反应潜伏期缩短，分化能力提高，对精细动作的学习和掌握提高。女孩分化抑制发展较早，能够掌握复杂的高难动作。

（3）两个信号系统活动不够协调

少年儿童的第一系统发育较早，占主导地位，主要靠直观形象建立条件反射，模仿能力较强。少年时期，第二信号系统进一步发展，少年儿童的抽象思维能力不断提高，对语言及词语性的刺激能较好地接受。

（4）大脑皮质的神经细胞

大脑皮质的神经细胞工作能力低，容易疲劳，工作持续时间短，但灵活性高，中枢神经的疲劳恢复较快。

二、运动素质的年龄特征

运动素质是人体在体育活动中所表现出来的基本能力，分为基本运动素质和复合运动素质。基本运动素质主要包括力量、速度、耐力和柔韧。[①]

运动素质随着年龄的变化而变化，儿童少年的运动素质随着各器官系统机能的不断完善而发展，同时又因各器官系统发展的程度不同而有所不同，即随年龄、性别和发育阶段的不同而存在着差异，有明显的波浪性和阶段性特点。

7～25岁各项身体素质随年龄特征增长而增长，其中在青春期（男性15岁，女性12岁）增长速度快、幅度大；女性从15岁开始，随着年龄增长而各项素质有下降趋势，18～22岁稍有回升，22岁后又下降，而男性在25岁以前基本呈上升趋势。

身体素质的自然增长都有增长阶段和稳定阶段，其中增长阶段包括快速增长阶段和缓慢增长阶段。其顺序是快速增长阶段—缓慢增长阶段—稳定阶段。

———————————

① 王金灿主编：《运动选材学》，157页，北京，人民体育出版社，2009。

运动素质由增长阶段过渡到稳定阶段的顺序是速度素质最先、耐力素质次之、力量素质最晚。运动素质增长速度快的年龄或时期为运动素质发展的敏感期。

表 6-1　青少年身体素质增长阶段和稳定阶段的年龄[1]

身体素质	增长阶段（岁）		稳定阶段（岁）	
	男	女	男	女
50 米跑	7～15	7～13	15 岁以后	13 岁以后
立定跳远	7～16	7～13	16 岁以后	13 岁以后
立位体前屈	12～18	11～20	7～12, 18 岁以后	7～11, 20 岁以后
仰卧起坐	—	7～12	—	12 岁以后
引体向上	13～19	—	19 岁以后	—

表 6-2　世界优秀运动员达到高水平运动成绩最佳年龄范围[2]

项目	年龄（岁）	
	男	女
100 米	22～24	20～22
800 米	23～25	22～24
1500 米	25～27	25～26
5000 米	26～28	—
10000 米	24～26	—
跳高	21～24	19～22
标枪	24～26	23～24
竞技体操	21～24	16～18
游泳	17～21	16～18
花样滑水	17～25	16～24
速度滑水	20～24	19～23
篮球	22～25	19～24
足球	22～26	—
摔跤	22～26	—
举重	21～24	—

---

[1]　王瑞元、苏全生主编：《运动生理学》，457 页，北京，人民体育出版社，2012.

[2]　过家兴、延烽编：《青少年业余训练》，17 页，北京，北京体育学院出版社，1986，略有调整。

表6-3　我国各项目选材的年龄（岁）[1]

项目	田径	游泳	体操	武术	乒乓球	举重	篮球	排球	足球
年龄	9～11	7～8	6～7（女） 7～8（男）	7～8	7～8	11～13	11～12	11～12	11～12

表6-4　达高水平运动成绩所需的训练年限[2]

项目	男	女
短距离跑	6～8年	6～8年
长距离跑	10年左右	10年左右
竞技体操	8～10年	6～8年
游泳	10年	8年
篮球	8～10年	8～10年
足球	10～12年	—
田径投掷	10年	8年
举重	8年	—

表6-5　部分身体素质的敏感期[3]

素质	敏感期（岁）	素质	敏感期（岁）	素质	敏感期（岁）
平衡能力	6～8	灵敏性	10～12	速度	7～14
柔韧性	6～12	节奏性	10～12	力量	13～17
反应速度	7～12	协调性	10～14	耐力	16～18
模仿能力	7～12	—	—	—	—

表6-6　开始专项训练到运动健将的训练年限[4]

项　目	男	女
游　泳	5.3年	4.4年
赛　艇	5.2年	5.2年

---

[1]　过家兴、延烽编：《青少年业余训练》，19页，北京，北京体育学院出版社，1986，略有调整。

[2]　邓树勋主编：《运动生理学》，453页，北京，高等教育出版社，1999。略有调整。

[3]　余竹生、沈勋章、朱学雷编：《运动员科学教材》，8页，表1-1-2，上海，上海中医药大学出版社，2006。

[4]　数据来自王金灿主编：《运动选材学》，96页，表3-12，北京，人民体育出版社，2009。

三、选材年龄

（一）成材的年龄范围

以相关项目为例。

表 6-7　北京 2008 年奥林匹克夏季运动会部分项目第一名、
第三名的年龄范围和平均年龄（岁）

项目	名次	女		男	
		范围	平均	范围	平均
游泳	1	16 ～ 19	21.9	19 ～ 26	23.5
	3	18 ～ 41	22.7	21 ～ 33	25.6
帆船	1	22 ～ 31	26.3	24 ～ 34	30.3
	3	21 ～ 38	26.8	22 ～ 47	30.7
划船	1	26 ～ 39	32.1	21 ～ 35	27.8
	3	23 ～ 44	30.1	21 ～ 43	27.8

（二）育材的必要年限

要达到一定运动水平，运动员必须要有相应的运动训练年限和比赛经历。因此，运动员系统参加训练的年限，也成为选材和决定开始专项训练年龄的因素。

（三）选材年龄的适宜年龄

初次选材的适宜年龄，是把初达到最高成绩的年龄减去所需要的训练年限之差的年龄，即是初级选材的年龄。该年龄常指适宜的年龄区间。

表 6-8　我国运动员初级选材的年龄

项群性	开始课余训练（岁）		开始地方队训练（岁）		开始国家队训练（岁）		成为奥运选手（岁）		奥运成才期（年）		退役（岁）		全过程年限（岁）	
	男	女	男	女	男	女	男	女	男	女	男	女	男	女
力量	14.1	13.0	16.9	15.9	19.9	20.5	23.9	24.1	9.8	10.1	26.6	26.9	12.5	13.9
速度	11.5	11.3	15.5	14.9	18.4	18.4	21.7	20.9	10.2	9.6	25.1	24.7	13.6	13.4
耐力	15.9	14.1	17.7	16.2	21.8	19.0	24.1	21.7	8.8	7.6	27.2	25.5	11.3	11.4

初级选材年龄宽容度为初级选材时允许在选材最大年龄与最小年龄之间的差异程度。

表 6-9　我国主要项群奥运会选手各阶段训练平均年龄（年限）
初选适宜年龄范围（括号内为选材年龄宽容度）[①]

	运动项目	男	女
1	游泳（中长）	6～7（5～8）	5～7（5～8）
2	游泳（短）	7～8（6～10）	6～7（5～9）
3	蹼泳	11～14（10～15）	11～13（10～14）
4	皮划艇	12～16（11～17）	12～15（11～16）

第四节　体型选材

体型指人体的外部形态特征。

现在的研究表明，体型与运动成绩有着非常紧密的内在联系，体型是运动选材的一项重要环节。如果运动员的某项体型特征不适合相关的运动项目的要求，就需要其他体型特征或竞技能力进行代偿，这必将消耗大量的体能，甚至于影响竞技水平的发挥。

一、影响体型的因素

遗传因素。研究表明人体的主要体型指标都受多基因遗传的影响，有较大的遗传度。

环境因素。每个人的体型受其生活条件、营养饮食习惯、生态环境等因素影响较大。

体育运动和劳动习惯。适宜的体育运动和劳动有利于生长激素的分泌，促进人体的生长发育，对体型有着重要的影响作用。

微量元素。研究表明缺钙或缺锌都会使生长发育出现问题，导致身高或体重低于同年龄少年儿童。

人体不同生长发育不同阶段对体型均有较大的影响。

[①]　数据来自王金灿主编：《运动选材学》，97 页，表 3-14，北京，人民体育出版社，2009。

二、独竹漂运动员的体型特点

独竹漂运动员的体型特点，国内外都研究较少，但根据该项目对体能要求较高和在水中进行运动的特点来看，我们主要以体能竞速类项群中的游泳组和划船组运动员体型特点综合来提出本项目的体型特点。

独竹漂运动员体型特点为身高体壮，属中等偏上。躯干长，表明坐高长，重心低，平衡能力较好。臂长，有利于划水距离增加。手大，表明握划杆能力较好。肢体和身躯围度大（体宽），表明上肢力量和核心力量可能较好。

三、体型测量的方法

（一）测量常用器具

体重计（杠杆秤或电子秤）；直角规；卷尺（5米长，纤维类材质）；测径规；身高坐高计（10～200厘米）。

（二）测量部位与方法

1.体重

男子穿短裤，女子穿短裤和背心；在体重计上称重。

2.身高

男子穿短裤，女子穿短裤和背心；均赤脚以立正姿势站于身高坐高计的底板上，足跟、骶骨部和双肩胛与立柱相接触，身体自然挺直，双眼平视，耳屏上缘与眼眶下缘最低点保持在一个水平线上，然后移动水平板至受试者头顶。测试人员以两眼与水平板呈水平位的情况下进行读数。

图 6-1　体重计　　　　　图 6-2　身高测量

3.坐高

男子穿短裤，女子穿短裤和背心；均赤脚坐于身高坐高高计的坐板上，骶骨部和双肩胛间紧靠立柱，躯干挺直，头部正直，两眼平视，双腿并拢，大腿与地面平行，双足踏在地面或垫板上，与小腿呈直角，上肢自然下垂，测量凳面至头顶的垂直距离。

4. 上肢长

受试者穿背心，双脚分开同肩宽，自然站立，上肢自然下垂，手并拢伸直，手掌、前臂、上臂成一直线，手指不能翘起。测量肩峰外侧下缘至中指端的垂直距离。

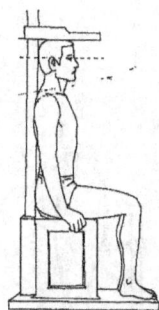

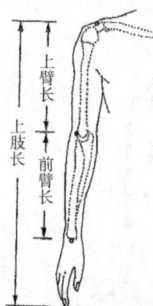

图 6-3　坐高测量　　　　图 6-4　上肢长测量

5. 手宽

受试者直立，左手前伸，手心向上，测量第二掌骨头和第五掌骨头间宽度。

6. 下肢长

受试者双脚分开与髋同宽，自然站立在凳面上，腿伸直，进行测量。

第一，下肢长（H）：髂嵴最高点至地面的距离。

第二，下肢长（B）：测量右下肢股骨大转子上缘至地面的垂直距离，又称下肢真正的总长度。

第三，下肢长（A）：下肢嵴前上棘到地面的垂直距离。

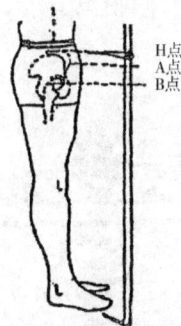

图 6-5　手宽测量　　　　图 6-6　下肢长测量

7. 小腿长

受试者站立，左腿抬起，屈膝将脚踩于凳上，全脚掌贴在凳面上，小腿与凳面垂直，测量胫骨内踝至胫骨踝尖的垂直距离。

8. 跟腱长

受试者面向墙，双脚并拢，扶墙提踵使小腿三头肌充分收缩，在腓肠肌内侧腹下缘画一测量标志，然后令受试者还原成站立姿势，测量内侧肌腹下缘到地面的垂直距离。

图 6-7　小腿长测量　　　　　　　6.8　跟腱长测量

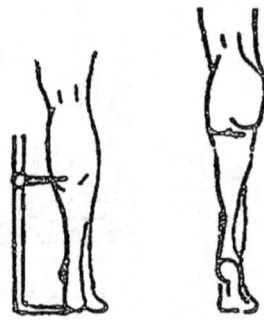

9. 指距（臂展长、指间距）

将 2 米以上的皮尺固定在平台上，受试者双脚分开，双臂左右侧平举，上体伏在测量尺上，一手中指固定在零位，上肢尽量向另一侧伸直，双手臂成一直线，测量两指尖间距离。

10. 肩宽

受试者双脚分开同肩宽，自然站立，双肩放松，在背后找到肩峰外侧缘中点，用测径仪测量双肩峰间距离。

图 6-9　指距（臂展长、指间距）测量　　　　图 6-10　肩宽测量

11. 髂宽（骨盆宽）

受试者双脚分开同肩宽，自然站立，双肩放松，找到髂嵴外缘，用测径仪测量两髂嵴外缘间距离。

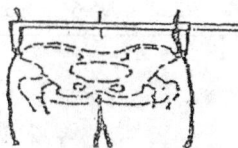

图 6-11 髂宽（骨盆宽）测量

12. 髋宽

受试者双脚分开同肩宽，自然站立，双肩放松，找到两个股骨大转子的最高点，用测径仪测量两个股骨大转子的最高点间距离。

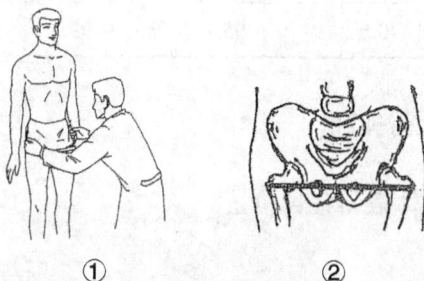

① ②

图 6-12 髋宽测量

四、身高和体宽的简易预测方法

（一）身高简易预测方法

哈弗利米克预测身高公式：

$$儿子身高(cm) = \frac{\big[父身高(cm) + 母身高(cm)\big] \times 1.08}{2}$$

$$女儿身高(cm) = \frac{父身高(cm) \times 0.923 + 母身高(cm)}{2}$$

（二）体宽简易预测方法

1. 肩宽简易预测方法

$$未来肩宽(cm) = \frac{当年肩宽(cm)}{当年肩宽(cm)占成人百分比}$$

表 6-10　儿少 10～19 岁当年肩宽占成人肩宽百分比（%）[1]

年龄（岁）	10	11	12	13	14	15	16	17	18	19
男	71.8	74.4	79.5	82.1	87.2	92.3	93.6	94.9	96.2	97.5
女	84.1	86.9	89.8	92.8	95.6	98.5	99.1	99.5	99.8	100

2.骨盆宽简易预测方法

$$未来骨盆宽(cm) = \frac{当年骨盆宽(cm)}{当年骨盆宽(cm)占成人百分比}$$

表 6-11　儿少 10～20 岁当年骨盆宽占成人骨盆宽百分比（%）

年龄（岁）	10	11	12	13	14	15	16	17	18	19	20
男	76.4	78.9	85.1	80.0	89.0	92.7	94.5	96.1	97.6	99.4	100
女	78.8	82.6	90.5	94.4	95.7	98.4	99.2	99.6	99.8	100	

五、体型的分类和评价

（一）根据身体的体表特征评价法

1.瘦长型

身体瘦长，体重较轻，骨骼细长，皮下脂肪少，肌肉不发达，颈部细长，肩窄，胸部狭长、扁平，胸围小，肋间隙大，肋弓下角小。

2.肥胖型

身体矮胖，骨骼粗壮，皮下脂肪厚，胸围大，肋弓下角大，剑突宽。

3.中间型

介于瘦长型和肥胖型之间。

（二）根据体型指数评价法

1.皮－弗氏指数

$$皮－弗指数 = \frac{体重(kg)+胸围(cm)}{身高(cm) \times 100}$$

2.罗氏指数

$$罗氏指数 = \frac{体重(kg)}{身高^3(cm) \times 100}$$

---

[1] 王金灿主编：《运动选材学》，149 页，北京，人民体育出版社，2009。

3. 达氏指数

$$达氏指数 = \frac{体重(kg)}{身高^2(cm) \times 10}$$

表 6-12 体型分类表 (15 岁以上)

指数	性别	瘦长型	肥胖型	中间型
皮 – 弗氏指数	男	～ 81.9	82.0 ～ 94.2	94.3 ～
	女	～ 81.4	81.5 ～ 94.7	94.8 ～
罗氏指数	男	～ 1.28	1.29 ～ 1.49	1.50 ～
	女	～ 1.29	1.30 ～ 1.50	1.51 ～
达氏指数	男、女	～ 20	21 ～ 25	26 ～

第五节 运动素质选材

运动素质指的是在中枢神经系统的支配下，机体在运动中所表现出来的能力。运动素质通常包括力量、速度、耐力、柔韧性等基本素质和灵敏性、协调性、平衡能力等复合素质。

一、力量素质

力量素质是肌肉在工作中克服阻力的能力。是所有运动项目运动员的最基本、最重要的运动素质。

（一）力量的分类

1. 最大力量
肌肉工作时克服最大阻力的能力。

2. 相对力量（比肌力）
运动员每公斤体重所具有的最大力量。

3. 速度力量（快速力量）
肌肉快速克服阻力的能力，包括爆发力。

4. 力量耐力
肌肉相对较长时间克服阻力的能力。可分为相对肌肉耐力和绝对肌肉耐力，也可分为静力性肌肉耐力和动力性肌肉耐力。

（1）相对肌肉耐力

以自身最大力量或体重的某种比例的负荷时，肌肉较长时间工作的能力。

（2）绝对肌肉耐力

不考虑自身最大力量或体重的某种比例的负荷时，肌肉较长时间工作完成相应负荷的能力。

独竹漂运动需要较好的速度力量和一定的肌肉耐力。

（二）力量的变化

肌肉力量的大小与年龄的变化、性别相关。

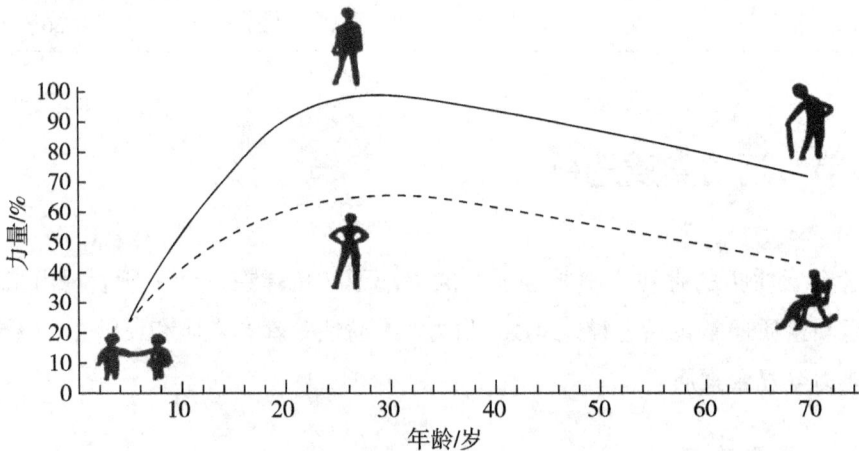

图 6-12　肌肉力量发展的年龄规律和性别特点

二、速度素质

速度素质是人体快速运动的能力。速度素质包括反应速度、动作速度和位移速度。

（一）速度的种类

1. 反应速度

反应速度指人对各种信号的刺激快速应答的能力。它与中枢神经的机能状态和神经肌肉的调节机能有关。反应速度与反应时的长短、中枢神经系统的机能状态和条件反射的巩固程度相关。

2. 动作速度

动作速度指人体快速完成单个或成套动作的能力。动作速度受到肌纤维类型、肌肉力量、肌肉机能状态和条件反射巩固程度的影响。

3. 位移速度

位移速度指在周期性运动中，单位时间内机体快速运动的能力。以周期性运动为例，主要与步频和步长相关。

就独竹漂运动而言，独竹漂运动的位移速度取决于手臂的长度和手臂划行的距离长短相关。

独竹漂运动需要较好的动作速度和位移速度。

（二）速度的发展

目前认为速度素质较力量素质发展早，其敏感期是 7～12 岁。男子在 21 岁，女子在 20 岁达到最高水平。

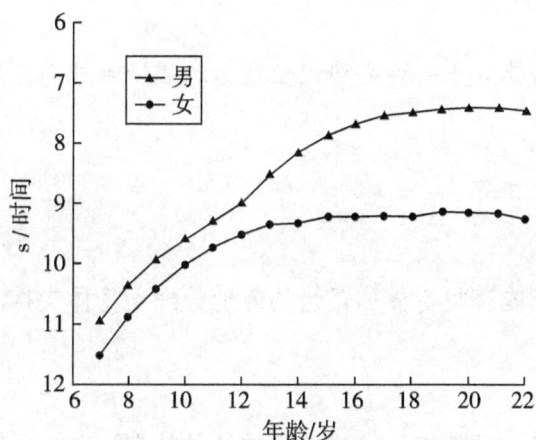

图 6-13　50 米跑均值曲线

三、耐力素质

耐力素质指机体长时间运动的能力，又称抗疲劳能力。

耐力素质按参加运动时能量供给的角度可分为有氧耐力和无氧耐力。

（一）有氧耐力

有氧耐力指人体长时间进行有氧代谢供能为主的运动能力。

有氧耐力主要取决于心肺功能的能力（最大摄氧量或乳酸阈）、肌纤维类型、中枢神经系统能力和有氧氧化供能系统的好坏。

（二）无氧耐力

无氧耐力指机体在无氧代谢（糖的无氧酵解）的情况下较长时间进行肌肉活动的能力。

无氧耐力主要取决于机体的无氧酵解供能的能力、缓冲乳酸的能力和脑细胞对酸的耐受能力。按独竹漂运动现在的比赛形式，它是一类以无氧耐力为主的运动项目。

（三）耐力素质的发展

耐力素质的发展最晚，有氧耐力在男子的 21 岁、女子的 20 岁左右达最高水平。无氧耐力发展略早些，男女在 19 岁左右均可达最高水平。

四、平衡素质

平衡素质指身体处于一种姿势以及在运动或受到外力作用时能自动调整并维持姿势的能力。

（一）平衡的分类

1.对称性平衡

对称性平衡指能否将身体的重量均等地分配到身体支撑点的能力。如双脚踩在竹竿上等动作。

2.静态平衡

人体在相对静止的状态下，维持身体某种特定姿势一段时间的能力。如金鸡独立、站立、倒立等。

3.动态平衡

人体在运动过程中，控制身体姿势的能力。如蹦床、体操、滑冰运动中某些动作。

（二）影响平衡功能的因素

1.位觉器官（前庭器官）

在人体进行旋转或直线加减速度运动时，以及头在空间位置和地心引力的方向出现相对改变时，位觉器官就会通过姿势反射来调整有关骨骼肌的张力，以维持身体的平衡。位觉器官在调整平衡时具有双重性，一方面，机能良好的位觉器官的反射可以维持运动中身体平衡；另一方面，位觉器官对位觉刺激过于敏感（前庭器官稳定性差），反而会破坏运动时的平衡，导致动作变形而失去平衡，如晕车、晕船等。

2.本体感受器

本体感受器可感受肌肉张力、长度和关节处运动的刺激，从而产生身体各部位相对位置和状态的感觉（本体感觉），从而感知身体在空间的位置、姿势，以及身体各部位肌肉的活动状态，从而产生正确的肌肉感觉。当运动过程中身体平衡或动作环节遭到破坏时，本体感受器又及时将信息传向中枢，以调节相关肌张力以纠正偏差，确保运动技能中规定动作的顺利完成。

3.视觉器官

运动过程中，视觉器官可提供运动场地、运动器械等周围环境和身体运动与运动方向的信息，同时传入中枢神经结合本体感受器和位觉感受器传来的信息，调节有关骨骼肌张力，保持头在空间位置和正确的身体姿势以维持身体平衡。

4.身体机能状态

维持身体平衡是在神经系统、感觉器官和运动系统等共同参与和协调下完成。只有在身体机能处于适宜状态时，有关系统和器官之间才能在密切协调配合下发挥良好的生理作用以维持身体特定姿势。若身体疲劳或健康欠佳时，各系统和器官功能就会下降，会严重影响身体平衡，无法完成与平衡有关的运动技能。

（三）平衡素质的发展

13～16岁平衡能力随年龄增长而提高。

五、协调素质

协调素质指人体在运动过程中身体各器官、系统在时间和空间上相互配合完成动作的能力，是伸肌和屈肌、上肢与下肢、躯干与肌肉、感觉器官和运动器官等的相互协同与配合。影响协调素质的因素有以下几点。

（一）神经的协调作用

神经的协调作用是指在完成任务动作时神经过程的兴奋和抑制相互转换的配合，是由运动中枢神经系统所控制的运动装置（肌肉）之间的循环联系、通过反射活动而实现的。在完成反射活动的过程中，身体各肌群之间、肌肉活动与内脏活动之间、各脏器活动之间表现出同时和先后配合协作一致的现象。运动员完成的动作越复杂，要求大脑皮质的兴奋与抑制过程配合得越精确。

（二）肌肉的协调作用

肌肉适宜而合理地进行收缩活动；其中包括肌肉收缩时产生张力的大小和不同肌群收缩的先后顺序以及同一肌群收缩和舒张的时间程序；还与肌肉本身的结构、成分、肌内各种本体感受器等密切相关。

（三）感知觉的协调作用

感知觉的协调作用包括内感受器和外感受器协调。

内感受器：感知人体内肌肉、肌腱、关节内感受机体被牵拉和运动刺激的感受器，以及内脏、血管内感受压力变化和血液化学成分变化的感受器。

外感受器：体表的眼、耳、鼻、舌、皮肤，主要感受光、声、化学以及温度和机械等外界环境刺激的感受器。

以上感受器产生包括视觉、听觉、本体感觉和位觉（前庭感觉）等感觉，传到大脑后，经大脑分析判断后，进行大脑皮质兴奋和抑制的相互转化，来支配肌肉的收缩活动，使动作舒展、协调、合理和准确。

六、灵敏素质

灵敏素质指在各种突然变换条件下，快速、准确、协调地改变体位和随机应变的能力。

（一）影响因素

1. 大脑皮质的机能状态

大脑皮质处于良性兴奋状态，神经过程的灵活性较强。

2. 感觉器官和肌肉的功能状态

感觉运动分析器的敏感程度，肌肉的力量、速度。

3. 运动技能的掌握程度

运动技能掌握得越多，越牢固，灵敏性就越好。

4. 其他因素

年龄因素，随着年龄增长，灵敏素质逐步提高，青春期时灵敏性发展最快。

体重因素，体重增加，灵敏素质下降。

性别因素，男性的灵敏性优于女性。

机能状态因素，处于适宜的兴奋时，灵敏性提高；疲劳时，灵敏性下降。

（二）灵敏素质的发展

少年儿童对动作的空间分化能力在 5～6 岁时明显增强，7～10 岁增长最快，10～12 岁比较稳定，到 16～17 岁达成人水平。青春期时少年儿童的灵敏性发展最快。

七、相关项目运动素质选材测评指标及测试细则

（一）测评指标

表 6-13　测评指标 [①]

项目	选材主要指标
赛艇	俯卧拉，负重深蹲，下蹲伸臂距，800 米、1500 米跑或 3000 米跑，3 分钟立俯卧撑，纵向踩木。
皮划艇	俯卧拉，俯卧撑，引体向上，卧推，100 米跑，下蹲伸臂距，800 米跑或 2000 米跑，纵向踩木。

（二）测试细则

1. 力量素质

（1）握力

测试目的：前臂和手指屈肌力量。

测试仪器：握力计。

测试方法：受试者自然站立，双臂下垂，分别用左右手握，每只手连续握三次，取最大值。

（2）引体向上

测试目的：引体时肩臂的最大力量和力量耐力。

测试仪器：高单杠。

测试方法：上杠正握，双臂伸直成悬垂平稳姿势。双臂同时用力向上至下颌超过横杠上缘，然后伸臂还原成悬垂状态，为一次。直至不能正确完成，记录总次数。测试时保持身体的垂直，不能前后左右摆动。

（3）背肌力

测试目的：主要测量躯干伸肌的力量及下肢伸肌、手指屈肌、上肢伸肌等，主要反映腰背的全身力量。

测试仪器：背力计。

测试方法：站在背力计底盘上，握把高度为受试者自然站立，双臂下垂时中指尖的高度。然后身体前倾 30 度双手握把，手心向里，双脚伸直，用力伸腰，当背力计指针不动时，记录指针指向的读数，即为背肌力值。测量三次，取最大值。

$$背力指数 = \frac{背力（kg)\times100}{体重（kg）}$$

注意事项：测试时，只能依靠上体从身体前倾 30 度挺直时所产生的力量，不得借助屈臂、屈腿和身体后倒的力量。

（4）腿力

测试目的：主要测量膝关节伸肌的力量和足屈肌力。

测试仪器：背力计。

测试方法：背向手握站在背力计底盘上，上体正直，膝关节屈成 135 度双手握杆（握杆略高于膝关节），握距与臂同宽，然后用力伸直双腿，当背力计指针不动时，记录指针指向的读数，即为腿力值。测量三次，取最大值。

注意事项：测试发力时不准上体前后仰屈和双臂弯曲。

（5）悬垂举腿

测试目的：主要测量腰腹力量。

测试仪器：高单杠。

测试方法：上杠正握，直臂直腿并腿绷脚尖开始，上举双腿到脚尖触杠为一次。腿落下至悬垂再开始做第二次。记录 30 秒内完成次数。

注意事项：举腿过程中不能弯腿；每次都要从直体悬垂状态或稍有背弓开始。

（6）杠铃卧推

测试目的：主要测量手臂伸肌力量。

测试仪器：杠铃及卧推举凳。

测试方法：设定好杠铃重量后，受试者仰卧在凳上，双脚着地，测试人员抬杠铃于受试者胸前的手中，双手正握杠铃杆，双手相距约肩同宽，向上推杠铃至双臂伸直，保持 2 秒。然后由测试人员移开杠铃，再调整重量推，从低于个人最好成绩 20～25 千克开始，每次增加 5 千克，每一重量最多可试举 2 次，直至推不动为止。记录以千克为单位，取整数。用推举成的重量除以受试者体重，成绩越大越好。

注意事项：认真检查杠铃重量及铃片重量。做好保护工作。16～17 岁测试该指标。

（7）杠铃俯卧拉

测试目的：测量完成俯卧拉动作时手臂屈肌和胸、背、肩等部位力量。

测试仪器：杠铃一副及长凳（凳高以俯卧时双手下垂可握到地面上的杠铃杆为准）。

测试方法：调整好杠铃重量后，受试者俯卧在凳上，胸和下颌紧贴凳面，双手用力拉起杠铃，杠铃杆触凳板底部即可。测试时可先以本人能拉起重量的80%开始，每组拉一次，逐渐增加重量，直至动作变形（下颚或胸部离开凳面）或拉不起为止，记录可拉起的最大重量，以千克为单位，精确到一位小数。

注意事项：认真做好准备活动，防止肌肉损伤。

（8）杠铃负重深蹲

测试目的：主要测试下肢蹬伸力量以及腰腹背部力量。

测试仪器：杠铃。

测试方法：受试者双脚并立与肩同宽，全脚掌着地，肩负已调整好重量的杠铃，双手正握杠铃杆，上体保持正直。然后深蹲至大小腿夹角小于90度，再起立至直立姿势，保持2秒后卸下杠铃即为成功。从低于个人最好成绩20~25千克开始，每次增加5千克，每一重量最多可试蹲2次，直至动作变形（先提臀，后起立）或不能起立为止。记录以千克为单位，取整数。

注意事项：认真做好准备活动，防止肌肉损伤；认真检查杠铃重量及铃片重量。

（9）抓举

测试目的：主要测试全身力量和动作的协调性。

测试仪器：杠铃。

测试方法：受试者采用箭步抓或下蹲抓技术均可，但上举时必须一次完成用力，肘关节不能有弯曲不举现象。从低于个人最好成绩20~25千克开始，每次增加5千克，每一重量最多可试蹲2次，直至最大力量为止。记录以千克为单位，取整数。

注意事项：认真检查杠铃重量及铃片重量；做好保护工作。16~17岁测试该指标。

（10）1分钟快速仰卧起坐

测试目的：主要测量腰腹力量和速度。

测试仪器：垫子，秒表。

测试方法：受试者仰卧在垫子上，双腿并拢伸直，双臂平放在大腿上，由测量人员压住其双脚脚踝部，起坐时双肘触及双膝为成功一次。仰卧时，必须两个肩胛骨触垫。测试人员发出"开始"口令的同时，开表计时，记录1分钟内正确完成动作的次数。

注意事项：不得借助肘、手撑或臀部起落的力量。

（11）收腹举腿

测试目的：主要测量腰腹力量。

测试仪器：垫子，秒表。

测试方法：受试者仰卧在垫子上，双腿并拢伸直，肩胛骨贴垫，双臂向上举至头两侧并贴垫，测试时，双臂、上体和双腿同时向上折叠，膝关节不能弯曲，双手碰到脚面为完成一次，连续进行。开表计时30秒内正确完成次数。

注意事项：收腹举腿时，双腿弯曲或双手未碰到脚面均不计入成绩。

（12）纵跳

测试目的：测量下肢，特别是膝关节伸肌和足屈肌爆发力。

测试仪器：钉在墙上3米以上的直尺或标有长度的测量用具用纸及镁粉。

测试方法：受试者直立在测量尺一侧，手指沾上防滑粉，右上肢尺侧贴近尺子尽量上举，双足并拢，不得提起，在尺上点一指印，测量右手中指指尖至足底平面的垂直距离（厘米）。然后屈膝起跳，并尽量上举近墙的手臂，用中指指尖在跳起至最高点时再在墙上点一中指指尖，这上下指印间的垂直距离为纵跳高度。距离越大则力量越好。

注意事项：纵跳时，双脚必须同时起跳，跳前不得向前垫步，要垂直上跳，落地点在起跳点的前后左右方向均不得超过10厘米。

2.速度素质

（1）反应实验

测试目的：测量反应速度。

测试仪器：计时尺、桌、椅各一或反应时测试仪。

测试方法：以计时尺测试为例。受试者坐在桌子左边（用右手）或右边（用左手），将手伸出桌面约5厘米，大拇指与食指分开约5厘米，两指的上缘与计时尺零点齐平，做好准备捏物的姿势，测试人员手持上端，置尺于受试者的大拇指和食指之间，当测试人员发出"预备"口令时，受试者凝视计时尺零点，当计时尺下落时，迅速用手指捏着计时尺，将拇指上缘所指读数记录。此数值为测量结果。

注意事项：测试人员和受试者均要注意力集中；受试者应凝视计时尺，不要看测试人员的手；测试前应让受试者练习，熟悉测试的方法要求。

自制计时尺的方法：

表 6-14 自制计时尺刻度对照表 [①]

时间（s）	间隔距离（cm）	时间（s）	间隔距离（cm）	时间（s）	间隔距离（cm）
0.05	1.23	0.17	14.16	0.29	41.21
0.06	1.77	018	15.88	0.30	44.10
0.07	2.40	0.19	17.70	0.31	47.09
0.08	3.14	0.20	19.60	0.32	50.18
0.09	3.97	0.21	21.61	0.33	53.36
0.10	4.90	0.22	23.72	0.34	56.66
0.11	5.93	0.23	25.92	0.35	60.03
0.12	7.06	0.24	28.22	0.36	63.51
0.13	8.28	0.25	30.63	0.37	67.08
0.14	9.64	0.26	33.12	0.38	70.76
0.15	11.03	0.27	35.72	0.39	74.53
0.16	12.55	0.28	38.42	0.40	78.40

注：反应时测试仪测试反应时可参照《运动生理学实验指导》进行。

（2）轻敲实验

测试目的：测量动作速度。

测试仪器：秒表，铅笔，已画好的尺寸为 20 厘米 × 20 厘米、均分 4 个方格的正方形测试纸。

测试方法：受试者坐在桌旁，桌上放置测试纸，手持铅笔做好准备。听到"开始"口令后，在第一格中敲击纸面打点 10 秒钟，休息 10 秒钟后，在第二格子继续打点 10 秒钟，以此类推，画完成 4 个格子的打点。然后对 4 个格子的点数进行统计。40 秒钟中内点数越多，则动作速度越好；若每格的点数均衡，则说明稳定性好；若每格的点数呈现急剧下降，说明稳定性较差，机能灵活性下降；若每格的点数呈现阶梯形递增，说明进入工作状态较慢。

注意事项：打点时，尽量成转圈形式进行，尽量使画的点不要重叠。

3.耐力素质

（1）屈臂悬垂耐力

测试目的：测量肩臂肌肉克服自身体重的静力耐力。

---

① 王金灿主编：《运动选材学》，173 页，北京，人民体育出版社，2009。

测试仪器：高单杠，板凳，秒表。

测试方法：受试者站在凳上，反握单杠，双手与肩同宽，双臂全屈，横杠位于下颌之下，然后双脚离开凳子，做静力用力状态下的悬垂姿势。当受试者双脚离凳时，开表计时，当头顶低于横杠上缘时停表，记录时间（秒）。

注意事项：测试人员应站于受试者侧面，观察和控制受试者双腿稳定状况，但不给予助力。当受试者双脚离开凳后，测试人员应将凳子后撤并做好保护。

（2）1分钟卧撑屈（伸）腿

测试目的：测量上肢支撑力，腰腹肌和腿部的力量和耐力。

测试仪器：秒表，垫子。

测试方法：受试者双手离脚尖25厘米处扶地成蹲撑姿态，听到口令后开始，双腿向后伸直成俯撑，再还原成开始时蹲撑姿态即为完成一次动作，记录1分钟完成动作的次数。完成次数越多，则该项素质好。

注意事项：成俯卧时，双腿必须伸直，不得弓背和塌腰。从俯撑还原到蹲撑时，脚尖离手的距离不得超过25厘米。

（2）俯卧撑耐力

测试目的：测量双肩和肩带耐力。

测试仪器：高单杠，板凳，秒表。

测试方法：受试者双腿和双臂伸直，双手和双脚前脚掌撑地，双手与肩同宽，身体保持平直成俯卧撑姿势，然后屈臂使身体下降，直至胸部微触地（身体仍保持平直），再推臂向上成直臂支撑姿势，即为完成一次动作。完成次数越多，则该项素质好。

注意事项：受试者要连续完成动作，整个动作过程中不得弓背和塌腰，保持身体的直线；胸部未触及地或头部未低于肘时，动作无效。无效动作不计入成绩。

4.灵敏与协调素质

（1）立卧撑

测试目的：测量双肩和肩带耐力。

测试仪器：高单杠，板凳，秒表。

测试方法：受试者双腿和双臂伸直，双手和双脚前脚掌撑地，双手与肩同宽，身体保持平直成俯卧撑姿势，然后屈臂使身体下降，直至胸部微触地（身体仍保持平直），再推臂向上成直臂支撑姿势，即为完成一次动作。完成次数越多，则该素质好。

注意事项：受试者要连续完成动作，整个动作过程中不得弓背和塌腰，保持身体的直线；胸部未触及地或头部未低于肘，动作无效。无效动作不计入成绩。

（2）十字跳测试

测试目的：测量变换方向跳和灵活控制身体的能力。

测试仪器：秒表；在平地上画两条相互垂直的交叉线，形成4个区域，标明1、2、3、4区。

测试方法：受试者听到口令后，从十字交叉点双脚跳入1区，并连续跳入2、3、4区，再跳回1区，连续跳10秒，记录次数，每次完成计1分。每跳错1次（如错跳、踩线、双脚不同时起跳或落地）扣0.5分，在10秒内完成次数越多，则该项素质好；受试者因意外事故路中断动作或特殊原因影响成绩时，允许重测一次。

注意事项：测试前应让受试者练习2次，测试时，必须按规定顺序和要求跳。

5.平衡能力

（1）荡绳举腿

测试目的：主要测量腰、手臂力及摆动中的平衡能力。

测试仪器：4米长的荡绳。

测试方法：受试者握荡绳下端（握点稍高于头），然后屈双臂引体使双脚离地，测试人员推其摆动成30度角，然后放松任其摆动测试者在摆动中做团身、收腹、举腿动作，双脚高于头部算成功1次，然后使身体还原垂直状（髋、足与荡绳成一直线），再做下一次举腿动作。计30秒内正确完成次数，30秒内正确完成次数越多，则该项素质好。

注意事项：荡绳装置要稳固安全，注意保护工作。测试人员可做演示。

（2）小荡板平衡测试

测试目的：主要测量平衡能力。

测试仪器：两根荡绳，其上端系在架上或树上，下端分别系在长150厘米、宽30厘米的木板（荡板）两端（板面两绳间距为130厘米）；板静止时与地面平行；绳有效长度为4米；秒表。

测试方法：受试者双手握荡绳，双脚分开与肩同宽站在荡板上（脚尖朝前），测试人员推其摆动成30度角，然后放松任其摆动，受试者在第一个往返摆动后应松开荡绳，测试人员在其双手松开荡绳时开始计时，一直到受试者掉下（或人未掉下而荡绳停摆）时停表。计其保持平衡时间，人未掉下而荡绳停摆则以一定符号记录。共测两次，计最好一次成绩。时间越长则该项素质越好。

注意事项：荡绳装置要稳固安全，注意保护工作。受试者双手松开荡绳时即开表计时，当受试者任一手再抓绳试图保持平衡时应及时停表。

（3）大荡板位移平衡测试

测试目的：测量平衡及协调能力。

测试仪器：荡绳其上端系在架上或树上，下端分别系在长200厘米、宽50厘米的木板（荡板）两端（板面两绳间距为170厘米）；板静止时与地面平行；绳有效长度为4米；秒表。

测试方法：受试者双手握一侧荡绳，双脚并拢站在荡板上（脚尖朝前），测试人员推其摆动成30度角，然后放松任其摆动，受试者在第一个往返摆动后应松开荡绳，转身走向另一端用手触及荡绳（但不得抓、握荡绳），测试人员在其双手松开荡绳时开始计时，一直到受试者掉下（或人未掉下而荡绳停摆）时停表。计其成功次数，人未掉下而荡绳停摆则以一定符号记录。共测两次，计最好一次成绩。时间越长则该素质越好。

注意事项：荡绳装置要稳固安全，注意保护工作。受试者双手松开荡绳时即开表计次数，当受试者掉下或任一手再抓绳试图保持平衡时应为失败。

（4）纵向踩木平衡

测试目的：测量平衡能力。

测试仪器：长30厘米、宽、高均为3厘米的木条一根，秒表。

测试方法：受试者赤脚，双臂平举，单脚站在木条上，另一只脚点地，蒙眼。听到口令后开始，受试者点地脚离地，测试人员开表计时，当受试者身体任一部位触地时立即停表，以秒为单位记录成绩，精确到一位小数。左右脚各测两次，记录最好一次成绩。时间越长则该素质越好。

注意事项：选择平坦地面进行测试，注意保护工作。

（5）下肢及躯干静力稳定性平衡测试

测试目的：测量下肢单、双脚支撑时的静力平衡能力。

测试仪器：秒表。

测试方法：采用四种逐渐减少支撑面的站立姿势来检查受试者在静力姿势中保持平衡的能力。

姿势一：双臂前平举，双脚并拢站立。

姿势二：双臂前平举，一脚在前，一脚在后，后脚的大脚趾触前脚跟，双脚在一直线上。

姿势三：双臂前平举，单腿站立，另一腿提起屈膝，足跟触及支撑腿膝盖。

姿势四（燕式平衡）：双臂侧平举。在受试者上举腿与上体呈水平位时开表计时，当支撑腿移动或抬起的脚落地时停表。每人测三次，计最好成绩。

评定方法：受试者每一种姿势能保持15秒钟平衡，身体不歪斜，双臂或眼皮不震颤，为良好；如果出现震颤，为及格；如果姿势不能保持15秒钟平衡，为不及格。

注意事项：用秒表记录各种姿势的站立时间。注意完成动作的正确性。

第六节　运动生理生化机能选材

一、运动生理生化机能选材的依据

（一）生理机能的特点

1. 遗传性

人体器官系统的机能性状具较大的遗传度，而且生理机能的多基因数量性状遗传具有连续性的特征，因而遗传性在生长发育和训练过程中具有较强的稳定性。

2. 可变性

各种生理机能在生长期出现初期逐渐提高，在青春期结束时，生理机能在高峰期维持一定时间，尔后随着年龄的增长，生理机能会出现退行性变化。在不同的年龄阶段，生理机能还会随着刺激和环境变化而改变，运动训练不仅能改变机体的某些形态结构，还能改变与之相适应的生理机能。

3. 适应性

适应是机体和内外环境不断取得平衡的过程。人体不仅是被动地适应客观环境，而是主动地、有目的改造客观环境，并在改造客观环境的过程中，也改造人体自身各项生理机能，更为积极地适应客观环境，表现为较强的生理机能水平，运动能力得以提高。

（二）不同运动项群对生理机能的要求不同

人体在进行各项体育活动或承受巨大的运动训练负荷时，均为表现出各自的机能能力。不同的运动形式或运动项目对人体各器官系统的机能状态有不同的要求，机体生理机能水平又直接影响运动能力，机能水平越高，运动潜力越大，越有可能取得优异成绩。长期从事某一项群的训练，会导致机体的生理生化机能产生相适应的变化，从而提高人体相关器官系统的机能。相关器官系统的水平越高，相应某方面的运动能力也越强。人体各器官系统生理生化机制水平的差异性及其与专项运动特点一致性，是运动员选材的重要依据之一。

二、常用运动生理生化机能选材指标及其测评

（一）肌纤维类型

1.肌纤维类型与运动选材

肌纤维的类型是由遗传决定的，训练可使相关参与工作的肌纤维的横切面积发生改变，肌纤维面积百分比增加，但数量不会增加。肌纤维类型可分为快肌纤维（Ⅱa；Ⅱb；Ⅱc）和慢肌纤维（Ⅰ）两大类。快肌纤维是力量性和速度性运动中参与工作的主要肌纤维类型，快肌纤维数量越多或快肌纤维面积百分比越大，速度素质及力量素质较好；慢肌纤维是耐力性运动中参与工作的主要肌纤维类型，慢肌纤维数量越多或慢肌纤维面积百分比越大，耐力素质较好。

2.肌纤维类型的测定

肌肉活检：用专用采样针从活体欲测试的肌肉组织抽取含有不少于300根肌纤维的肌组织样品，采用组织化学染色法进行测试。

肌电图检测法：用肌电图仪对所测出的表面肌电图进行肌电图平均功率谱和积分肌电图的分析进行测定。

纵跳法：用钉在墙上3米以上的直尺或标有长度的测量用具用纸及镁粉。测试方法为受试者直立在测量尺一侧，手指沾上防滑粉，右上肢尺侧贴近尺子尽量上举，双足并拢，不得提起，在尺上点一指印，测量右手中指指尖至足底平面的垂直距离（厘米）。然后屈膝起跳，并尽量上举近墙的手臂，中指指尖在跳起至最高点时再在墙上点一中指指尖，这上下指印间的垂直距离为纵跳高度。纵跳高度的距离越大则可粗略地估计快肌纤维较多。

（二）血液机能选材指标及其测评

1.血红蛋白（Hb）及其影响因素

血红蛋白是红细胞的主要成分，其功能主要是运输氧气。血红蛋白含量多少直接影响人体能量代谢和人体的供氧能力，其值越大，氧运输能力强，有利于机体供氧，提高耐力运动能力。

血红蛋白正常值：男性为 12～16 克 /100 毫升血液；女性为 11～15 克 /100 毫升血液。

血红蛋白的影响因素有以下几个。

年龄因素：年龄小则血红蛋白值大。

性别因素：男性血红蛋白值大于女性血红蛋白值。

运动训练因素：大运动量会提高血红蛋白含量，但过大则会使血红蛋白含量下降，出现运动性贫血。

高原训练能有效地提高血红蛋白正常值。

相关测试方法可参考《运动生理学实验指导》或《运动生物化学实验指导》中的相关实验。

2. 心血管机能选材指标及其测评

（1）心率（HR）

心率：心脏每分钟搏动的次数。

测试心率的类型有以下几种。

基础心率：清晨醒来起床时的静卧位心率。基础心率应比安静时心率低。身体健康、功能状况良好时，基础心率稳定，随着运动训练水平及健康水平的提高而趋于下降。

安静心率：空腹不运动状况下的心率。耐力运动员的安静心率要低于其他项目运动员；运动员心率低于非运动员。

定量工作心率：从事同一运动练习或定量负荷时表现出的心率。一般情况下，其心率降低或较低可衡量对该负荷的适应水平或机能水平较高。

次极限心率：从事极限负荷下运动时的心率。在次极限心率下做功增加或成绩（强度）提高是工作能力增强、身体机能良好的表现。无氧阈心率就是一种次极限心率。

（2）心率的测试

① 60 米跑心率指数。

测试目的：测量运动员心血管机能水平。

测试原理：在一定范围内，运动强度越大，工作时心率也越快，恢复时间也越长，反映机能情况的心率与运动强度、运动成绩和恢复情况存在一定的内在联系。

测试仪器：秒表。

测试方法：受试者静坐 10～15 分钟，测量安静时心率（连续测三次）。然后进行 60 米疾跑，到终点时计时，然后立即测量每分钟前 30 秒心率，连续测 3 分钟。

指数及指数评定：

$$k = \frac{s \times \Sigma P}{t \times P3}$$

其中，k 为心率指数；s 为距离（60 米）；ΣP 为恢复期 3 分钟前 10 秒心率之和；t 为跑步成绩；$P3$ 为第三分钟前 10 秒的心率。

评定：在运动距离相同的情况下，心率指数与负荷后心率成正比，与成绩和速度之积成反比，即成绩好，强度大，恢复快，心率指数就大，心血管功能好。

表 6-15　60 米跑心率指数评定标准 [1]

指数等数＼对象	7 ～ 12 岁		13 ～ 17 岁	
	男	女	男	女
良好	22.6 ↑	21.6 ↑	25.30 ↑	21.50 ↑
较好	21.40 ～ 22.65	20.40 ～ 21.50	23.80 ～ 25.30	20.40 ～ 21.40
一般	18.70 ～ 21.30	17.50 ～ 20.30	21.30 ～ 23.70	17.70 ～ 20.30
较差	17.70 ～ 18.60	16.40 ～ 17.40	20.80 ～ 21.20	16.20 ～ 17.60
差	17.60 ↓	16.30 ↓	20.10 ↓	16.20 ↓

② 30 秒 30 次蹲起机能测试（心功指数）。

测试目的：测量运动员心功能。

测试原理：以相对定量的负荷，测量心率变化和恢复情况。一般情况下心脏功能弱者工作时心率及其恢复时间也越长。

测试仪器：秒表。

测试方法：受试者静坐 5 分钟，测量 15 秒的心率，将所得数乘以 4，得出 1 分钟的心率，标为 P1。然后从立正姿势开始，在 30 秒钟内完成 30 次蹲起动作（下蹲到最大限度），结束的即刻，测量 15 秒钟心率，将所得数乘以 4，得出 1 分钟的心率，标为 P2。休息 1 分钟后，测量 15 秒钟心率，将所得数乘以 4，得出恢复期第 1 分钟的心率，标为 P3。按照以下公式进行计算，得出心功指数。

$$P = \frac{P1 + P2 + P3 - 200}{10}$$

---

[1]　王金灿主编：《运动选材学》，209 页，北京，人民体育出版社，2009。略有调整。

指数评定：指数小于或等于零的为最好；指数为 0～5 为很好；6～10 为一般；11～15 为不好；大于 16 为很差。

③台阶实验（哈佛台阶实验）。

测试目的：评价心血管耐力功能。

测试原理：心率在一定范围内与运动强度和最大吸氧量呈直线关系；心率在 120～160 次 / 分时的长时间运动以有氧代谢为主，超过 160 次 / 分，体内逐渐形成许多氧亏，以无氧代谢供能为主，运动中最高心率与运动后心率密切相关。在测量定量负荷后，心率变化和恢复情况，来评价心血管耐力功能的方法。

测试仪器：秒表；节拍器；台阶（长 40 厘米，宽 30 厘米，高度 50 厘米、50 厘米、45 厘米、40 厘米、43 厘米、35 厘米等）。

表 6-16　台阶高度、年龄、性别与运动持续时间设置 [1]

受试者	年龄	台阶高度（cm）	持续时间（min）
男子	成人	50	5
女子	成人	43	5
青少年	12～18 岁	50	4
女青少年	12～18 岁	40	4
男女儿童	8～12 岁	35	3
男女儿童	8 岁以前	35	2

测试方法：受试者先选择相应的台阶高度和运动持续时间；静坐 5 分钟，测量 15 秒的心率，将所得数乘以 4，得出 1 分钟的心率。然后从立正姿势开始，听口令跟着节拍器的节奏（120 次 / 分，每上下一次为 4 节拍，节拍一，一只脚跨上台阶上；节拍二，双脚站在台阶上，一定要站直；节拍三，先上台阶的脚下到台阶下；节拍四，双脚站在地面上。脚步必须与节拍同步）进行上下台阶运动，在规定时间内完成。运动结束后，受试者坐下后测量恢复期第 1 分钟、第 2 分钟、第 3 分钟的后 30 秒心率，分别标为 F1、F2、F3（测心率时达 80 次 / 分则记录，超过 80 次 / 分则不记录）。按照以下公式进行计算，得出台阶指数。

$$台阶指数 = \frac{t \times 100}{(F1 + F2 + F3) \times 2}$$

其中，t 为上下台阶总时间。

---

① 余竹生、沈勋章、朱学雷编：《运动员科学选材》，100 页，上海，上海中医药大学出版社，2006。

表 6-17　指数评定表 [1]

台阶指数	评定	台阶指数	评定
≥ 90	优	55 ~ 64	中下
80 ~ 89	良	≤ 55	差
65 ~ 79	中	—	—

3.呼吸机能测试

（1）肺活量测试

测试目的：测量肺通气功能。

测试原理：用力吸气后再用力呼气所呼出的气量为肺活量。

测试仪器：肺活量计，75% 的医用酒精药棉，吹嘴。

测试方法：要求受试者接受口令做最大深吸气后，迅速用口对准吹嘴向肺活量计作最大限度地呼气直至不能再呼气时（途中不能换气），肺活量计所显示的气量数值为所测的肺活量。重复测量三次，取其最大值记录。每次测后均要求用 75% 的医用酒精药棉进行消毒后，方可进行下一次的测量。

测试评价：我国成年男性肺活量的正常值为 3500~4000 毫升；我国成年女性肺活量正常值为 2500~3500 毫升；运动员的肺活量尤其是耐力性项目运动员的肺活量远远大于一般人。肺活量越大，则肺通气功能越好。

（2）最大摄氧量的简易测试（12 分钟跑测试）

测试目的：测量机体呼吸和循环水平功能。

测试原理：最大吸氧量是人体在运动中呼吸和循环系统发挥出最大机能水平时，每分钟所摄取和利用的最大氧量。而 12 分钟跑时，人体的呼吸和循环系统基本发挥到最高机能水平，可间接来进行最大摄氧量的推测。

测试仪器：秒表，田径场地；标志物（如锥形筒、标志旗等）。

测试方法：在场地上每隔 50 米放置一个标志物和一名测试人员。受试者以稳定的速度尽力跑完 12 分钟，在 12 分钟时，记下所跑的距离（一般以 50 米为标准，小于 50 米不计）。将获得的距离代入以下公式推算最大摄量氧。

$$最大摄氧量 = \frac{0.02125 \times 12分钟跑距离(m) - 7.2371 \times 体重(kg)}{1000}$$

测试评价：最大摄氧量越大，则心肺功能越好。

---

[1]　余竹生、沈勋章、朱学雷编：《运动员科学选材》，101 页，上海，上海中医药大学出版社，2006。

表 6-18 12 分钟跑成绩推算最大摄氧量[①]

12 分钟跑成绩（m）	最大摄氧量（ml/kg·min⁻¹）	12 分钟跑成绩（m）	最大摄氧量（ml/kg·min⁻¹）
1000	14.0	2500	45.9
1100	16.1	2600	48.0
1200	18.3	2700	50.1
1300	20.4	2800	52.3
1400	22.5	2900	54.4
1500	24.6	3000	56.5
1600	26.8	3100	58.5
1700	28.9	3200	60.8
1800	31.0	3300	62.9
1900	33.1	3400	65.0
2000	35.3	3500	67.1
2100	37.4	3600	69.3
2200	39.5	3700	71.4
2300	41.5	3800	73.5
2400	43.8	3900	75.6

第七节 运动心理选材

一、运动心理选材的依据

第一，人类遗传的特点和规律为运动员心理能力的测评和预测提供了可能。

第二，人的心理素质发展的相对稳定性为运动员选材的测评和预测提供了可能。

第三，人的心理素质发展的阶段性为运动员选材的测评和预测提供了可能。

第四，运动心理研究和实践中的应用经验为运动员心理选材提供了可能。

---

① 王金灿主编：《运动选材学》，239~240 页，北京，人民体育出版社，2009。略有调整。

第五，不同项目（群）运动员心理素质不同要求为运动员心理选材提供了依据。

二、心理选材测验及其要求

（一）心理选材测试的要求

1.对主试者的要求

第一，经过心理测试的培训。

第二，了解受试者的文化水平、专项和训练年限。

第三，准确掌握评分标准。

2.测试准备

第一，主试者要熟记测试的指导语。

第二，准备好测试材料。

第三，测试条件。

第四，良好的协调关系。

（二）心理能力选材测试及其测评

1.方位感觉的测试

测试目的：测定方位感觉机能（以臂为例）。

测试仪器：黑板，不同颜色的粉笔。

测试方法：受试者面对或背对黑板，蒙眼，手臂自然下垂，任一侧手臂的手持粉笔，拿粉笔的手臂屈臂经体侧由下向上移动，当达到一定位置时，测试人员让其停止，在黑板点上一点，然后手臂还原，测试人员命令其重复以上动作，要求力争粉笔点在前次相同的位置上。

测试评定：连续三次测量，计其误差，求出平均数，误差平均数越小越好（可用不同颜色的粉笔以示区别）。

注意事项：蒙眼；别人不能提示；受试者复制时认为到位时要停止动作并称好，以示感觉到位，然后固定不动打点。

2.前庭机能稳定性测试

测试目的：测定前庭器官稳定性。

测试仪器：各种颜色的粉末。

测试方法：在一平坦空旷地面上用粉笔画一条长 6～7 米直线，受试者低头闭眼，将一只手的中指指向双腿之间的地面，然后沿逆时针方向 以 1/2 秒速度匀速旋转 10 周；当旋转停止后，马上令受试者睁眼抬头并站立起来沿直线行走（不可跑步），要尽量控制自己沿直线前进。测试人员一边进行保护，一边用粉笔记录下行走的脚印同直线的距离。

测试评定：全程行走时，脚印偏离直线不超过 0.25 米者，前庭稳定性好，可评 5 分；脚印偏离直线不超过 0.5 米者，前庭稳定性较好，可评 4 分；脚印偏离直线不超过 1 米者，前庭稳定性一般，可评 1 分；旋转停止后，2 秒钟内不能站立或脚印偏离直线 1 米以外者，前庭稳定性差，评为不及格。

注意事项：旋转运动时闭眼，蒙眼，他人不能提示，要做好安全保护措施。

3. 肌肉用力感

测试目的：测定受试者对肌肉用力大小的自我感觉。

测试仪器：握力器，遮眼罩或蒙眼布。

测试方法：受试者蒙眼后缓慢捏、压握力器，在其尚未到最大握力时，让其停止，记录下握力器上所显示的数值，然后将握力器上的数值还原后，再要求受试者复制，计算两次握力之间的误差，共做 3 组（6 次），求其平均误差。

测试评定：平均误差越小越好。

练习与思考

1. 为什么说"运动员选材、运动员科学训练和运动员机能的恢复"是运动员取得优异成绩三大环节？三者之间是什么关系？

2. 为什么将优秀运动员的模式特征作为运动员选材的依据之一？

3. 教练员的经验在运动员选材中起什么作用？

4. 在独竹漂运动员选材中，哪些身体素质不同于其他运动项目？

5. 运动员选材中，为什么要注意生长发育的特点？

6. 在独竹漂运动员选材中，其体型应有哪些特点？

7. 你认为独竹漂运动员应具备的心理因素有哪些？

8. 请你设计一个独竹漂运动员初级选材的工作程序。

9. 运动员选材时，应遵循哪些原则？

10. 以下是划船三线运动员选材测试表。如何进行修改，形成基本满足独竹漂运动员初级选材测试表。

划船三线运动员选材测试表

单位：　　　　教练员：　　　　测试日期：　　　　进队时间：

姓名：　　　　性　别：　　　　出生年月：　　　　骨　龄：

分类	赛艇		分类	皮划艇	
	指标	实测值		指标	实测值
形态	身高（厘米）		形态	身高（厘米）	
	体重（千克）			体重（千克）	
	指距（厘米）			指距（厘米）	
	下肢长 B（厘米）			肩宽（厘米）	
	下蹲伸臂距（厘米）			胸围（厘米）	
一般素质	引体向上（次）		一般素质	引体向上（男）（次）	
	立定跳远（厘米）			俯卧撑（女）（次）	
	杠铃俯卧拉（千克）			杠铃俯卧拉（千克）	
	杠铃下蹲（千克）			杠铃卧推（千克）	
	耐力跑（秒）			耐力跑（秒）	
	划船测功仪（米）			划船测功仪（米）	
	短距离单人艇（秒）			短距离单人艇（秒）	
	长距离单人艇（秒）			长距离单人艇（秒）	
专项技术	水感		专项技术	水感	
	基本技术			基本技术	
	500 米桨数差			500 米桨数差	
功能	心功能指数	安静（次/15 秒）		功能	心功能指数	安静（次/15 秒）	
		即刻（次/15 秒）				即刻（次/15 秒）	
		恢复（次/15 秒）				恢复（次/15 秒）	
		指数				指数	
	肺活量（毫升）			肺活量（毫升）	
	最大摄氧量（毫升/千克/分）			最大摄氧量（毫升/千克/分）	
心理	意志品质		心理	意志品质	

第七章　独竹漂竞速运动技术教学

学习目标

1.了解独竹漂竞速运动技术分类。

2.掌握独竹漂正握技术动作方法及要领。

3.掌握独竹漂上漂技术动作方法及要领。

第一节　独竹漂竞速运动技术分类与分析

一、独竹漂竞速运动技术分类

独竹漂竞速运动是运动员在比赛过程中，手持划杆赤足站立在水中的单棵竹材或（形似材料）上，在规则的规定下，利用手中划杆划水使其前进，在最短的时间内，划完规定距离的一项运动。基本技术可分为握杆技术、上漂技术、下漂技术、站漂技术和划水技术。

二、独竹漂竞速运动握杆技术分析

根据运动员的特点和比赛需要，独竹漂竞速运动的握杆技术可分为正握技术、反握技术和正反握技术。

（一）握杆技术动作方法及要领

1.正握技术动作方法

双脚左右开立，双手拳背向外，拳心向内，五指自然放松，大拇指从划杆内侧握杆，其余四指从划杆外侧握杆，双手臂自然下垂成40～50度握杆于体前。

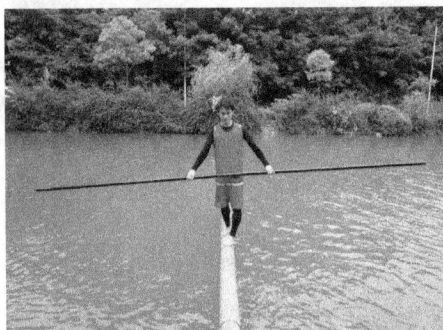

图 7-1　正握划杆示范

2.反握技术动作方法

双脚左右开立，左右手拳心向外，拳背向内，大拇指从划杆外侧握杆，其余四指从划杆内侧握杆；五指自然放松，双手臂自然下垂成 40～50 度握杆于体前。

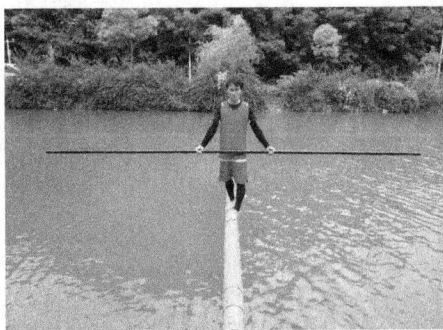

图 7-2　反握划杆示范

3.正反握技术动作方法

双脚左右开立，左（右）手拳背向外，拳心向内，大拇指从划杆内（外）侧握杆，其余四指从划杆外（内）侧握杆；五指自然放松，双手臂自然下垂成 40～50 度握杆于体前。

图 7-3　正反握划杆示范

（二）握杆技术动作要领

独竹漂的握杆技术，无论是正握技术、反握技术、还是正反握技术，我们在握杆的时候，必须做到全身自然放松，手臂自然下垂，手指轻扣在划杆上，划水时手指握杆不能太紧，太紧虎口容易起泡。

三、独竹漂竞速运动上漂技术动作分析

根据独竹漂竞速比赛和训练的需要，我们可将独竹漂竞速运动的上漂技术划分为岸上上漂技术和水上上漂技术。

（一）岸上上漂技术

根据独竹漂竞速比赛和训练的需要，我们可将独竹漂竞速运动的岸上上漂技术分为走漂技术、跑漂技术、跳漂技术和岸上单脚支撑上漂技术。

1.走漂技术动作方法及要领

走漂技术是竹漂一头靠岸，运动员手持划杆从岸上开始控制身体平衡走向竹漂重心位置的一项技术。

动作方法：运动员握好手上划杆，一只脚支撑在岸上，另一只脚轻踩在竹漂漂面正上方，然后踩在竹漂正面上方的脚下压，岸上支撑腿快提踩在竹漂上，运动员利用手中划杆控制身体平衡，双脚交替走向竹漂远端三分之二处，当竹漂重心前移，岸上竹漂头抬起时，利用手中划杆划水前行的一项技术。

图7-4　走漂技术示范

动作要领：当运动员快速收腿踩在竹漂正面上时，运动员全身放松，利用手中划杆控制身体平衡走向竹漂远端，当岸上竹漂抬起时，运动员划水前行，然后再调整自己在竹漂的最佳重心位置上进行训练。

2.跑漂技术动作方法及要领

跑漂是竹漂一头靠岸，运动员手持划杆从岸上开始控制身体平衡跑向竹漂重心位置的一项技术。

动作方法：当运动员从岸上开始跑到竹漂三分之二处时，身体重心下压，使岸上竹漂头快速抬起，利用手中划杆划水前行的一项技术。

图 7-5　跑漂技术示范

动作要领：当运动员快速收腿踩在竹漂正面上时，运动员利用手中划杆控制身体平衡快速交叉步跑向竹漂远端时，岸上竹漂头抬起，运动员重心下压，利用手中划杆划水前行，然后再调整自己在竹漂的最佳重心位置上进行训练。

3.跳漂技术动作方法及要领

跳漂技术是指运动员手持划杆从岸上起跳跳上离岸边 1～2 米的水上竹漂上，然后利用缓冲控制身体平衡落在竹漂上的一项技术。跳漂技术可分为岸上撑竿单脚跳漂技术和岸上双脚跳漂技术。

（1）岸上撑竿单脚跳漂技术

动作方法：运动员利用手中划杆找到岸上或水上支撑点，从岸上或水上撑起整个身体单脚跳上离岸边 1～2 米水上竹漂处，然后双脚缓冲控制身体平衡落在竹漂上，利用手中划杆划水前行划向远处的一项技术。

动作要领：运动员在准备起跳时，双手必须握紧划杆找到岸上或水上支撑点，在撑起整个身体时，运动员必须主动起跳撑起整个身体跳到竹漂重心位置处，当双脚落在竹漂重心位置时，运动员主动控制身体下落缓冲，快速收住划杆控制身体平衡。

（2）岸上双脚跳漂动作方法及要领

动作方法：运动员手持划杆，双脚同时从岸上起跳，跳到离岸边1～2米水上竹漂处，然后缓冲控制身体平衡落在竹漂上，利用手中划杆划水前行划向远处的一项技术。

动作要领：起跳时，运动员必须手持划杆放松站在岸上，双脚同时屈蹬等地发力腾空落向远处竹漂重心位置处，利用手中划杆控制身体缓冲落在竹漂上。

4.岸上单脚支撑上漂技术动作方法及要领

动作方法：岸上单脚支撑上漂技术是运动员站在岸边，一脚先站在竹漂重心处，利用手中划杆作支撑点，轻推岸边；另一脚快速跟上，然后整个身体手握划杆站立于竹漂上的一项技术。

图 7-6 岸上单脚支撑上漂技术示范

动作要领：运动员一只脚踩在竹漂重心位置处，利用手中划杆轻推岸边障碍，站在岸上的另一只脚快收踩在竹漂上，然后利用手中划杆划水划向远处。

（二）水上上漂技术

水上上漂是运动员坐在竹漂上利用手中划杆撑起整个身体，双脚同时站立

于竹漂上的一项技术。水上上漂技术可分为后挂支撑上漂技术、坐起上漂技术、
水上支撑跳起上漂技术。

　　1.后挂支撑上漂技术动作方法及要领

　　动作方法：运动员手握划杆支撑在体前竹漂正面上方，双脚骑跨在水中竹
漂上，后脚脚背挂在身体后面竹漂正上方，后脚脚背和手上划杆同时下压将前
脚撑起，然后调整双脚位置，同时站立于漂上。

图7-7　后挂支撑上漂技术示范

动作要领：撑起身体时，后脚脚背必须提前挂在竹漂正面上方，当撑起前脚时，前脚轻踩在竹漂正面上，然后调整后脚控制竹漂旋转快速撑起整个身体。

2.坐起上漂技术动作方法及要领

动作方法：运动员手握划杆坐在竹漂上，一条腿贴近自己大腿，另一条腿调整好位置放在竹漂漂面上，贴近大腿的足弓发力，利用手中划杆将重心前移下压撑起整个身体，快速站起，站立于漂上。

图 7-8　坐起上漂技术示范

动作要领：运动员坐在竹漂上，两只脚前后踩在整个竹漂正面，其中一只脚贴近自己臀部，手持划杆放于体前快速下压，贴近臀部的足弓和腿部发力下压快起站立在竹漂上。

3.水上支撑跳起上漂技术动作方法及要领

动作方法：运动员骑跨在竹漂上，手握划杆支撑竹漂，双手同时下压发力，将整个身体支撑跳起，快速收脚踩在竹漂漂面上。

图7-9 水上支撑跳起上漂技术示范

动作要领：撑起竹漂时手臂用力，双脚快收踩在竹漂上，并迅速站立于漂上。

四、独竹漂竞速运动下漂技术动作分析

根据独竹漂比赛和训练的需要，独竹漂下漂技术可分为竹漂头靠岸技术和竹漂平行靠岸下漂技术两种。

（一）竹漂头靠岸技术动作方法及要领

动作方法：竹漂头靠岸是运动员将竹漂头划向岸边近2米的地方，运动员顺势往后走动，利用手中划杆调整竹漂头的方向和高度，当竹漂头抬起接近岸边时，手中划杆不停划动，左右点水调整平衡和位置，然后再走向岸上。

① ②

③ ④

图 7-10　竹漂头靠岸技术示范

动作要领：当竹漂头接近岸边时，运动员边往后走边划水，竹漂靠近岸上后，运动员顺势往前划水走动走向岸上。

（二）竹漂平行靠岸下漂技术动作方法及要领

动作方法：运动员将竹漂划向岸边，当竹漂靠近平行于岸边 20～40 厘米的地方时，运动员将划杆一头撑在岸上控制身体重心，然后一只脚先下，另一只脚后下，完成整个下漂技术动作。

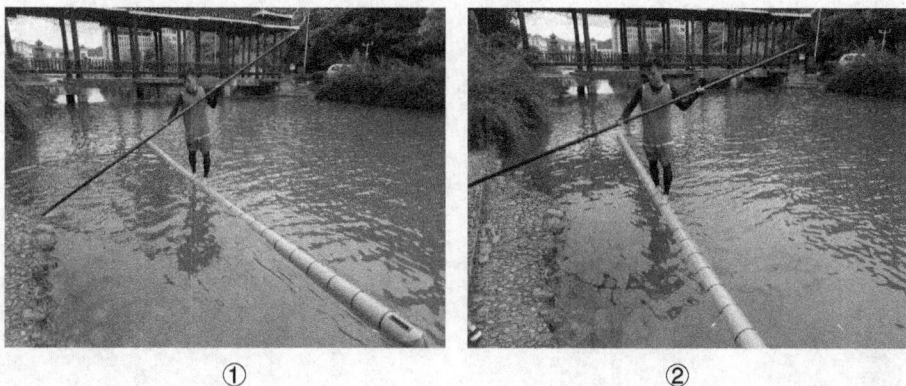

① ②

③　　　　　　　　　　　　　④

⑤　　　　　　　　　　　　　⑥

图 7-11　竹漂平行靠岸下漂技术示范

动作要领：当竹漂靠近岸边时，运动员一只脚快速踩在岸上，另一只脚快速紧跟离开竹漂顺势跟上完成下漂靠岸动作。

五、独竹漂竞速运动站漂技术动作分析

根据独竹漂运动员个人比赛和训练需要，结合个人特点，我们将运动员的站漂技术分为前弓步站漂技术、人字形站漂技术。

（一）前弓步站漂技术

根据运动员个人特点，我们可将前弓步站漂技术分为脚内侧相对站漂技术和外八字站位技术。

1.脚内侧相对站漂技术动作方法及要领

动作方法：双脚前后成弓步开立，脚内侧相对，脚趾朝向竹漂一侧方向站在漂上。

图 7-12 脚内侧相对站漂技术示范

动作要领：双脚足弓踩在竹漂正面上方，控制竹漂稳定和保持身体平衡。

2.外八字站位技术动作方法及要领

动作方法：外八字站位技术为双脚前后成弓步开立，脚趾分别朝向竹漂两侧站位。

图 7-13 外八字站位技术示范

动作要领：双脚足弓踩在竹漂正面上方，呈外八字占位控制竹漂稳定和保持身体平衡。

（二）人字形站漂技术

根据运动员个人特点，我们可将前弓步站漂技术分为脚内侧相对站漂技术和外八字站漂技术。

1.脚内侧相对站位技术动作方法及要领

动作方法：双脚前后成弓步开立，脚内侧相对，脚趾朝向竹漂一侧方向站在漂上。

动作要领：双脚足弓踩在竹漂正面上方，控制竹漂稳定和保持身体平衡。

2.外八字站位技术动作方法及要领

动作方法：外八字站位技术为双脚前后成弓步开立，脚趾分别朝向竹漂两侧站位。

动作要领：双脚足弓踩在竹漂正面上方，呈外八字占位控制竹漂稳定和保持身体平衡。

六、独竹漂竞速运动划水技术分析

独竹漂划水技术是指运动员利用手中划杆划水驱动竹漂前行的一项技术。分为坐起划技术和站起划技术。

（一）独竹漂坐起划技术动作方法及要领

动作方法：运动员手持划杆坐在竹漂上左右划水，是运动员准备比赛和休息时，调整竹漂位置的一种方法，也是一项周期性运动的划水技术。运动员划水时，手握划杆比肩宽，坐在竹漂上可进行前后划行以及水上转弯等练习。

动作要领：划水时注意上推和下拉相结合，并保持好划水时的周期性交替运动。

（二）独竹漂站起划水技术

站起划水技术是独竹漂周期性运动的左右拉竿技术，是一种多次重复统一的动作，运动员手臂、躯干、上肢和身体各环节总是沿着一定的运动轨迹做动作，这种动作轨迹与划水技术的合理性是内在联系的。包括起划技术、途中划技术和加速划技术。

1.起划技术动作方法及要领

动作方法：运动员手握划杆站立漂上，利用手中划杆划水，由静止状态将人体和竹漂转化为运动状态的一项技术，称为"起划技术"。及时正确地掌握起划技术，能使竹漂在最短时间内获得最快速度，取得预先的优势。当裁判员开始取齐时，运动员做好准备，迅速上漂，并调整好竹漂的位置，当裁判员宣布取齐完成以后，运动员调整呼吸，听到裁判员发出"各队注意——预备——划"的口令时，迅速将划杆伸向竹漂远端，接着向前推杆和向身后拉水提竿，当竹漂获得最大和最快驱动力后，逐渐加大划水力量和划水节奏，完成前5～8杆起动划水优势。

动作要领：起划时，注意默念起划口令，划杆插水深度大约在80厘米至1米深度。

2.途中划技术动作方法及要领

动作方法：在竹漂启动以后，运动员根据独竹漂比赛项目距离长短，调整呼吸匀速交替拉杆划水前进，已便获得最优划水速度的一项技术。途中划是起划技术的过渡。在途中划水过程中，运动员主要是保持匀速划水的节奏，利用自己70%～80%的划水力量控制好划水的杆频，为加速划保证充沛的无氧冲刺。

动作要领：由起划过渡到途中划时，人体处于高度平衡的划水过程中，杆频和杆长都达到了很高水平和相对的稳定性，因此，在途中划的阶段，运动员应注意在加速过程中，双手保持固定的划水幅度和划水时的入水深度，通过腰腹转动带动上肢交替划水，做到全身各环节用力协调，让自己的体能得到最合理的分配。

3.加速划技术动作方法及要领

动作方法：在匀速划水的过程中，运动员利用自己最大划水力量和杆频划水，以获得最快划水速度的一项技术。在途中划水的过程中，运动员根据技战术安排，突然从匀速划水过渡到加速划水，此时运动员利用腰腹力量带动上肢转动速度，加大划水深度和远度，全力加快在划水过程中的划水杆频冲到终点，以获取最优比赛成绩。

动作要领：在加速划水冲刺阶段，速度的增长依赖于杆频和杆长同时增加。而加快杆频是加速划起始阶段速度增长的主要因素。因此，在冲刺阶段通常采用加大划水杆频和增大杆长来减少速度的损失，所以划水的杆频和杆长需要靠最大力量划水的深度和交替换杆速率来完成。

第二节　独竹漂竞速运动教学

一、独竹漂竞速运动握杆技术练习

（一）握杆技术练习

以划杆中心位置为中心点，双手自然下垂，五指自然放松轻握划杆，全身协调放松将划杆由体前向头上方做4×8拍练习，练习时可集体进行，也可以两个人一组进行练习和互相纠正错误动作。

（二）握杆技术易犯错误与纠正方法

1.易犯错误

握杆必须全身协调放松，握得太紧容易在用力过程中造成肩关节肌肉拉伤和虎口起泡；握杆角度太大和太小不利于周期性划水过程中获得最佳的入水深度。

2.纠正方法

利用巡视指导和个别纠正的方法，检查运动员握杆方式是否正确，利用触摸运动员手臂等检查运动员握杆时是否全身协调放松，未放松者可轻拍小臂、上臂和肩关节进行纠正和指导。

二、独竹漂竞速运动上漂技术练习

（一）上漂技术练习

运动员根据动作方法和动作要领进行上漂练习。

1.水上上漂技术练习

水上上漂时运动员坐在竹漂上，将手中划杆轻放在体前，后脚背扣在竹漂漂面上，利用划杆撑起前脚，然后翻起后脚，双脚同时踩在竹漂上，不让竹漂转动，当整个身体稳住后，果断站立于竹漂上，并利用手中划杆左右点水控制身体平衡。练习时，可采取两人一组进行练习，一位同伴面向练习者，帮助其控制竹漂不让竹漂旋转，练习者根据动作要领进行水上上漂技术练习，当练习熟练以后，运动员方可进行独立的水上上漂技术练习。

2.岸上上漂技术练习

岸上上漂技术主要介绍运动员岸上单脚支撑上漂练习方法。练习者手持划杆将前脚踩在平行于岸上和漂浮于水中的竹漂上，利用手中划杆控制身体轻推岸边障碍，同时站在岸上的另一只脚快收迅速踩在竹漂上。练习时，运动员可在岸边反复进行上下漂练习，当熟练以后，便可将竹漂划向远处。

（二）上漂技术易犯错误与纠正方法

1.易犯错误

（1）水上上漂技术练习

水上上漂时运动员后脚背未扣紧竹漂，当撑起划杆时前脚踩在竹漂正面上，双脚足弓不能很好地控制竹漂，双脚容易向竹漂一侧发力造成掉水，站立于竹漂上时手中划杆没有左右点水，使身体失去平衡造成落水。

（2）岸上上漂技术练习

岸上上漂时，初学者没有很好地利用撑在岸上的手中划杆发力，将一只脚踩在竹漂上的身体稳住，踩在岸上的脚收回不迅速、不果断，容易造成落水。

2.纠正方法

（1）水上上漂技术练习

水上上漂时运动员后脚背必须倒挂扣在竹漂正面上，利用手中划杆撑起前脚，撑起时不断调整足弓位置，保持足弓踩在漂面上，当前脚踩稳竹漂后，慢慢调整后脚由脚背后挂调整到足弓踩在漂面上，当双脚足弓同时踩稳竹漂时，利用手中划杆控制身体站立于漂上。

（2）岸上上漂技术练习

单脚支撑上漂，踩在水中竹漂的前脚要放松，手中划杆撑在岸上，稳住后，踩在岸上的另一只脚需快速回收踩在漂面上，手中划杆轻推岸上完成单脚支撑上漂。

三、独竹漂竞速运动下漂技术练习

（一）下漂技术练习

1.竹漂头靠岸练习

运动员手持划杆将漂头对准岸上不停划动，当漂头接近岸上时运动员一边利用手中划杆往前划动一边顺势往漂尾走动，当漂头抬起后快速往前划动，漂头接近岸上时，利用手中划杆一边划动一边往前走动，通过浮力竹漂重心由后往前前移，运动员迅速上岸，完成下漂。练习时，若漂头未抬起，可由一名队员蹲在岸上帮助抬起竹漂，然后将漂头放在岸上并稳住，运动员顺势走下竹漂；若漂头抬得太高，不停摆动，可由一名队员蹲在岸上帮助按下竹漂，然后将漂头放在岸上并稳住，运动员顺势走下竹漂。

2.竹漂平行靠岸下漂练习

运动员由远及近，将竹漂划向岸边，当竹漂靠近平行于岸边20～40厘米的地方时，运动员将划杆一头撑在岸上控制身体重心，然后一只脚先下，另一只脚后下，完成整个下漂技术动作练习。在练习过程中，可由一名队员在岸上进行保护与帮助，当运动员练习未熟练时，接近岸上的队员可将划杆一头递给岸上队员，岸上队员顺势帮助划漂队员拉住划杆让其竹漂靠近岸边完成整个下漂技术动作。

（二）下漂技术易犯错误与纠正方法

1.易犯错误

（1）竹漂头靠岸练习

当运动员手持划杆将漂头划向岸上时，往漂尾走动不迅速，往前划行速度跟不上，导致漂头不能顺利靠岸；当漂头接近岸上时运动员往前走动和划水节奏跟不上，导致漂头靠岸失败，不能顺利下漂。

（2）竹漂平行靠岸下漂练习

当竹漂靠近岸上时，运动员不能很好地控制竹漂平行于岸上，导致下漂失败；竹漂靠近岸边时，运动员能够将手中划杆撑在岸上，但不能将划杆力量放在下压河岸的作用力上，导致竹漂靠近河岸时，反作用力导致竹漂离岸上越来越远，下漂失败。

2.纠正方法

（1）竹漂头靠岸下漂练习

当漂头接近岸上2米左右时，运动员必须迅速往前划动，并迅速向漂尾走动，只有走动迅速，竹漂重心才能靠后，通过水中浮力作用使漂头抬起贴近岸上，完成下漂练习。

（2）竹漂平行靠岸下漂练习

在竹漂划向接近岸边的过程中，运动员必须控制好竹漂方向，让竹漂平行接近岸边，当竹漂靠近河岸时，运动员利用手中划杆划水调整竹漂方向，并利用划杆一头按住岸上向内发力轻压，慢慢使整个身体接近河岸，迅速下漂。

四、独竹漂竞速运动站漂技术练习

（一）站漂技术练习

1.前弓步站漂技术练习

练习时，运动员可在岸上进行独竹漂徒手或持杆站位练习，在练习站位过程中感受控制身体平衡，并体验脚内侧相对弓步站漂技术和外八字弓步站漂技术，找到适合个人特点的站位技术。

2.人字形站漂技术练习

练习时，运动员可在岸上进行独竹漂徒手或持杆站位练习，在练习站位过程中感受控制身体平衡，并体验脚内侧相对人字形站漂技术和外八字人字形站漂技术，找到适合个人特点的站位技术。

（二）站漂技术易犯错误与纠正方法

1.易犯错误

在前弓步和人字形站位技术练习时，双腿膝关节太紧张，足弓没有紧扣竹漂正面，重心没有放在双腿之间，臀部过于放松，造成站位控制身体不平衡，影响划水技术。

2.纠正方法

在前弓步和人字形站位技术练习过程中，可由一名队员帮助固定竹漂一头，练习者体验前弓步和人字形站位技术，调整适合自己的站位姿势，做到双腿膝关节和踝关节放松，足弓轻踩在竹漂正面上，臀部收紧，当练习者熟练站位以后，可进行水上上漂练习。

五、独竹漂竞速运动划水技术练习

（一）划水技术练习

1.独竹漂坐起划水技术练习

运动员初次接触独竹漂，首先应从坐起划水开始练习。练习时，运动员可采取互相帮助的方法，利用一名运动员扶助竹漂，另一名运动员从岸上找到竹漂位置中心点骑跨上漂。当上漂运动员坐稳竹漂后，利用手中划杆控制身体平衡，双手保证左右15～30度角划水前行。当运动员在划水过程中能很好地控制竹漂的方向后，可进行竹漂划水掉头练习。待很好的熟悉独竹漂划水技术后，运动员在划行时可将双脚脚掌内侧放在身体前面的竹漂上进行划水练习。由于在划水过程中运动员是坐着的，因此，入水角度应该保持15～30度角。

2.独竹漂站起划水技术练习

站起划水技术是独竹漂运动员技术的关键，入水深度和划水力量决定着独竹漂竞速运动的成绩。

（1）岸上练习

运动员手持划杆站在离岸边30～50厘米的地方，利用手中划杆体验入水深度和划水力量。练习时，双手握住划杆向离岸边正前方远端伸出，连续做好上推和下拉划水练习，体验入水时的深度和用力节奏，入水深度控制在80厘米至1米以内，拉水时主要体验连续推、拉水的节奏，每拉完30次为一组，左右分别拉2次。

（2）水上练习

两人一组进行练习。运动员将漂头靠近岸上，并垂直于岸边，保护帮助另一名运动员在岸上用双手扶住漂头，练习者手握划杆站立在竹漂重心的位置处，体验站在独竹漂重心位置上用力划水控制身体平衡。由于练习时，漂头固定，所以运动员在用力时，要找到适合自己划水的入水深度和角度，从自己最大力量划水的 50% 过渡到 80%，体验好入水深度和用力节奏，并感受用力后控制身体平衡的状态。

3.独竹漂起划技术练习

起划技术是运动员在裁判员取齐完成后，全神贯注听口令，利用手中划杆，驱动人体和竹漂前行的一项技术。

在练习过程中，运动员不停地在水中练习上漂和下漂 3～6 次，练习稳定性；练习完成后，由教练员充当发令裁判在岸上取齐发令，进行起划练习，起划前运动员必须保持冷静和集中注意力，当教练员发出"各队注意——预备——划"的口令时，运动员保持好第一杆的划水深度和远度，迫使独竹漂获得最大的第一时间动力，第一杆划水结束后，通过腰腹带动肩关节发力，手臂全力做好推杆和拉杆练习。起划后必须保持向前划水 6～10 杆练习，然后往返重复完成 3 组练习。

4.独竹漂途中划水技术练习

途中划水技术是起划后加速划的过渡阶段，是运动员技术和体能分配的重要部分，对比赛成绩起着决定性的作用。

练习时，运动员在规定的距离内保持同一节奏、幅度和力度的周期性划水练习，做到膝、髋、腰、肩各个关节的协调用力，每次完成练习规定距离的 3～5 组练习。

5.独竹漂加速划水技术练习

从途中划过渡到加速划练习时，运动员通过体能分配和战术安排，通过膝、髋、腰、肩各个关节带动手臂完成推杆、拉杆、提杆和换杆划水练习，保持和超越自己获得的杆频和杆长。练习加速划时，运动员可从途中划中获得的惯性进行一定距离的全力加速反复练习。

（二）划水技术易犯错误与纠正方法

1.独竹漂坐起划水技术易犯错误与纠正方法

（1）易犯错误

坐起时重心没有放在竹漂位置上，上身紧张，骑跨在竹漂上的双腿过于放松，双手紧握的划杆没有放于体前，抬得过高，没有及时左右点水调整重心，造成运动员失去平衡落水。

（2）纠正方法

坐在竹漂位置重心处时，双手握住划杆轻放于体前控制上体平衡，臀部稍微收紧，连续左右点水控制整个身体平衡，逐渐过渡到左右划水，找到划水的深度和划水的节奏。

2.独竹漂站起划水技术易犯错误与纠正方法

（1）易犯错误

划水时，划杆没有向远端伸出，没有获得最佳的入水距离，划杆入水后，在回杆时，腰腹没有带动划杆划水，下手提杆出水过早，腰腹带动肩关节换杆不及时，容易造成身体左右晃动，失去平衡。

（2）纠正方法

练习时，运动员手握划杆，运用自己 50% 的划水力量划水，岸上队员用力按住竹漂，不让独竹漂转动，进行左侧 30 次连续划水练习，每次划水节奏保持匀速用力，划杆入水和出水时，利用腰腹带动肩关节做推杆和拉杆练习。练习完成后换成右侧练习。

3.独竹漂起划技术易犯错误与纠正方法

（1）易犯错误

取齐前，运动员没有及时调整好竹漂位置，造成心理紧张，导致起划掉水和起划速度缓慢，影响比赛成绩。

（2）纠正方法

反复进行水上上漂和下漂练习；站在竹漂上反复进行竹漂振浪练习；反复进行信号刺激练习；反复进行前 10 杆起划后加速划练习。

4.独竹漂途中划水技术易犯错误与纠正方法

（1）易犯错误

途中划时，由于对手紧随或比赛落后，造成运动员心理紧张，技术动作变形，方向控制不好，容易偏离航道或串道，影响比赛成绩。

（2）纠正方法

练习者可沿着相对较直的河道或布置正规的比赛航道进行途中划练习，保持周期性用力节奏、幅度和力度完成规定距离的练习。

5.独竹漂加速划水技术易犯错误与纠正方法

（1）易犯错误

加速划练习时，运动员膝、髋、腰、肩关节用力不协调，尤其是腰腹没有很好的带动全身协调用力，导致加速划时晃动过大，没有获得更好的杆频和杆长，影响比赛成绩。

（2）纠正方法

运动员可在竹漂尾部吊一砝码进行负重反复冲刺练习，每次冲刺练习距离控制在 10～20 米，每次完成 3～5 组练习。练习时，运动员敢于通过膝、髋、腰、肩关节协调用力，用自己百分之百的力量完成规定次数和距离的练习。

练习与思考

1.独竹漂运动技术分类有哪些?

2.简述后挂支撑上漂技术动作方法及要领。

3.简述前弓步站漂技术动作方法及要领。

4.简述独竹漂运动水上上漂技术易犯错误及纠正方法。

第八章 独竹漂竞速运动体能类型及专项素质训练

学习目标

1. 了解独竹漂运动的体能类型。
2. 了解独竹漂专项素质训练的内容。
3. 掌握核心力量训练的内容。
4. 掌握平衡训练的内容。

独竹漂竞速运动体能类型是研究独竹漂运动项目训练的前提，因此，分析独竹漂运动项目的体能类型能为独竹漂专项素质训练制订符合实际的训练计划和训练方法。

第一节 独竹漂竞速运动体能类型与训练要求

按竞技能力的主导因素划分，独竹漂运动是以体能为主导的竞技运动项目，属于体能主导类速度耐力性项目，是在周期性运动中消耗磷酸原和无氧糖酵解供能为主的运动项目。

由于独竹漂比赛项目器材和场地的特殊性以及该项目的技术特点，要求运动员必须具有良好的力量、速度、耐力、灵敏、协调和柔韧等身体素质，这样才能在竹漂上完成各种技巧和动作，才能周期性地依靠手中划杆克服水的阻力划水前进。技术精确性和动作速度是所有运动项目的基本目标，力量、速度、灵敏、协调及柔韧等身体素质是完成运动基本目标的基石，它们是密切相关、相互影响的。力量素质运动神经元是将脊髓传来的电信号传送至肌纤维，借以激活肌肉，完成收缩，从而产生力量。速度素质是指高速度的完成周期性运动的能力，是在特定动作中应用爆发力的标志。灵敏素质包含了减速以及减速—加速的耦合能力，包含加速力量和减速力量的运动技能，即在高速运动中发力或快速地发力，是独竹漂力量和速度在运动过程中大脑对技术动作控制的反映。协调和柔韧素质是独竹漂运动在水上划行过程中控制平衡的关键，协调和柔韧素质差，在用力过程中容易失去平衡而落水，这对整个训练和比赛将会造成严重影响。

第二节　独竹漂专项素质训练

一、力量素质训练

力量素质是指人体神经肌肉系统在工作时克服或对抗阻力的能力。[①] 它是独竹漂专项运动的首要素质，是掌握独竹漂专项技术的保证，是取得优异运动成绩的基础。

依力量素质与运动专项的关系，可分为一般力量和专项力量；依力量素质与运动员体重的关系，可分为绝对力量和相对力量；依完成不同体育活动所需力量素质的不同特点，可分为最大力量、快速力量和力量耐力。[②]

独竹漂运动项目的力量素质以最大力量为主，其次为力量耐力和快速力量。最大力量是指肌肉通过最大随意收缩克服阻力时所表现出来的最高力值。力量耐力是指肌肉长时间克服阻力的能力。快速力量是指肌肉快速发挥力量的能力，是力量与速度的有机结合。[③]

独竹漂运动项目中的最大力量主要体现在运动员的起划时和起划后的加速划阶段，这需要运动员有足够的腰腹力量和手臂力量克服水的阻力，在比赛的起划阶段抢得比赛先机和优势。因此，在平时的训练和比赛中必须重视和加强腰腹肌及手臂力量的抗阻训练。途中划是保持起划优势的重要阶段，这一阶段主要是靠周期性的力量耐力延续比赛优势，在训练过程中需加强无氧糖酵解供能能力的训练，重点是进行长距离的周期性克服水的阻力练习。快速力量在独竹漂训练和比赛中主要体现在起航和途中划后的冲刺阶段，这一阶段需要强有力的磷酸原供能的能力。

① 田麦久：《运动训练学》，191页，北京，人民体育出版社，2000。

② 田麦久：《运动训练学》，191页，北京，人民体育出版社，2000。

③ 田麦久：《运动训练学》，192页，北京，人民体育出版社，2000。

（一）基本训练及器械训练

独竹漂力量训练主要是指在陆地上完成的各种有针对性的抗阻及器械练习，如俯卧撑、引体向上、仰卧起坐、双杠支撑走等抗阻练习及杠铃，哑铃、实心球及各种组合器械的练习等。这里着重对独竹漂的基本训练，器械体能训练进行分析。

1.杠铃练习

用自己最大力量的70%～80%进行杠铃卧推练习，每周训练3次，每次进行3组（8～12次/组）练习，组间间歇时间2分钟。

目的：发展胸大肌、手臂及背阔肌等肌群的力量。

动作方法：双手分别握杠，双臂支撑在双杠上，头正挺胸顶肩，躯干、上肢与双杠垂直，屈膝后小腿交叠于双脚的踝关节部位。肘关节慢慢弯曲，同时肩关节伸屈，使身体逐渐下降至最低位置。稍停片刻，双臂用力撑起至还原。

动作要求：下放的速度要慢，并尽量降低；身体不可随意晃动，要保持平衡；不要在身体的前后摆动中完成动作。

2.负重练习

用自己最大力量的80%进行负重练习，每周训练3次，每次进行3组（6～10次/组）练习，组间间歇时间2分钟。

目的：提高腿部力量及腰腹肌力量。

动作方法：颈后肩上负杠，挺胸，抬头、紧腰、收腹，稍屈髋、双脚与肩同宽或以舒适稳定的站立为宜，可在脚跟处垫木块或杠铃片，以保证蹲、立过程中身体的稳定性，克服起立时的前弯腰弓身，保持重量始终较垂直地作用于腿部目标肌群上。躯干保持竖直微紧状态，以股四头肌的力量控制，维持平衡，慢慢屈膝下蹲，至大腿与地面平行或大小腿成直角或稍低，意念专注，集中股四头肌半蹲起立至双腿伸直，彻底收缩股四头肌至"顶峰"状态，停顿1秒钟后再平稳下蹲，接下次动作。呼吸方法是起立时呼气下蹲时吸气，或起立吸气，下蹲呼气，可随习惯而定，但呼吸必须配合动作不得紊乱。

3.哑铃练习

20千克哑铃卧推、哑铃飞鸟、哑铃深蹲每周练习3次，每次以自身最大能力的80%进行练习，每次进行3组（10～15次/组）练习。

目的：发展手臂力量、胸大肌、背阔肌。

（1）哑铃飞鸟练习动作方法

仰卧窄凳（宽20～25厘米）上，双手持铃，掌心相对。上背部紧贴凳子，脊椎保持生理弯曲，核心收紧。

下放：下放哑铃时注意力集中在胸缝处，靠胸肌的张力控制住哑铃缓慢下放，同时充分吸气、挺胸，幅度要完全到位。

收缩：上举时要靠胸肌的收缩带动双臂向上环抱，直至哑铃相触，这样可避免肩背过分参与用力。注意集中在胸部肌肉，感觉胸肌被拉扯和收缩。

（2）推举

推举主要练三角肌前束、中束和后束。

动作方法：坐姿，双手持哑铃于体侧，两肘外展，掌心朝前，以弧线推哑铃至最高点，稍停，缓慢控制哑铃按原路线（弧线）还原。

提示：亦可站姿做，双臂同时做，也可单臂轮换做。

（3）侧平举

侧平举主要练三角肌中束。

动作方法：双手持哑铃垂于腿前，身体稍前倾，双肘微屈，向两侧举起哑铃至肩高，使三角肌处于"顶峰收缩"位，稍停，然后肩肌控制缓慢还原。侧平举也可单臂做，双臂轮换。

（4）俯身侧平举

俯身侧平举主要练三角肌后束。

动作方法：双手持哑铃，掌心相对，俯身屈膝，身体稳定，双臂向两侧上举，然后控制缓慢还原。

（5）耸肩

耸肩主要练斜方肌。

动作方法：双手持哑铃垂于体侧，膝盖微屈，上体微前倾，双肩充分上提，试用肩峰触耳垂，稍停，然后缓慢控制还原。

4.药球练习

每周练习3次。

目的：发展上肢、腰腹肌及腿部力量，重点是发展全身肌肉协调配合能力。

动作方法：双脚与肩同宽或比肩稍宽，重量落在脚跟上，双肩位于球上方，药球位于双腿之间，要给双臂留出空间。双臂伸直，手掌在球外侧，手指向下。通过手臂发力和脚后跟用力，手臂伸直，髋关节收回深蹲将球砸向地面，完成动作。

5.双臂坐拉引练习

双臂坐拉引练习需要运动员面对组合器械，尽自己最大能力的60%练习，以速度为主。

目的：发展躯干两侧上部和上背部肌群的力量。

动作方法：在一个较高位置的拉力滑轮组前坐下，双脚顶住固定物体，双手握住拉力滑轮组把手。练习过程中上体始终保持前倾姿势，不要前后摆动，用双臂将把手拉向胸部两侧位置，也可以单臂练习。每周 3 次，每次 4 组；2 组（30 秒 / 组），组间间歇 2 分 30 秒；2 组（50 秒 / 组），组间间歇 5 分钟。

6.游泳训练

自由泳、蛙泳、仰泳、蝶泳等游泳训练可增加肺活量及划（打）水频率及手臂力量，加大肩关节灵活性，可为独竹漂周期性运动项目提供更加可靠的力量保障。每周练习 2 次，每次 50 米为 1 组（自由泳、蛙泳、仰泳、蝶泳）进行练习，共 4 组。

二、速度素质训练

速度素质是指人体快速运动的能力，包括人体对外界信号刺激快速反应的能力、快速完成动作的能力以及快速位移的能力。[1] 它是独竹漂运动员重要的素质之一，在体能训练中占有主导地位。独竹漂训练工作的主题就是围绕如何提高速度而展开的。因为独竹漂比赛就是比快速移动的能力，它既是人体运动的表现形式，又是综合实力的体现。

（一）速度训练包括反应速度、动作速度和位移速度

1.反应速度训练

反应速度是指人体对各种信号刺激（声、光、触等）快速应答的能力。[2]

独竹漂的起航是反应速度训练的首要内容，是取得比赛先机的前提条件。因为在发令前，取齐员还要对所有独竹漂运动员进行取齐，此时要求运动员必须把视觉和听觉与起航发力结合起来，做到全神贯注。

训练方法：①信号刺激。在水上利用突然发出的信号反复进行起航练习。信号刺激训练要求运动员注意力高度集中。②在竹漂后 1 米左右的地方掉一重物为负重物反复听信号进行起航练习。该项训练要求前 1~4 杆必须用最大力度把竹漂拉起来。③反复进行取齐练习。该项训练要求运动员每取齐完一次，必须振浪 3~4 次，反复进行调整练习，为比赛控制竹漂做出更快反应做好充分准备。④在逆水或逆风的条件下进行启航练习，然后听信号进行起航练习。

① 田麦久：《运动训练学》，206 页，北京，人民体育出版社，2000。

② 田麦久：《运动训练学》，206 页，北京，人民体育出版社，2000。

2.动作速度训练

动作速度是指人体或人体某一部分快速完成某一个动作的能力。动作速度是技术动作不可缺少的要素，表现为人体完成某一技术动作时的挥摆速度、击打速度、蹬伸速度和踢踹速度蹬等，此外，还包含在连续完成单个动作时在单位时间里重复次数的多少（动作频率）。①

独竹漂动作速度主要是利用手上划杆快速摆臂做周期性划水而使独竹漂前进的运动。因此，根据独竹漂项目主要比赛特点，独竹漂动作速度训练以 15～30 秒为宜，强度为逆水或负重 80% 以上；顺水为 90% 以上，间歇时间 90～12 秒。

训练方法：①利用外界刺激发出的信号或音乐节奏周期性练习划杆划水动作速度，并随声音或节奏逐步提高独竹漂划桨速度和频率。该项训练要求划杆吃水深度和周期性动作保持协调快速。②可在专门的独竹漂测功仪上进行动作速度练习，并要求在规定的时间内完成规定的次数。

3.移动速度训练

移动速度是指人体在特定方向上位移的速度，以单位时间内机体移动的距离为评定指标。② 在独竹漂比赛中通常是以独竹漂航道牌通过终点的瞬间记录独竹漂移动的距离，以秒为时间记录成绩。

发展位移速度主要以磷酸原代谢功能为主，一般持续时间为 15 秒以内。

训练方法：①在规定的距离，可采用以赛代练的方法进行测试，并记录好测试成绩。②可进行让先赛或追逐赛等进行训练。③可采用单边划练习以控制竹漂方向，并获得控制竹漂位移速度。④采取完成规定划水次数的方式等能有效发展和完成位移速度训练。

三、耐力素质训练

耐力素质是指机体坚持长时间运动的能力。按人体的生理系统分类，耐力素质可分为肌肉耐力和心血管耐力。肌肉耐力也称为力量耐力，心血管耐力又分为有氧耐力和无氧耐力。有氧耐力是指机体在氧气供应比较充足的情况下，能坚持长时间工作的能力。有氧耐力训练的目的在于提高运动员机体吸收、输送和利用氧气的能力，促进有机体的新陈代谢。无氧耐力也叫速度耐力，它是指机体以无氧代谢为主要供能形式，坚持较长时间工作的能力。③

① 田麦久：《运动训练学》，206~207 页，北京，人民体育出版社，2000。
② 田麦久：《运动训练学》，207 页，北京，人民体育出版社，2000。
③ 田麦久：《运动训练学》，216~217 页，北京，人民体育出版社，2000。

耐力素质训练能为独竹漂项目进行多天多轮次比赛任务提供可靠的氧储备。为比赛快速恢复及调整打下坚实的基础。

（一）有氧耐力训练

陆地有氧耐力训练：每周可进行 3 次 ×1 组 ×3000 米耐力跑。

水上有氧耐力训练：每周可进行 3 次 ×1 组 ×3000 米水上自由划行练习。该项训练要求水上耐力训练应与陆地耐力训练交叉进行，并且必须在规定时间完成运动量。

（二）无氧耐力训练

陆地无氧耐力训练：每周可进行 3 次 ×3 组 ×200 米 /400 米耐力跑。

水上无氧耐力训练：每周可进行 2 次 ×3 组 ×100 米 /200 米耐力划练习。该项训练要求水上耐力训练应与陆地耐力训练交叉进行，并且必须在规定时间完成运动量。

四、灵敏素质训练

灵敏素质是指在各种突然变换的条件下，运动员能够迅速、准确、协调地改变身体运动的空间位置和运动方向，以适应变化着的外环境的能力。发展灵敏素质一般采用变换训练法。训练强度一般较大，速度较快。练习次数不宜过多，训练时间不宜过长，练习次数多时间长容易造成机体疲劳，力量下降，速度变慢，反应迟钝，不利于灵敏素质的发展。每次练习之间应有足够的休息时间，以保证氧气的补充和肌肉中高能物质的再合成；但休息时间过长又会使神经系统的兴奋性下降，一般地讲练习时间与休息时间可为 1：3。[①]

独竹漂灵敏素质训练方法多种多样，可设计各种追逐性游戏或变相跑等发展灵敏素质。在水上训练可设计在竹漂上做连续的转体练习、竹漂上做俯卧撑、仰卧起坐等听信号时快速站立漂上，然后在进行速度划行练习。

五、协调素质训练

独竹漂运动员的运动技能形成是条件反射的建立与巩固，协调能力好，就能合理地运用掌握各种技能储备，使大脑皮层暂时联系很快建立起来，加快对新技术的掌握和对新练习的适应。

数量和质量构成了技术动作特征的两个方面，质量特征中的各因素主要受

---

① 田麦久：《运动训练学》，230~231 页，北京，人民体育出版社，2000。

协调能力的制约，因此，协调能力影响着数量特征。协调能力好，就能把握好动作的空间、时间、力量、节奏以及准确性、稳定性等技术特征中的要素，从而提高动作质量，改进训练效果。[①]从某种意义上讲，协调能力是独竹漂项目掌握平衡能力的基础，是提高技术训练水平的重要保证。

训练方法：①健身球训练，在健身球上进行各种有针对性的协调练习。②在准备活动中进行交叉步跑、跨步跑、后蹬跑等练习。③利用器材设计障碍进行跑步练习能很好地提高协调能力。

六、柔韧素质训练

柔韧素质是指人体关节在不同方向上的运动能力以及肌肉、韧带等软组织的伸展能力。柔韧素质通过关节运动的幅度，即按一定的运动轴产生转动的活动范围而表现出来。[②]

独竹漂运动员柔韧素质虽然不能直接创造动力，但却影响着机体肌肉和关节柔韧性，是完成各种动作技术必不可少的能力，它的好坏不仅决定了其他身体素质发挥的效率，也影响着肌肉系统的恢复速率。良好的柔韧性可以增加关节的运动幅度，进而提高运动水平。

训练方法：每次训练课可进行肩部、髋关节腰部下关节等动态或静态拉伸，可有效提高机体关节、韧带等的柔韧性，为独竹漂运动训练和比赛做好充分准备。

第三节　核心力量训练

核心力量训练指的是一种力量训练的形式。所谓"核心"是指人体的中间环节，就是肩关节以下、髋关节以上包括骨盆在内的区域，是由腰、骨盆、髋关节形成的一个整体，包含29块肌肉。

核心肌肉群具有稳定重心、传导力量等作用，是整体发力的主要环节，对上下肢的活动、用力起着承上启下的枢纽作用。强有力的核心肌肉群，对运动中的身体姿势、运动技能和专项技术动作起着稳定和支持作用。所以，凡是姿态优美挺拔、身体控制力和平衡力强的人，核心肌肉群肯定受过良好的训练。

由于独竹漂运动是运动员手持划杆站立在直径为16厘米的圆柱形物体上划水前行，因此，双臂在用力过程中需要腰腹发力结合全身协调用力完成最快速

① 罗秀红：《四川省皮划艇运动员的体能训练特点与实践》，载《四川体育科学》，2011（1）。

② 田麦久：《运动训练学》，225页，北京，人民体育出版社，2000。

度划水，稳定性需要腰腹控制，所以核心力量训练在独竹漂训练过程中相当重要。训练方法如下。

一、侧向支撑举腿

此练习的目的在于加强独竹漂训练身体核心区的稳定性，进一步提高髋关节协调及平衡能力的控制。练习时，运动员将腿置于台阶之上。以肘部力量支撑肩部，身体向上用力，使身体形成一条直线。保持这种姿势，同时上面的腿有节奏地做抬起与放下的动作。练习方法为每侧练习 10～15 次，间歇时间 2 分钟，交换练习。

图 8-1　侧向支撑举腿

二、单腿蹲

此练习的目的在于增加肌力，提高髋/膝关节的稳定性及本体感受能力。运动员单腿支撑站立于台阶之上；向体前将另一脚伸出，脚要伸直，与水平面成 45 度角；前臂屈曲相叠置于体前保持不动；身体下蹲，确保支持腿的膝盖不超过支撑脚的脚尖部位，保持身体的稳定性；回到动作开始时的位置。练习方法为每条腿重复 8 次。中间休息 1 分钟，再重复以上练习。

图 8-2　单腿蹲

三、哑铃高抬腿

此练习的目的在于增加肌力，促进髋/膝关节的稳定性。运动员双手分别各持一哑铃单足立于长凳之上；支撑腿的另一侧腿屈膝90度；现将屈腿伸直，将对侧腿抬起，抬止髋的高度，保持单腿在做抬腿时的平衡；支撑足不得脱离支撑面——靠支持腿用力完成动作。练习方法为每条腿重复8次。中间休息1分钟，再重复以上练习。

图 8-3　哑铃高抬腿

四、站姿提踵练习

此练习的目的在于提高小腿肌肉的力量及跟腱强度。运动员以脚尖站立立于台阶的边缘；面朝台阶，脚后跟的后部悬起；以墙作为支撑；踝、膝盖及髋保持在一条直线上；以前脚掌为支撑，通过脚趾将人体抬起，停留一段时间后缓慢地、有控制地放下。练习方法为10次1组，共2组。组与组之间休息2分钟。

图 8-4　站姿提踵练习

五、健身球仰卧起坐

该动作比普通的仰卧起坐更具挑战性。因为健身球自身所具备的不稳定性迫使肌肉工作的压力加大。运动员卧于健身球上，两膝弯曲，足平放于地面；双手置于脑后；调动人体核心部位的肌肉力量向上抬体，成坐姿，然后身体缓慢回到开始时的位置并重复以上动作。运动员在联系时应注意不要过于弯背。练习方法为 10 次 1 组，共 2 组。组与组之间休息 1 分钟。

图 8-5　健身球仰卧起坐

六、提臀背桥练习

此练习的目的在于提高人体核心区域的稳定性，正确发展臀肌而非股四头肌为主的肌力。运动员背部着地，两膝弯曲，足平放于地面；核心区域的肌肉参加用力；肩部向下，臀肌收缩，将臀部抬起悬于空中；腿部与上体保持一条直线；停留几秒钟后将身体缓慢地放下。练习方法为 8 次 1 组，共 2 组。组与组之间休息 2 分钟。

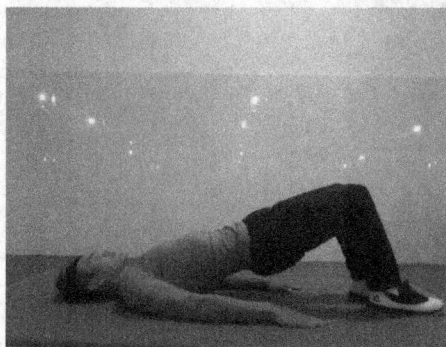

图 8-6　提臀背桥练习

七、哑铃单臂划船

此练习的目的在于加强人体核心区域的肌力，培养良好的肩部姿势。运动员侧立于练习凳一侧，靠凳一侧的手与膝支撑于凳；背部与地面平行（与颈部成一条直线），另一侧手手持哑铃，手臂垂直悬于体侧；曲臂，将哑铃提至肩的前部；身体核心区域的肌肉参与用力，身体不得扭曲。练习方法为每侧各练习 8次。休息 1 分钟，重复练习。

图 8-7　哑铃单臂划船

八、交替伸腿

此练习的目的在于更加有效地促进核心稳定区域肌肉的使用。运动员背部着地仰卧，双臂置于身体两侧；双膝弯曲，两足平放于地面；身体核心区域的肌肉参与用力；将一足抬离地面，身体核心区域的肌肉用力，并保持身体中正；将腿缓慢伸直，然而回来开始时的位置。另一只脚重复上述动作。练习方法为10 次一组，共 2 组。双腿交替练习。

图 8-8　交替伸腿

九、俄罗斯转体练习

该动作使用的是实心球或其他重量器械，重量为 3～10 千克。运动员坐于地面，双脚着地；向身侧做转髋练习，左右转换时，动作要连贯，控制好动作。练习时，中途不能停顿。运动员在练习时应注意背部不适时不宜做此练习。练习方法为每侧 10 次。随着练习的一步步适应，可以尝试将脚抬离地面做同样的练习。

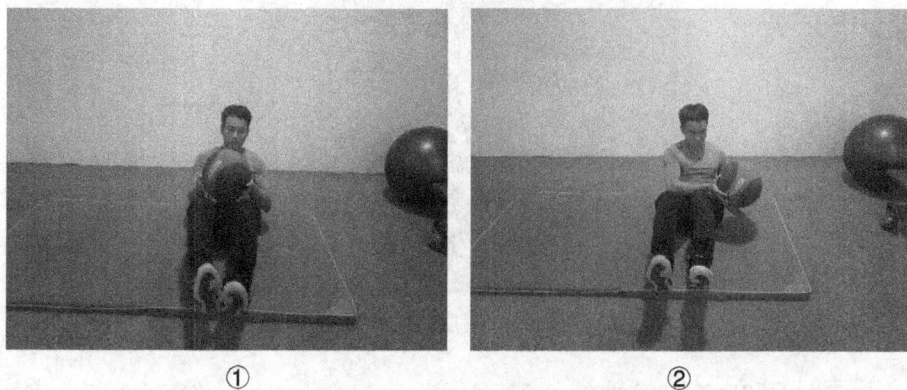

图 8-9　俄罗斯转体练习

十、腘绳肌拉伸练习

腘绳肌拉伸练习是一个重要的拉伸练习，大多数人的腘绳肌（该肌包括包括半腱肌、半膜肌、股二头肌长头、大收肌坐骨部）比较紧。运动员在练习时，一条腿屈膝，跪撑于垫，另一条腿伸直，控制于体前方——此练习的目的在于向前压腿，拉伸腿的后部。对大多数人而言，他们只需完成基本的拉伸动作。练习方法为拉伸的时间保持 20～40 秒，然后另一条腿重复同样的练习。每条腿分别练习 3 组。

图 8-10　腘绳肌拉伸练习

十一、臀屈肌拉伸练习

运动员后膝跪撑于垫；尽量保持上体自然的姿势，打起精神，左侧向前压髋，做拉伸臀屈肌的练习。练习方法为拉伸的时间保持20~40秒，然后另一条腿重复同样的练习。每条腿分别练习3组。

图 8-11 臀屈肌拉伸练习

十二、印度打结式拉伸练习

运动员的上身保持自然的高度，背部伸直；保持这些部位的柔韧性，可以减少背部损伤发生的概率。练习方法为拉伸的时间保持在20~40秒，重复3次。练习之间休息15~30秒。

图 8-12 印度打结式拉伸练习

十三、健身球平卧蹬伸练习

运动员的身体俯卧于球体之上；背部保持正直或保持自然弯曲状态，腿部伸直；呼吸自然，在球体上控制腹部肌肉以保持这一姿势。为加大动作的难度，运动员可以以球体为支撑，做交替抬膝动作，仿佛在做自行车的踩踏动作。运动时，动作应具连续性和控制性。练习方法为完成练习的时间保持在 30～60 秒。休息的时间为练习时间的一半，重复 3 次。

图 8-13　健身球平卧蹬伸练习

十四、健身球桥式练习

运动员双臂伸直，背部保持平直，双腿充分蹬伸，脚掌置于健身球的球体之上；保持身体在球体上的稳定平衡，然后利用球体将膝部向胸部引领。运动员在练习时应注意在膝下放置一张垫子，不可在坚硬的地面上进行该练习。练习方法为 10～20 次 1 组，共 3 组。组与组之间休息 30 秒。

图 8-14　健身球桥式练习

十五、健身球"超人"式练习

运动员将球体置于腹/胸部下方，整个身体充分伸展；然后交替举起手臂和对侧的大腿（例如右臂和左腿），同时保持身体平衡；直至对动作充满信心为止，方可将支撑手脱离地面。运动员在练习时应注意确保球体的四周没有对人体锻炼能造成伤害的物品，以防人体侧滚时造成伤害。练习方法为 20～30 次 1 组，共 3 组。组与组之间休息 30 秒。

图 8-15 健身球"超人"式练习

十六、单腿下蹲触箱式练习

运动员站立，一只脚全脚掌着地，另一条腿向身体前方伸出；保持体高姿势，然后，身体开始缓慢下蹲，直至支撑腿的膝部弯曲至人体几乎可以触碰到身后箱体时，将身体抬起。身体在做下蹲动作时，要有控制。身体在向上抬起时，速度要快。练习方法为每条腿练习 10 次，共 3 组。

图 8-16 单腿下蹲触箱式练习

十七、哑铃负重弓步练习

此练习可以采用负重或不负重的方式进行。运动员身体笔直站立，向前跨步成弓步姿势；动作要有控制，背部保持正直；前膝弯曲不应超越脚趾，后膝不应接触地面，并保持髋关节，膝盖和脚踝正面朝前对齐。运动员在练习时应注意如果膝盖有伤不宜进行此项练习。练习时，鞋要穿戴合适。练习方法为每条腿练习 10 次，共 3 组。

图 8-17　哑铃负重弓步练习

第四节　平衡能力训练

平衡能力反映了身体的肌肉力量及其协调能力、中枢神经系统处理信息的速度、各种感觉器官的功能及灵敏程度，是一个人身体综合素质的体现。

独竹漂运动的平衡能力是运动员在独竹漂运动过程中维持周期性运动的关键。训练方法如下。

一、平衡垫站立

运动员单脚站立于平衡垫或软垫上，保持身体稳定；进一步还可以将眼睛闭上，这样对于身体感受神经的刺激会更为强烈，会给核心稳定带来更多的挑战。

图 8-18　平衡垫站立

二、单腿蹲

运动员单腿站立，屈髋向下蹲，保证支撑脚全脚掌着地；再增加难度，可以站在平衡垫或软垫上完成下蹲动作。

图 8-19 单腿蹲

三、健身球俯卧撑

运动员双手打开放在健身球上，手在肩的下方；初学者可以采用手肘放在球上的方式降低难度，或者可以双脚分开宽一些；向下落的时候，不要让胸部碰到球；起身的时候，肘关节不必伸直，保持身体从头到脚是一条直线，腹部收紧，不要塌腰。

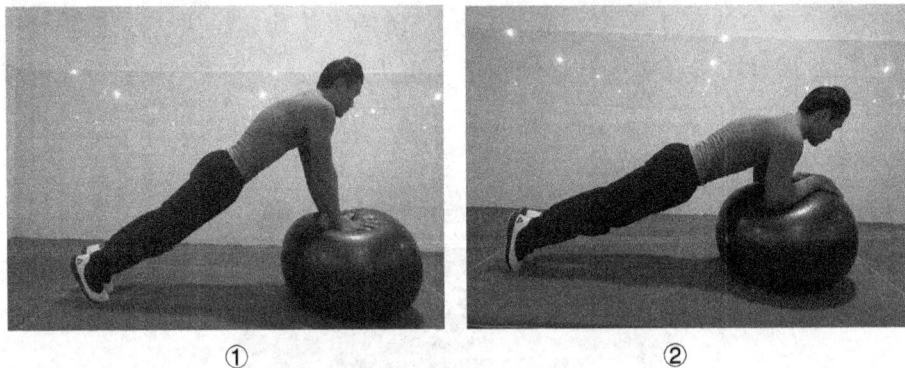

①   ②

图 8-20 健身球俯卧撑

四、平衡垫平衡式

运动员坐在平衡垫或软垫上，以尾骨支撑保持平衡；双手撑在身体后侧，腰腹肌肉收紧，慢慢抬起一条腿，再抬起另外一条腿，双手离开地面；腰背要伸直；保持平衡。

图 8-21 平衡垫平衡式

五、跪球平衡

运动员腹部收紧，用手扶好球，控制身体稳定，跪在球上，同时加紧大腿，双手交叉放于胸前，保持平衡。

图 8-22 跪球平衡

六、跪姿控制平衡

运动员跪在垫上，其中一条腿膝关节跪在平衡垫上，收紧核心肌肉；抬起另外一条腿和对侧的手臂，保持骨盆中立，不要倾斜；控制身体的平衡，保持一段时间，换另外一条。

图 8-23 跪姿控制平衡

七、健身球反向划船

运动员双脚放在健身球上，双腿分开与髋同宽；仰卧躺在杠铃杆下方，握住杠铃略宽于肩；腹部收紧，拉动身体向上直到肘关节成90度角，整个身体始终保持一条直线，肩带下压缩回，向上时胸部不要碰到杠铃杆；身体有控制的下落还原。

图 8-24　健身球反向划船

八、支撑平衡

运动员双手打开与肩同宽，双脚尖踮地，保持整个身体平直，臀部收紧，控制整个身体平衡。也可以手臂与身体成90度夹角撑在健身球上；脊柱保持正常位置，与地面平行控制身体不改变任何夹角；保持均匀的呼吸，不要憋气。进一步加强动作难度，运动员可以采用单手支撑。

图 8-25　支撑平衡

第五节　比赛能力训练

独竹漂运动员的比赛能力是指运动员在独竹漂比赛中所表现出来的最高专

项成绩或战胜对手的能力。它是由运动员的训练水平、竞技状态、比赛中的应变、适应能力、良好的心理状态以及技术、战术的正确选择和运用等因素构成。

表现最高专项成绩的能力，主要指运动员能成功地参加各类比赛，如以名次为目的的或以成绩为目的的各种比赛或邀请赛。运动员的比赛能力除与训练因素和物质条件有关外，还涉及运动员对待比赛的态度、责任感和意志品质等方面的问题。所以说，运动员比赛能力的培养是一个艰巨的、长期的过程。

比赛是对教练员、运动员训练效果的检验与评价。[1]独竹漂运动训练的目的就是为了使运动员成功的参加比赛，创造优异运动员成绩。运动员的比赛能力是影响比赛成绩的直接因素。如何培养和提高独竹漂运动员的比赛能力，是多年训练中需要解决的一个重要问题。只有通过比赛才能把运动员在平时训练中的运动能力表现出来，才能体现教练员和运动员的训练价值，以及训练的科学性和有效性。因此，必须加强运动员比赛能力的培养。

一、独竹漂运动员比赛能力培养的基本方法

培养独竹漂运动员的比赛能力是平时训练的重要任务之一，应有目的地列入训练计划，基本方法主要有以下方面。

（一）抓好业余训练，培养比赛能力

独竹漂训练由于受季节因素的影响，我们必须重视和抓好独竹漂日常训练。冬季由于气温较低，尤其是北方，运动员下水训练的时间受到严重影响，这一段时期主要进行陆地力量、耐力、速度、柔韧和协调等练习，为进入夏季水上训练储备更多的能力。在南方，运动员除了坚持进行陆地力量、耐力、速度、柔韧和协调等练习外，应根据天气温度坚持进行水上训练，以提高运动员运动成绩。只有坚持和进行日常训练，运动员的训练水平才能适应各种气候条件，比赛过程中运动员的心理能力才能得到加强，比赛能力的提高才会成为可能。

（二）重视训练计划的制订和实施

合理的训练计划是运动员竞技状态控制和形成的根本保证。运动员的比赛能力与竞技状态的控制和形成有密切联系。[2]

训练计划是对运动员训练过程的总体规划。独竹漂训练可根据比赛周期的需要，制订多年训练计划、年度训练计划和季度训练计划等训练计划。一般来说，

① 车保仁、李鸿江、邰崇禧主编：《田径（专修版）》，99页，北京，高等教育出版社，2000。

② 车保仁、李鸿江、邰崇禧主编：《田径（专修版）》，100页，北京，高等教育出版社，2000。

独竹漂比赛主要有四年一届的全国少数民族传统体育运动会、各省市每三年或四年举办的少数民族传统体育运动会以及各种邀请赛等比赛。

教练员通过制订详细的训练计划，对运动员在各个时期的比赛任务、比赛时间、比赛地点、训练方法、训练手段和营养等进行控制和实施，使运动员在不同的训练环境下进行严格训练，提高训练水平。在训练和比赛过程中，独竹漂运动项目长年受不同温度、不同海拔、不同风向、不同风力、不同湿度的影响，训练必须从实际出发，模拟各种复杂的训练和比赛环境进行高强度、大运动量训练，这样才能保证运动员在比赛中提高心理状态和意志品质，发挥训练水平，提高运动能力。

（三）以赛代练，培养运动员的比赛能力

独竹漂比赛过程中技术、战术和心理能力不过硬容易导致比赛失败，落水是常见的现象。要想在独竹漂比赛过程中取得优异运动员成绩，运动员可以通过在训练中模拟比赛发挥最佳训练水平。比赛能力最终是通过比赛提高的。平时训练必须刻苦努力，每周安排 1 次或 2 次训练赛，模拟比赛环境和地点，使运动员的心理能力和技术水平获得提高。另外，运动员应当积极参加各种邀请赛和表演赛，总结比赛经验和教训，确保比赛能力不断提高。运动员只有以赛代练才能提高训练强度，发现训练中存在的问题和困难，改进训练方法。以赛代练测试训练成绩和积极参加各种比赛是检验运动员训练真实水平的重要手段，是培养运动员比赛能力的方法体现。

（四）通过思想教育培养运动员的比赛能力

独竹漂运动属于民族传统体育项目，因此，运动员的个人素养和民族自豪感能影响运动员的比赛能力和竞技水平，训练具有长期性的特征。在平时训练过程中，加强运动员的生活作风建设，重视运动员品德教育以及对待训练和比赛的态度。运动员通过观摩训练和观看比赛，增强训练的自觉性和责任感，加强集体主义精神，保证训练和比赛斗志，为参加民族传统体育比赛，获取优秀运动成绩打下良好的心理基础。

二、独竹漂赛前训练与比赛能力的培养

赛前训练是比赛的专门准备与训练阶段，时间长短、目标设置、训练结构与具体安排受多年训练计划和年度训练计划的制约。

（一）比赛期

比赛期分为两个阶段——比赛准备阶段和赛前训练阶段。

比赛准备阶段主要是通过模拟比赛和参加各种邀请赛等对运动员的训练水平和比赛能力做出客观评价，以便采取相应措施使运动员在参加重大比赛时能充分发挥训练水平。在此阶段不能因参加比赛而影响训练计划的实施。[①]

由于受季节因素的影响，独竹漂比赛期的准备时间一般为 2～3 个月。比赛任务是找出训练过程中影响比赛成绩的因素，以便及时调整训练计划和实施新的训练方法，保持和继续提高专项训练水平。比赛期训练的特点是提高训练强度、降低训练质量。教练员根据训练计划安排调整和实施。

（二）赛前训练阶段

赛前训练阶段是比赛期达到竞技状态最佳化的重要阶段，对运动员的比赛能力有直接影响。赛前训练阶段的任务是力求使运动员的机体适应比赛的要求和条件，把长期训练过程中所获得的竞技能力，集中到专项训练中去。独竹漂的赛前训练阶段一般为 3～6 周时间。

赛前训练是年训练计划的组成部分，是前一阶段训练过程的延续，是运动员练好的竞技状态初步形成以后的高级训练阶段。赛前训练阶段是决定运动成绩诸因素的优化与协调阶段，任务不在于继续提高机体能力和训练水平，而在于把已获得的运动能力通过赛前训练表现出来，促使最佳竞技状态的形成。通过赛前训练完善比赛能力，并使影响专项成绩的各训练因素趋于平衡，形成最佳竞技状态，保证运动员在重大赛期创造最高专项成绩。[②]

练习与思考

1. 独竹漂运动员比赛能力培养的基本方法有哪些？
2. 简述独竹漂核心力量训练的意义。

---

① 车保仁、李鸿江、邰崇禧主编：《田径（专修版）》，105 页，北京，高等教育出版社，2000。
② 车保仁、李鸿江、邰崇禧主编：《田径（专修版）》，106 页，北京，高等教育出版社，2000。

第九章　独竹漂竞速项目的运动损伤防治[①]

学习目标

1. 了解运动损伤的发生原因和防治原则。
2. 熟悉独竹漂竞速项目的易伤部位和常见损伤。

第一节　独竹漂竞速项目的运动损伤防治总论

运动损伤的防治是竞技运动中重要的组成部分，其主要任务是预防及治疗运动中的创伤。通过统计的方法，我们可以总结创伤发生的原因、治疗的效果及恢复健康的时间等，以协助改进运动条件、改善教学训练方法，提高运动成绩。

运动损伤不但会使运动员无法参加训练或比赛（严重的甚至残疾或丧失生命），并且能给人以心理影响，妨碍体育活动的正常开展。

运动损伤由于运动项目很多，因为伤种很多。运动损伤的特点和防治重点，从发病率上看、各个项目及各个部位的损伤各不相同。但总体来说是小创伤多，慢性伤多。而这些慢性小创伤，有的是急性损伤后处理不当，训练过早变成慢性的，而更多是由于运动量安排不当局部过劳，许多微细损伤逐渐积累而成的过劳伤，属于运动技术伤。这类小创伤对非运动员来说常常不算什么伤病，也不影响日常生活，而对运动员却严重影响训练计划、成绩提高及运动寿命。

事实证明，运动损伤的发生，常常是由于体育教师、教练员教学训练经验不足，缺乏运动医学常识，未能完善医务监督的结果。如能注意总结经验，广泛宣传并提高相关运动项目的训练理论和业务水平，运动损伤是可以预防的。

[①] 本章参考曲绵域、于长隆主编：《实用运动医学》，北京，北京大学医学出版社，2003；陆爱云主编：《运动生物力学》，北京，人民体育出版社，2010；陈立勇：《独竹漂运动技术研究》，载《贵阳学院学报（自然科学版）》，2011（4）；蓝建卓：《独竹漂竞速核心稳定性训练的应用研究》，载《河池学院学报》，2013（2）。

一、独竹漂竞速项目的运动损伤防治概论

独竹漂竞速项目属于水上运动，是一项上肢力量素质为主、下肢灵敏素质为主的运动项目。技术动作是周期性的规律快速运动。上肢肩、肘、腕关节反复屈伸、内旋、外展，频率高、速度快、力量大，利用这些部位的快速周期性运动来对划杆对水的阻力。而腰腹部及膝、踝关节以静力收缩维持肢体平衡为主。如安排专项素质训练也多集中在腰和膝上，久之则局部微细损伤导致过劳损伤。因此，该项目以慢性劳损为主。训练的间歇调整、训练后的放松动作以及保暖非常重要。

二、独竹漂竞速项目的常见损伤调查

医生、教练及运动员掌握运动损伤的发病规律，并采取适当的预防措施，对防治运动损伤有非常重大的意义。根据对 67 位独竹漂运动员的调查分析，得出本项目损伤好发部位及专项多发病。（见表 9-1）

表 9-1 独竹漂竞速运动损伤患病率

病名	例数	患病率（%）
腰背肌筋膜炎	17	25.3
肩袖损伤	9	13.4
腰椎棘突末端病	6	9
肱骨外上髁炎	6	9
足底筋膜炎	4	6
肱二头肌长头腱鞘炎	2	3
冈上肌损伤、足趾长伸肌腱腱鞘炎、肘创伤性关节炎、前臂屈肌拉伤、腰肌拉伤、腰椎小关节紊乱、腕屈肌腱腱围炎。	各 1	—

三、独竹漂竞速项目的运动损伤原因

人体的某些部分有解剖生理弱点、运动技术对身体某些部位有特殊要求，这是客观存在的。有不少运动员经过多年训练，成绩稳步提高而未发生过外伤。以我们调查的独竹漂竞速运动员当中也不乏在训练比赛中从未经历运动损伤的。分析起来，直接引起损伤的原因如下。

（一）训练水平不够

这是所有遭受运动损伤的首要因素。一般来说，"训练"必须包括四个内容，即一般身体训练、专项技术训练、战略战术训练及心理道德品质的培养。很多人对训练内容不全面导致外伤或者使外伤加重的情况却认识不足。从生理学角度讲，无论哪一种内容的训练都是条件反射的建立过程。在这个过程中，专项技术训练不够、动作要领掌握不好，就容易发生外伤。例如，插杆、拉杆动作掌握不好，关节错误发力，就很容易造成反关节发力在水流阻力的作用下拉伤相关肌肉或韧带。一般身体训练（包括力量、柔韧、耐力、灵敏）不够，也是发生运动损伤的重要原因，却往往被忽略。那为什么一般身体训练不够也易受伤呢？比如，腰背部核心力量不够就是本项目腰背损伤最为多见的原因。缺乏耐力素质致伤的例子，常常训练比赛中最后几个冲刺动作容易造成失误导致成绩影响甚至受伤，这主要是由于耐力不够出现疲劳所致。这时由于大脑皮层的活动处于抑制状态，致使已经建立起来的巩固的条件反射性联系受到影响。导致心血管系统不能提供足够养料，肌肉关节反应迟钝，然后动作变形导致失误。

（二）比赛、训练或教练课组织不好

属于这方面致伤的，有以下几类。

1. 缺乏医务监督

在比赛或训练时缺乏医务监督，或因教练员、运动员不重视医生的意见，允许伤病或过度疲劳的运动员参加比赛或训练，常常容易引起创伤或促使运动员伤病加重，甚至引起更严重的后果。

2. 不遵守训练原则

训练原则包括自觉性与积极性原则，直观性原则，系统性与循序渐进性原则，区别对待原则和巩固性原则。在教练过程中，不遵守这些原则也易发生损伤。

教练员应当耐心地向运动员说明教学目的、任务、要领及注意事项，使他们不仅接受这些知识，而且自觉地运用这些知识。有了自觉性就很容易学会新的动作要领。掌握了正确的技术自然就不易受伤。在教学过程中，如果运动员和教练员合作不好，教练员不能耐心解释或不分析技术错误的原因，运动员勉强去完成，容易导致运动员受伤。

循序渐进与系统性原则对预防伤害有很大意义。前面已经提过，一个技巧的掌握，需要经过一定的过程，因而在学习时，应当先学分解动作，再学连贯动作；先学简单动作，再学复杂动作；先学容易的动作，后学困难的动作等。从机体内脏活动来看，一个缺乏训练的运动员对负荷较大的训练，常常是心跳与呼吸明显加快。经过一段时间（如 2～3 个月）的系统训练以后，心跳与呼吸次数就逐渐减慢，这时心脏跳动比较有力，每一次收缩射出的血量多。心跳次数虽然减少了，却仍能充分供应全身需要的血量，当然这不是一两次训练所能获得的效果。因而训练必须是有系统的。

从一次训练课或比赛来讲，也需要循序渐进。我们知道，每一次训练课或每一次比赛都要做准备活动。准备活动的意义有二：一是通过全身各关节肌肉的活动加快血液循环，使肌肉得到充分的血液，增加力量和弹性，并免于受伤；二是恢复因休息而减退了的条件反射性联系，参加水上训练之前，就必须进行陆地的准备活动、牵拉与伸展。准备活动之后，肌肉弹性提高了，必要的条件反射恢复了，心跳与呼吸次数加快，其他内脏系统也活跃起来，同时将身体温度提高到最佳的运动体温 37.5℃。其身体程度已近似比赛状态，这时参加训练或比赛就容易适应。反之，不做好准备活动，肌肉僵硬、发挥技巧的条件反射未得到恢复，就容易引起肌肉损伤。

对不同性别、年龄和不同阶段技能的运动员，无论伤病与否都需要区别对待。如果不加区别地给以同样大的运动量与强度，学习同样难度的动作，素质较差的运动员就容易受伤，且势必加重受伤运动员的伤势。

所谓巩固性原则，即学完一个动作或获得某一种素质之后，还要不断地巩固。一种技巧也是条件反射性联系，不巩固或不强化就会消退。许多国家都提倡"全年训练"的原因也在于此。全年训练的周期不等，每一周期都分成准备期、基本期与过渡期。过渡期是一种积极性休息（活动性休息），不是安静的休息，这样就可以维持内脏良好的机能状态，这也是根据巩固性原则提出的。相反，如果不是经常锻炼与巩固已学会的动作，再做时容易因过于自信导致受伤。

过去曾有人企图以个别运动员迅速学会某一动作为依据，反对上述某一原则，反对这些生理论据，这是不对的。殊不知这正是由于他们已经在一般训练或生活当中，逐渐建立了各种条件反射，因而他们学习新的动作也就比较容易。

在训练课中，违反这些原则的突出表现，往往是单一的片面训练方法。例如为补救插杆技术不好，就连续多次课程都练习插杆；为了发展核心力量，往往一堂课专门练习平衡支撑、跨步跳等，这既不是循序渐进，也不是量力而行。不久，又觉得别的动作也要练，便又放下了现在所练的内容，这就违反了系统性与巩固性原则，自然容易受伤。对伤病运动员伤后训练安排，往往也是如此，一个肢体伤就把运动量集中于另一肢体，由于训练时间不减，运动量过于集中，结果其他部分也逐次劳损致伤。至于因不注意准备活动而致伤的，也相当多见。

3. 缺乏保护

常见的情况是教练员保护方法失当，或未予保护（一次参加训练的运动员过多，照顾不过来），脱离保护过早等，都是发生创伤的重要原因。

4. 竞赛组织安排不当

如竞赛日期或时间临时改变（常常破坏运动员的竞技状态，减弱准备活动的效果），比赛路线的选择或者项目次序的安排不当，都可能导致受伤。

5. 场地器材、保护装备损坏或不符合体育卫生要求

如水温太冷、水流太快、划杆与竹漂规格不符合要求，比赛道次宽度不够等。

（三）运动员的生理状态不良

如疲劳或过度疲劳状态，患病或在病后恢复阶段等。经验证明，"疲惫"的运动员，其力量、精确度和共济功能均显著下降，甚至运动技术纯熟的运动员，在疲劳时进行运动，也有可能发生运动技术上的错误，引起严重的损伤。此外，由于疲劳或过度疲劳的影响，警觉性和注意力减退，机体的反应迟钝，也是造成创伤的因素。为了防止意外事故，必须禁止在剧烈运动后，接着进行技术复杂和要求精确的动作，并应禁止缺乏锻炼的人参加高度紧张的运动竞赛和各种体能测验。正确地制订训练计划与安排比赛日程，在预防运动损伤上有重要的作用。

运动员的"心神不安"，也是运动创伤发生的原因之一，这种情况不仅发生在缺乏锻炼的运动员身上，在有训练经验的运动员当中也难免发生慌张和不同程度的精神紧张。为了消除这种情况，使运动员能够克服自己，采用抑制性的准备活动及准备按摩是最好的方法。

（四）不良的气候因素

气温过高或过低、光线不足、日照过强等，也可能引起损伤。气温过高还可能发生中暑。到底在什么温度下，才不许进行剧烈的运动，我国目前尚无统一规定，事实上也不可能，因为我国南北气候相差很大，人的耐热性也不一样。

经验证明，在寒冷和潮湿的气候下，运动损伤的发生率显著增加，特别是肌肉韧带的损伤，其原因是寒冷使肌肉的活动能力、弹性和机械耐力降低。这时充分的准备活动，是最好的损伤预防方法。

四、独竹漂竞速项目的运动损伤防治原则

减少运动损伤最根本的办法是尽可能预防损伤的发生，其原则必须从积极

方面着手，但也不应忽略机体的适应能力。其具体措施如下。

（一）加强训练工作

加强训练工作包括 4 项内容，即思想教育、身体训练（力量、速度、耐力和灵敏）、专项技术训练和战术训练。以上 4 项内容，任何一方面注意不够都会引起外伤。但对预防慢性小创伤，特别是微细创伤来说，加强力量训练尤为重要。

（二）加强运动中的保护

教练员保护或帮助的方法不当，或缺乏保护与帮助，都常会引起外伤，而且大都是急性损伤。此外，运动员还应学会各种自我保护的方法，例如，漂划过程中身体失去平衡摔落下水时必须注意躲避竹漂与划杆，保护膝与踝。

此外，运动员还可以适当学会常用保护支持带的使用。例如，预防"肩袖损伤"的绷带裹扎法；防止脚弓下陷的粘胶支持带的使用；防止腰伤的皮围腰的使用等。这些保护支持带的使用可根据运动员易伤部位选择，也可于初伤症状不重还可训练时使用。

（三）加强运动员的医务监督工作

定期并按需要进行体格检查选拔新运动员集训时，必须进行伤病检查。不能从事大运动量训练的病伤或先天畸形，或从伤情特点来看恰好是本项目"专项多发病"的，或从治疗的角度来看又较困难的这类运动员，就不宜参加集训。

加强自我监督，其内容除一般所熟知的内脏器官的机能检查方法之外，还应根据不同项目的特点及外伤发病规律，制定一些特殊的自我监督方法。例如，肩部疼痛的运动员应于开始运动前做肩痛弧试验，出现痛弧情况即属（+）；腰背肌不适的运动员应于开始运动前做直腿抬高试验、"4 字"试验，以判断是否为急性腰肌扭伤或者腰椎间盘突出症等。出现以上阳性反应之后，运动员应立即就医仔细检查，并根据伤情的轻重安排新的训练内容。

（四）合理安排运动员伤后训练

保持运动员获得的良好训练状态，使之一旦伤愈即能投入正规训练。

防止因伤后停止训练而引起的各种疾病。一般而言，运动员的运动量如果突然减少或完全停止，常常会引起运动员各种条件反射性联系的破坏，出现严重的功能紊乱，从而产生各种疾病。如神经衰弱、胃扩张、肠胃道机能紊乱（功能性便秘或腹泻）等，通称停训综合征。

运动外伤特别是慢性小创伤和训练的技术动作有关。因此，在治疗时应停止或减少这些受伤动作的练习。否则边治疗，边进行受伤动作的训练，自然创伤是很难治愈的。

合理安排训练还能加强关节的稳定性、适应性，并改善伤部组织的营养代谢。否则由于肌肉的失用性萎缩及受伤组织本身的松弛，关节就更不稳定，再练习时就更易受伤。不少新伤也就因此变成了慢性损伤，增加了治疗的困难。例如，肩袖损伤治疗时应同时加强肩部三角肌及肩袖肌组小范围的、不引发疼痛的负重练习。另外，局部合理训练，还可改善伤部的血液、淋巴循环及组织的弥散吸氧作用（如软骨或肌腱），并在一定程度上消除粘连，刺激受伤组织的增生，因而也加速了组织的修复、肿胀吸收与瘢痕软化，有的外伤也可因此而治愈。

根据以上所述，我认为，运动员伤后治疗时先应适当合理安排训练，其通则是：①尽量不完全停止训练（全部或局部）；②在安排训练时，首先必须弄清受伤机制、解剖弱点及病理过程，然后再根据情况决定减少或停止哪些动作的练习，及加强哪些肌肉的力量练习。

有了以上原则，要正确地安排训练内容，还必须采用"三结合"的工作方法，即医生根据伤情，提出某一外伤的受伤机制及该部的解剖弱点，指出应避免或减少哪些动作的练习及加强哪些肌肉的力量练习，之后教练员提出全面及伤部训练计划交运动员试用。运动员试用时，应在训练日记中详细记录运动时伤部的反应。如做某些动作时痛，而做另一些动作时不痛，病情加重或减轻，等等。然后再经医生、教练员、运动员共同研究并修改训练计划，作为最后的训练方案。在执行方案的过程中，医生还应定期检查伤情变化，并亲临运动场观察运动员在训练中伤部的功能表现，必要时再将方案进一步修改。只有这样才能真正达到正确安排训练的要求。

五、独竹漂竞速项目常见运动损伤的急救处理

（一）软组织伤

软组织损伤的种类很多，总的来说可以分为两类，即开放伤与闭合伤，开放伤损伤了皮肤或黏膜，如擦伤、撕裂伤、切伤、刺伤等；闭合伤较深，皮肤及黏膜无裂口，如肌肉挫伤，肌肉、韧带、关节损伤等。这两种损伤的治疗有根本性不同，开放伤由于污染，常常继发感染化脓。其中刺伤与贯通伤又容易被厌氧菌感染，产生破伤风或气性坏疽。闭合伤则不然，不易发生感染化脓。

我们以独竹漂竞速项目就常见的几种软组织伤的急救处理分述于下。

擦伤是皮肤受摩擦所致。例如，初接触独竹漂竞速项目时，通常由于难以掌握身体在竹漂上的平衡，注意力完全集中在身体重心的维持上面，手握划杆时无法掌握动作要领，极易发生划杆与手肘部的摩擦从而易被划杆擦伤。

擦伤是外伤中最轻，又最常见的一种，约占运动创伤的16%。擦伤是皮肤的表面受伤。伤后最好能用生理盐水冲洗消毒，然后敷以凡士林油纱布，并用加压包扎。如无感染，两周后即可痊愈。较小的擦伤，可以用2%的红汞或1%～2%的龙胆紫液涂抹，不需包扎，暴露于空气中即可痊愈。但面部擦伤最好不用龙胆紫等涂抹，用后可能在数月内染色不退妨碍美观。关节附近的擦伤，最好不用干燥法治疗，否则影响运动，且一旦感染很易波及关节，最好用5%～10%的磺胺软膏或青霉素软膏涂敷。

撕裂伤、刺伤与切伤这3种创伤，皮肤（包括皮下组织）都有不同程度规则或不规则的裂口。例如，划杆不慎断裂导致切割、刺入皮肤，或使关节处造成裂伤等。这3种伤虽然各有特征，但病理却大致相同。处理时主要是早期清创缝合及预防破伤风。新伤（一般在6～12小时以内的）应先用生理盐水与肥皂水洗刷，然后剪除伤口边缘的糜烂部分或坏死组织，再止血、缝合；如疑有感染可暂用凡士林纱布充填，3日后检查，无感染时再行二期缝合。伤口内如有异物，应尽速除去。切记，切伤时常用时合并神经和肌腱损伤，应一并处理。

（二）晕厥

晕厥是由于脑血流暂时降低或血中化学物质变化所导致的意识短暂紊乱和意识丧失。运动员在运动或激烈比赛中或比赛后发生晕厥的情况并非少见。本项目中晕厥发生的危险性并非晕厥引起的病变，而是在晕厥发生刹那间摔倒后导致的落水、溺水和窒息。

一般处理：应将晕厥者放置于仰卧位或下肢抬离位，这可增加脑血流量。松解紧身衣服，将头转向一侧，以免舌后坠堵塞气道。面部及颈部冷湿敷，如体温低加盖毛毯。必要时针刺人中或给病人嗅有刺激性的氨味，意识恢复时可以饮少量的白兰地或威士忌。

病因治疗：血管减压性晕厥和直立低血压性晕厥采取上述处理方法可缓解。

发作性无力和突发的原发性意识丧失，给予吸氧和上述的一般处理。

水下意识丧失到死亡的时间不超过2.5分钟，应迅速进行抢救。以最快的速度恢复呼吸道通畅，立即撬开口腔将舌头拉出口外以免堵塞呼吸道，并将溺水者头部下垂倒出积水，随即进行持续的人工呼吸。有心跳停止时同时做体外心肺复苏，争取做气管内插忤正压给氧和心脏起搏，同时给予呼吸兴奋剂和心内注射。

低血糖晕厥：静脉注射 50% 葡萄糖 60 毫升。

心源性晕厥：立即吸氧，心电图示房室传导阻滞时皮下注射阿托品；如为室性心动过速静脉注射利多卡因 50～100 毫克，1～2 分钟注完。急性左心衰竭的处理为注射强心针、利尿剂等。急性心肌梗死给予止痛、镇静、抗心律失常、抗休克处理。心源性晕厥经现场急救后再安全转移患者。

脑源性晕厥：现场抢救措施有吸氧、保持呼吸道通畅、降压和降低颅内压。静脉注射 20% 甘露酸 250 毫升，每 4～6 小时 1 次，血压过高者肌注利血平 1 毫克或 25% 硫酸镁 10 毫升深部肌肉注射，躁动不安时肌注安定 10 毫克。

中暑昏厥：将中暑昏厥者转移至阴凉通风处迅速降温，用冰水、冷水或酒精擦拭使皮肤发红，头部及大血管分布区放置冰袋，有条件时给予静脉点滴 5% 葡萄糖生理盐水。

第二节　独竹漂竞速项目的常见运动损伤各论

一、肩袖创伤性肌腱炎

肩袖创伤性肌腱炎又称肩撞击综合征（肩袖损伤），系指肩峰下滑囊炎、肩袖炎而言。

（一）损伤机制

其发生主要是由于肱骨大结节（肩袖部）反复的超常范围的急剧转动，劳损或牵扯并与肩峰和肩喙韧带不断摩擦所致。例如，上肢划水技术中，肩部作为整个手臂发力的支点，在插杆—拉杆—出杆—回杆等技术动作，都是引起这种损伤的典型机制。其发生大部分都有一次损伤史。如未及时合理处理，继续重复损伤动作，最后即变成慢性损伤。

（二）症状与诊断

慢性病例肩一般不痛。只在做某一特殊动作时才痛，常常只表现于臂上举做插杆动作时才痛，且常常使运动员突然无法高质量完成此动作，因疼痛而出现插杆无力或角度偏差。此类患者，一般活动或令患臂外展，内外旋克服阻力时都不痛。此伤虽小，但常使运动员的成绩不能提高，也无法参加训练。

第一，一般急性损伤都有外伤史。

第二，主要症状为肩痛、肩活动受限、肌肉痉挛和肌肉萎缩。

第三，可在一次急性损伤或肩部过度训练之后发生肩痛，多呈持续性钝痛，有时向三角肌止点放射。

第四，慢性病例仅觉肩部不适，在肩关节活动过程中突然出现剧痛。主要症状是肩痛，其次是肩活动受限制、肌肉痉挛和肌肉萎缩。但症状往往因病程的早晚，发病缓急，而表现程度不一。

检查诊断可让患者主动或被动使上臂外展或由外展位内收在60～120度范围内出现疼痛，小于60度和120度时，疼痛反而减轻或消失。

此理学检查称之为肩痛弧征。这些症状都说明，疼痛的产生是肩袖或肩峰下滑囊与肩蜂和肩喙韧带相互摩擦造成的。较轻病例，上背内外旋时不痛，或准备活动之后即不再痛。压痛点多在肩峰下的深部，以肱骨大结节处压痛最明显。若在压痛点注射1%利多卡因2毫升，疼痛可立即消失，肩关节活动可恢复正常（此可与冈上肌断裂相鉴别）。上臂外展、外旋、抗阻时肩部疼痛。

（三）治疗

1．限制肩部活动

急性期疼痛剧烈时，应停止肩部训练，采用冰袋或冰按摩法，并将上臂外展30度或三角巾悬吊胸前固定1周左右，减少肌肉活动，减轻疼痛。

2．按摩治疗

急性期其主要症状是肩部疼痛，肌肉痉挛。先做轻抚摩，继而力量宜较大，速度宜稍快，地揉、捏肩部，时间约5～10分钟，再配合指针刺激肩髃、肩井、天宗等穴以舒筋止痛。然后搓肩部，最后以轻捏和抚摩结束。慢性期疼痛和肌肉痉挛减轻，但仍有肩关节功能障碍。先于患肩做轻抚摩，随后搓2～3分钟，应快而有力，使局部关节松弛并发热；然后弹三角肌前侧及大、小圆肌，捏冈上肌，同时配合指针刺激肩髃、肩井、巨骨、臂臑、天宗等穴。接着搓胸大肌、斜方肌，揉、捏肱二头肌、三角肌；最后对患肩做幅度较大的抖动和摇晃，以松解粘连，恢复功能。全部时间约10～15分钟。

3．物理和封闭治疗

理疗可采用蜡疗、超短波和直流电离子透入法等。病程长痛点集中的患者，用1%利多卡因加10毫克醋酸曲安奈德注射液局部封闭。

4．康复训练

初期训练的主要目标是完成无痛的主动活动。

捏球练习：患者捏一个网球，在无痛的情况下，按外展、屈曲、外旋、内收、伸展、内旋的方向进行肩关节锻炼。每次每个方向做 10 个，每天练习两次。

肩下垂摆动练习：每个方向划 10 圈。

手指爬墙练习：离墙一臂远站立，患肢手指在墙上向上爬，直到感觉有疼痛感为止。每次向上爬 3 个来回，每天练习 2 次。

当患者在肩袖肌肉无阻力收缩已无明显疼痛感时，即进入康复中期。其主要目标是增加活动范围和肌肉力量强度基本达到受伤前的水平。

肩负重钟摆练习：患肢手握哑铃做下垂回旋摆动练习。每个方向做 10 个，每天练习 2 次。

肩关节转轮练习：每个方向缓慢转 10 圈，重复 2～3 次。每周锻炼 3～4 次。

哑铃伸展肩练习：患者卧位做手握哑铃的伸肩练习。每次伸展需维持20～30 秒。

自我伸肩练习：主要伸展肩关节后面和下面的关节囊。

肩关节运动范围完全恢复，肌肉力量已接近正常时，主要做抗阻力训练。

二、肱骨外上髁炎

其特点是肘及肱骨外上髁疼痛。发病与桡侧伸腕长肌、桡侧伸腕短肌、伸指总肌、肱桡肌、肘肌、尺侧伸腕肌等解剖结构有关。

（一）损伤机制

一般认为，是由于肱骨外上髁伸肌总腱的慢性劳损及牵扯引起的，尤其是桡侧伸腕短肌至为重要。如上肢划水动作中一侧手臂回杆与另一侧手臂插杆动作衔接时，划杆对水面阻力的反复冲击作用于伸腕肌或被动牵扯该肌可致损伤。

（二）症状与诊断

肘外侧疼痛。

多数病例无明确受伤史而逐渐发生肘外侧疼痛，有时可向前臂放射，做反手插杆动作、双手拧毛巾发力或端提重物时，肘外侧疼痛明显。

肱骨外上髁、肱桡关节间隙和桡骨头处有明显压痛。

理学检查米尔氏征试验：可将患肘屈曲，半握拳，腕尽量屈曲，然后将前臂被动旋前并伸直肘关节时，肘外侧出现疼痛为阳性。

（三）治疗

早期症状尚轻时，在肘部戴上弹力护肘或在前臂肌腹处缠绕弹性绷带可能减轻疼痛。

当肘外侧出现持续疼痛时，患肢应适当休息，限制腕部用力活动，尤其是腕背伸用力活动，外敷中药配合针灸、按摩、理疗，一般有效。

用醋酸泼尼松类药物作痛点注射，效果较好。

个别病例用保守治疗无效，严重影响训练及生活时，可考虑接受手术治疗。

三、腰背肌肉筋膜炎

该病是腰背部疼痛的重要原因。病因至今尚未十分清楚。因此，文献中曾有腰背肌肉劳损，腰背部纤维炎，腰背筋膜疼痛综合征，风湿症或神经性风湿症等各种名称。该病在运动员中非常多见，占腰痛病人的60%之多。发生后有的仅影响训练及成绩提高，但病情严重者常需长期休息。

筋膜覆盖于斜方肌及背阔肌的部分较薄，但包绕骶棘肌的筋膜却很厚，称为腰背筋膜。它分为深浅两层，浅层起自胸腰骶椎的棘突和棘间韧带，下缘止于髂骨嵴，外侧缘止于肋骨角；深层分隔骶棘肌与腰方肌，而紧张于腰椎横突、髂骨嵴，第十二肋与髂腰韧带之间。深浅两层在骶棘肌的外侧会合构成骶棘肌鞘。腰部筋膜下的脂肪疝是该病的病因之一，并认为，腰背筋膜下的脂肪组织有一个基本分布区，与腰痛时的敏锐压痛点的分布密切相关。

（一）损伤机制

病因迄今尚未完全明确。国外学者曾对青年士兵进行观察，认为此病的发生与外伤及发烧有关。也有学者认为与缺乏维生素E有关。现阶段学者普遍认为与劳动、训练的强度有关。

如本项目行进间人体需要保持在16毫米直径的竹漂上维持上身的肢体平衡。如运动员缺乏系统的腰背核心力量训练，极易发生急性扭伤。损伤腰部后，治疗不彻底即投入训练或逐渐劳损所致。另外，训练中出汗并且长时间在水上与水中训练环境的频繁转换，背部受凉也是致病重要成因之一。

（二）症状与诊断

患者一般都自发性感觉局部酸痛发沉。最常见的疼痛部位是腰椎3、4、5两侧骶棘肌鞘部或胸背部肩胛骨之间。不少患者同时感觉有痛麻串向臀部或大腿外侧(腰部受伤者),或串向颈后和上肢。

疼痛一般与运动量相关,大部分患者尚能坚持中小运动量的训练,往往表现为训练前后疼痛。少数病例症状较重完全不能训练。

大部分患者脊柱曲线正常,活动范围良好,但脊柱活动过程中特别是前屈,常在某一角度范围内出现腰痛,或于提肩胛或内收肩胛时背痛。腰背痛的局部可有硬结,或骶棘肌痉挛。另外,直抬腿试验有的可呈阳性。一般患者腰背部均可触到明显的压痛点,有的还有放射痛。有时触诊坐骨神经区存在放射痛感,易被误诊为椎间盘脱出症。鉴别的最好方法是将疼痛部以 0.5% 普鲁卡因封闭。本病于封闭后疼痛应立即消失,或明显减轻。

(三)治疗

该病的治疗方法很多,也从侧面说明了此病的顽固性。治疗方法主要有以下几种。

理疗:热疗及超声波,拔火罐及水罐。

按摩:应采取重手法治疗。

针灸:背部基本是阿是穴(相当膏肓、神室)、腰部可取志室、肾俞、大肠俞、环跳、殷门、委中穴。

封闭:应痛点封闭。常用的药物有生理盐水,肾上腺皮质激素类、普鲁卡因、10% 葡萄糖液、当归液等。

喷氯乙烷:痛点用。

口服药物:如维生素 E、保泰松、布洛芬、芬必得等。

用保护带(围腰)。

加强背肌的练习。

练习与思考

1.引起运动损伤的最主要原因是什么?该如何尽量避免?

2.根据独竹漂项目的特点我们要预防损伤发生,应注意哪些要点?

3.如在比赛或者水上训练中运动员发生晕厥落水,应该在多少时间内进行救援和采取心肺复苏术?

4.简述腰背肌筋膜炎目前已知的致病相关因素。

5.发展核心力量对腰背损伤起到预防和治疗的作用。

6.练习肩痛弧和米尔氏征理学检查的操作。

第十章　独竹漂运动的可持续发展

学习目标

1.掌握贵州省独竹漂运动发展现状。

2.了解独竹漂运动发展潜力、趋势和传承路径。

第一节　独竹漂运动的发展潜力

一、独竹漂运动项目推广现状

独竹漂运动项目的发展，过去仅在贵州省的部分地区开展，独竹漂运动在整个社会上的影响力有限。随着近几年独竹漂运动的发展，独竹漂表演逐步的推广，并成为全国少数民族传统体育运动会的表演项目，其项目的特色逐渐凸显出来。通过省内外一些民族活动、户外运动活动等平台进行展示和宣传，独竹漂这项运动被推广到更广的层面，尤其近两年媒体对独竹漂这项运动的宣传从多个角度进行，使独竹漂逐步进入大众的社会生活中，让大众对独竹漂的文化内涵有了认同感。独竹漂运动从单纯的民间体育活动逐渐形成具有影响地方经济，社会文化，民族认同等方面的社会活动形式。目前独竹漂运动的表演项目已作为文化项目引入到江苏省泰州市农业产业园区，同时有关部门将贵州技艺较好的艺人输送到外地做培训和讲解，让更多的人了解和学习独竹漂，不断扩大其发展空间，增强独竹漂在社会当中的影响力。

二、独竹漂运动的原生态保持与现代文明融合发展

独竹漂运动的场地和器材都源于自然界。场地是河流、湖泊等，不用人工

改造。独竹漂最初的器材是取自山上长得枝繁叶茂的楠竹和斑竹，人们在实践当中经过与其他漂体的比较之后，用楠竹充当漂体是最好的。楠竹被伐下后放在阴凉处自然风干 3 个月，而不能放在太阳下暴晒，暴晒会使楠竹崩裂。楠竹风干之后就可以使用。并且竹子被伐后还可以继续生长，可再生能力非常强。此项目完全取自自然，是其他传统体育项目无法比拟的。经过贵州省内外专家积极考证，就是因为它的特点与众不同，是一项具有较强的地域特色的生态传统体育项目，才把它收录到省级非物质文化遗产名录，成为保护和传承的重要对象，独竹漂是贵州省的传统体育项目中的典型代表。近些年为了保护自然环境，传统体育器材改进的进程加快，独竹漂的器材也进行了研发和改造，并将现代工业文明融入器材，材质环保、设计遵循楠竹原有的功能属性。独竹漂项目较多，已经形成独竹漂的竞技比赛项目，从竞技角度让更多人加入独竹漂的运动当中，体验与欣赏独竹漂独特的运动快乐。

三、现代体育运动模式推动其更进一步的发展

随着时代的发展，现代化的发展，也为民族传统体育的生存和发展带来了机遇。时代的发展和西方体育这两方面因素的共同作用使中国的传统体育得到了变迁。人们对现代体育的了解和认识逐渐加深，通过观看现代体育项目的比赛视频和技术动作。独竹漂应在保留民族特色的基础上，积极地去借鉴现代体育项目的优秀成果，推动本项目的继承和发展。最初，人们只是站在漂浮的楠竹上进行简单的左右交替划水前行，后来，经过人们的不断创新，技术动作方面，如坐漂、翘杆漂、弓步漂等；特技表演方面，如跳杆、换杆、飞杆上、杆上转体 180～360 度等；编队表演方面，如抢渡乌江、水上婚礼、水上舞蹈等。在现代体育的冲击下，适应时代的发展，使此项目更有生命力。也正是由于现代体育的推动，参与的人员层出不穷，不断涌现了优秀的独竹漂人员，正是在现代体育的影响下，借助全国少数民族传统体育运动会的平台，独竹漂逐渐由表演项目过渡到竞赛项目，将独竹漂划向全国，漂向世界，走向更大的竞技舞台。在技术层面运用现代体育科学理论与方法进行理性判断与创造，在制度层面借鉴现代体育成功的组织制度迅速发展壮大自己，而在价值层面借鉴现代体育奋发与竞争的精神价值将是独竹漂运动实现现代化转型的核心与关键。

第二节　贵州省发展独竹漂运动的优势

一、河流湖泊较多

纵观独竹漂的发展历史，可以清晰地发现独竹漂运动是生活在河流流域的人们智慧的结晶。此项运动是与水融为一体的项目，水就是此项目的展示舞台，一旦脱离水独竹漂就等于是无缘之木。贵州省山水环绕，河流湖泊众多，拥有着得天独厚的水域环境条件，正是独竹漂运动得以施展拳脚的好舞台。有的地方被河流、湖泊相隔，交通不便，可以借助轻巧方便的独竹漂划到对岸，省时又省力，减轻了交通费用和经济负担的同时培养了大量的后备人才。这样还可以选拔人才去参加各种运动会比赛，为贵州省传统体育的发展营造了良好的氛围。

二、得天独厚的器材之源

赤水市位于贵州省遵义市的西北部，赤水河流域的中下游。气候适宜、雨量充沛、温度适中、水热条件优越，正适宜竹子的生长；是国家级竹海森林公园，素有"千瀑之布""丹霞之冠""竹子之乡""桫椤王国"的美誉，是我国的十大竹乡之一。后来人们发现了楠竹的价值，逐步向周边地区扩大楠竹种植面积，楠竹种植现已发展到省内的习水、湄潭、桐梓、贵阳、仁怀、惠水等县市。取材方便，为独竹漂运动的发展提供了便利条件。

三、有较成熟的技术和传承人

起初独竹漂运动只是人们立于楠竹上做简单的划水动作，遇到大风大浪还不能及时应对。随着人们在生活实践应用当中不断总结经验，去不断适应变化的自然环境，独竹漂技术不断提升。后来，人们在掌握稳定性和平衡性的基础上，可进行前划、倒划、绕行划等，同时还可以乘风破浪、冲闯激流和险滩并且做精彩绝伦的表演，动作协调连贯、舒展美观，显示出独竹漂的勃勃生机。

人既是一切文化的主体，又是文化的创造者和传承者。少数民族群众既是民族文化遗产的创造者，又是民族文化遗产的传承者和实践者。不论哪项民间传统文化，都会有其传承人。这些传承人凭着对民族文化遗产的忠诚和热爱，靠着他们的才智和刻苦钻研，逐步得到大众的认可。他们掌握了文化遗产的精髓，这正是他们与常人的不同之处。他们将掌握的东西通过言传身教等方式一代代地传承、延续、发展下去。自独竹漂运动从赤水传出以来，经过那些老艺人不断向外传授，独竹漂运动传播到周边地区，已经有好多人掌握了这项运动的技能。目前，有些地方独竹漂协会基地不断涌现，在调查中发现，仅遵义市就有几个独竹漂协会基地，目前最大的独竹漂协会基地就是遵义红花岗区独竹漂协会基地，协会会员数量有一百人左右，协会里有一批技术过硬的会员，他们具备极强的游泳能力、杆上站立的平衡能力和跳跃能力，能表演各种技能、技巧，还具有较好的讲解和示范能力。几年来，他们分别组队赴贵阳、都匀、麻江、湄潭、遵义等县市乃至省外的节庆活动做示范性表演和传授划漂技艺，协助建队，受到了好评，为独竹漂运动的发展奠定了深厚基础。

第三节　独竹漂运动的发展趋势

独竹漂历经了数千年的风雨洗礼，不断变化和发展，在这一历史长河中，内容丰富、形式多样的独竹漂，确实满足了广大群众的心理需求，并在一定程度上促进了人与人、人与自然、人与社会的和谐统一，从而成为当地民俗生活中不可或缺的精神文化食粮。随着社会的发展和时代的不断变迁，我们必须要以"与时俱进"的指导思想来创新和发展独竹漂，以适应时代的需要。在经过长期的不断挖掘、整理、提高和创新之后，独竹漂由原来"自然、封闭"的状态朝着科学化、竞技化、民间化、生活化、社会化、多样化、表演化的方向发展。组织专家对独竹漂的文化内涵进行挖掘、注入丰富的现代文化元素，在实践当中不断总结经验、完善规则。贵州省体育局建立了一个专门网站向外界的人士宣传独竹漂，不断向省外输送教练员，对外省的代表队进行培训，加强选手之间的交流和学习。

一、科学化、规范化的竞技独竹漂

随着体育国际化竞争的日益激烈，当今是竞技体育一统天下的时代。从称谓方面来看，独竹漂最初被称为"独木划"，逐渐过渡到"划竹竿"，再演变为现在的独竹漂。独竹漂完成了由传统到现代、由封闭到开放、由单一到多元的整体现代化转型后，发展成为多种功能集于一体的民族传统体育项目。从独竹漂的发展源流来看，它起初就是人们在生产生活当中的一种水上运输工具，随着社会的不断发展进步，社会生产力也在逐步提高，交通不断发达，其交通运输工具的功能逐渐被淡化，慢慢发展成为民俗民间的传统文化，每逢庆典节日人们都会举行独竹漂活动庆祝共欢。十多年来，随着独竹漂运动的规范性建设和管理逐渐加强，尤其是在省政府、体育局等相关部门及社会各界的帮助和支持下，各地连续举办了多年各式各样的独竹漂运动的竞赛活动，带动了独竹漂运动在全省乃至全国的推广，使被称为"水上一绝"的民族传统项目重新焕发生机，被越来越多的人接受和喜爱。随着历史发展的不断改革，当然在现代新时期的革新，一定要把握好时代的脉搏与市场经济的需求相结合，在继承中不断创新，不断适应新时期的需要，向着规范化发展。但这种革新不是简单的生搬硬套，既要学习西方竞技体育的一体化模式，也不能丢掉了独竹漂的原汁原味，革新不是对独竹漂运动简单的回归，而是在创新和发展过程中强调人与自然、人与人的和谐统一。经过几年的时间，贵州省民族宗教事务委员会、体育局组织省内的有关专家对有"一苇渡江"之妙的独竹漂进行挖掘、整理，不断完善独竹漂竞赛规则。各级机构相继组建起来，裁判员、竞赛管理办法相继出台，促使独竹漂运动按照正规、有序的竞赛制度和办法进行，独竹漂由一项民俗体育活动逐渐演变为独具特色性、地域性、观赏性的竞技体育项目。在每四年举行一次的全国少数民族传统体育运动会上，独竹漂以它独有的魅力在第九届全国少数民族传统体育运动会上闪亮登场。这对独竹漂运动的推广和发展起到了重要作用。

二、社会化、生活化、多样化的民间独竹漂

独竹漂运动源于民间，所以具有广泛的群众性和社会性。绝大多数人是利用独竹漂在闲暇时间来休闲娱乐和强身健体的，提高了自己的生活质量，同时也满足了心灵上的需求。经过人们的不断提炼、创新，给其注入了多元素的文化内涵使其形式多样、极其丰富。如果不能很好地为百姓服务，让百姓不能接受，那就意味着失去了赖以生存的土壤。所以它在点缀人们生活、民俗节庆、娱人娱乐等方面有不可替代的作用，还有巨大的开发潜力作用。

（一）以人文旅游的方式开发独竹漂

随着社会不断发展，人们的生活水平逐步提高，当前我国在世界当中的影响力逐渐加大。习近平总书记提到，一定要把我国的文化软实力打造好，才能在世界当中的影响力提升。中国的旅游资源得到了充分的开发利用，我国的传统文化被越来越多的游客所认同，从而吸引了来自世界各地的游客，来我国欣赏各地的传统文化。这对贵州的典型代表——独竹漂来说是发扬光大的好时机，与现代的竞技体育融为一体，更加充满生机与活力，加速了自身的宣传和推广

速度。

（二）以民间表演活动的形式丰富人民精神生活

在物质生活提高的前提下，人们对精神生活的追求也发生了极大变化，丰富多彩的民俗娱乐项目，把人们从繁重的工作中解脱出来。以往只能在节日中才能欣赏到的独竹漂，转瞬间就成了人们的娱乐消遣的家常便饭。在独竹漂的点缀下，人们的业余生活变得五彩斑斓。人们通过观看独竹漂表演，心情得到了愉悦，身心疲劳得到了缓解，给人们的生活注入了活力。独竹漂作为民间的一种娱乐活动项目，使参与者的心情豁然开朗，使人们的生活充满生机勃发，从而迈出轻盈而灵巧的步伐，走向身心健康的未来。由此可见，独竹漂在丰富民间生活方面，具有不可替代性。

独竹漂在历史中，逐渐形成了自身的特色，高度浓缩了人们生产生活当中的精华。作为传统文化的一部分，正在以潜移默化的方式影响着人们的行为、观念和生活。通过弘扬竹漂文化，有助于我们加强民族团结，实现体育事业跨越式的发展。正确地处理好传承与发展之间的关系，让独竹漂运动更好地服务于现代社会，这正是繁荣发展独竹漂运动的任务和方向。

第四节　独竹漂运动的发展思路

独竹漂运动的起源、发展、成型无不与世世代代赤水河流域的同胞们的智慧和创造息息相关。独竹漂作为民族传统体育的典范，经历了无数次的风雨洗礼，重整旗鼓，东山再起。能够跟上时代的步伐，抵抗住外来文化的侵袭。同时，独竹漂运动具有较强的观赏性、娱乐性，广泛的群众性、民族性、地域性、特色性等优势，并国家对民族传统文化的政策性支持。在当前的新时期，对独竹漂运动而言是一次机遇，更是一种挑战。对于民族传统体育我们应该清醒地认识到，我们对它的发展和继承应承担的历史责任和义务。在此情况下，不妨来从以下几方面来发展。

一、建立健全机制帮助独竹漂传承发展

随着国家对民族传统文化的重视不断加强，国家对非物质文化遗产的保护力度加大，出台了一系列相关的政策性文件。独竹漂于 2009 年被列入贵州省省级第三批非物质文化遗产名录，第九届全国少数民族传统体育运动会在贵州省

举办，独竹漂运动在省委省政府、省民委、体育局的帮助下成为第九届全国少数民族传统体育运动会的竞赛项目，通过这一平台漂向了全国。

从保护非物质文化遗产的角度出发，贵州省内的各级政府和相关的领导部门应加强重视独竹漂的发展，从政策上给予倾斜、制定出各级分工目标明确的制度、在资金上加大扶持力度、规范化组织管理；加强基地建设、完善基地的器材设备、提供场地器材保障；加强后备人才的培养、吸纳年轻人；组织有关专家挖掘它的文化内涵，为独竹漂注入丰富的文化元素；让专业人士来创编教材。贵州省内举办不同级别的赛事，促进选手相互交流，以提高竞技水平。做到政府引导、体育总局领导、协会主导、会员参与、全面发展。政府应起到强有力的推动作用，制度明确、责任到人。在推广中不断完善，推陈出新；既在理论方面有据可查，又在技术、技能方面有史可依，让这项非物质文化遗产永久保留、世代相袭，真正体现非物质文化遗产的传承重要性。

二、加强独竹漂特色文化宣传与交流

发展好的体育项目离不开宣传，独竹漂运动想发展地更好，宣传同样是至关重要。现代的传媒吸引力强、覆盖面广，要利用好各种媒介方式来宣传。在政府的帮助下，通过贵州省各级各地的报社、新闻出版社、文化部门、打广告牌的形式等去宣传，专业主管部门编纂独竹漂的史志，协会和基地建网站，对外进行开放，经常进行信息更新，如参加表演和比赛视频、技术动作、图片等。利用广播电视播放"神奇独竹漂"等相关活动，转播举办过的表演和比赛视频，还可以拍一部反映长征时"抢渡乌江"的电视剧，广泛宣传，让世人了解充满神奇感的独竹漂。全国少数民族传统体育运动会及省、市运动会，还可以借助独竹漂比赛为平台，同台竞技、同台展示。这些对独竹漂的发展起到了重要作用。

三、提升文化内涵的吸引力，大力培育和发展地区旅游业

旅游是现代社会人类重要的一种活动，是通过游览奇山异水、领略自然与文化奇景、实现内心体验的一种消费与观光活动。现代旅游已成为全国乃至世界的一种产业，旅游不仅能够带来可观的经济收入，还能拉动本地区众多行业的发展，从而提供就业平台解决了社会当中一系列的问题。旅游业逐渐成为一个朝阳产业，受到各地区高度重视，采取各种措施发展好旅游业。尤其是现在的新时期，民族传统文化越来越成为现代旅游新的经济增长点，在旅游业当中起了很大的作用。非物质文化遗产也是一种无形的资产，能给当地的旅游增加

文化和精神的内涵，由低级的旅游到高级的旅游，使旅游从硬性到软性、从感官到心灵体验、从看山观水到精神升华。科学的保护遗产，使文化遗产推动旅游业的发展，带动本地区的经济发展。

贵州省气候湿润、温度适中、山川秀丽，是我国的旅游大省。独竹漂是贵州省民族民间的传统体育项目，具有"水上芭蕾""水上一绝""巾帼第一漂""中华一绝"的美誉之称，独具民族特色。在这风和日丽、古朴典雅的民间水乡，游客欣赏着民族体育独竹漂，会产生心灵的共鸣。这给表演者提供了更多的机会和展示，推动了当地旅游业的快速发展，为独竹漂的继承和发展提供了机遇。

当今，独竹漂对于当地有极具的代表性，丰富了旅游的内容，要抓准独竹漂运动的极具观赏性和表演性等特效，借助当下的旅游热潮，在旅游景点活灵活现的展示特色独竹漂表演，既达到了宣传作用，又能发展当地经济，实现自力更生。今后还要发展表演队，与省内的景点相结合，实现漂游互动，更好更全面的发展。

练习与思考

1. 简述独竹漂运动的可持续发展。

2. 简述独竹漂运动发展对地方经济发展影响。